ÜBER DIESES BUCH

Die Volkswirtschaftslehre ist eine häufig mißverstandene Wissenschaft — allzu vereinfachte Darstellungen einerseits, die asketische Art der traditionellen Lehrbücher andererseits sind daran nicht unschuldig. Die vorliegende einführende Darstellung soll den Zugang zum Verständnis gerade auch denen öffnen, die Volkswirtschaftslehre nicht als Hauptfach ihres Studiums gewählt haben. In wenigen Jahren ist der Band, wie aus der Entwicklung seiner Auflage zu ersehen ist, zu dem meistgelesenen und meistbenutzten Buch seiner Art geworden. Die vorliegende, vom Autor durchgesehene Neuauflage wird wiederum ihren Wert für Studenten der Anfangssemester, Fachschüler, Lehrer und alle diejenigen erweisen, die im Selbststudium ihr Wissen erweitern wollen.

Dieser Band »Volkswirtschaftslehre« entstand aus einer Vorlesungsreihe im Zusammenhang mit der Serie »Funk-Kolleg zum Verständnis der modernen Gesellschaft«. Die weiteren Vorlesungsreihen in dieser Serie, die ebenfalls als Fischer-Taschenbücher vorgelegt wurden, behandelten »Politikwissenschaft«, »Neuere Geschichte«, »Recht« und »Soziologie«. Als Einführung ging die Vorlesungsreihe »Wissenschaft und Gesellschaft« (Fischer Taschenbuch 6100) voraus.

DER VERFASSER

Karl Häuser, geboren 1920 in Württemberg, studierte in München und Frankfurt a. M. Volkswirtschaftslehre und promovierte 1950 zum Dr. rer. pol. Nach seiner Habilitation mit einer Arbeit über ›Die Wirkungen hoher Einkommensbesteuerung auf Produktion und Preise‹ im Jahre 1956 war er Professor für Finanzwissenschaft in Kiel, seit 1962 lehrt er als Professor für Volkswirtschaftslehre und Finanzwissenschaft an der Johann Wolfgang Goethe-Universität in Frankfurt a. M., er ist Mitglied des Wissenschaftlichen Beirats beim Bundesfinanzministerium.

Hauptveröffentlichungen: Mitverfasser des Buches *Deutsche Wirtschaft seit 1870*. Zahlreiche Aufsätze in wissenschaftlichen Zeitschriften und Sammelwerken, u. a. *West-Germany* in: ›Foreign Tax Policies and Economic Growth‹, National Bureau of Economic Research, New York 1966; Aufsätze zur *Überwälzung der Einkommen- und Körperschaftsteuer* in der Zeitschrift ›Finanzarchiv‹, Jahrgang 1956, 1960 und 1962; sowie *Das Inflationselement in den Exportüberschüssen der Bundesrepublik* in: ›Weltwirtschaftliches Archiv‹, 1959; *Über Ansätze zur Theorie der Staatsausgaben*, in: Schriften des Vereins für Socialpolitik, N. F., Bd. 47. Mitherausgeber der *Probleme des Kapitalmarkts*, Schriftenreihe des Instituts für Kapitalmarktforschung.

Funk-Kolleg
zum Verständnis
der modernen Gesellschaft

Eine Vorlesungsreihe
der Johann Wolfgang Goethe-Universität Frankfurt
in Zusammenarbeit mit dem Hessischen Rundfunk

Band 2
Fischer Taschenbuch Verlag

Karl Häuser
Volkswirtschaftslehre

Fischer Taschenbuch Verlag

Fischer Taschenbuch Verlag
Originalausgabe
  1.– 20. Tausend: August 1967
 21.– 32. Tausend: März 1968
 33.– 42. Tausend: März 1969
 43.– 57. Tausend: August 1969
 58.– 67. Tausend: September 1970
 68.– 87. Tausend: April 1971
 88.– 97. Tausend: Januar 1972
 98.–110. Tausend: März 1972
111.–127. Tausend: September 1972
überarbeitete Ausgabe:
128.–145. Tausend: Mai 1973
146.–162. Tausend: Juli 1974
163.–172. Tausend: Dezember 1975
173.–180. Tausend: Februar 1977
181.–185. Tausend: März 1979

Fischer Taschenbuch Verlag GmbH, Frankfurt am Main
© 1967 Fischer Bücherei GmbH, Frankfurt am Main
Gesamtherstellung: Hanseatische Druckanstalt GmbH, Hamburg
Printed in Germany
680-ISBN-3-596-26101-5

Inhaltsverzeichnis

Vorwort   11
1. Teil: Wirtschaftswissenschaft und Wirtschaftsordnung   13
  I. Aufgaben, Herkunft und Besonderheiten   15
    A. Was ist Volkswirtschaftslehre?   15
      Eine Warnung (15) — Weder Naturwissenschaft noch Geisteswissenschaft (16)
    B. Die Herkunft der Nationalökonomie   17
      Alt aber nicht vornehm (17) — Merkantilismus als Entwicklungspolitik (18) — Physiokratie und Naturwissenschaft (19) — Klassik und Philosophie (20) — Kameralismus und Rechtswissenschaft (22)
    C. Besonderheiten der Wirtschaftstheorie   24
      Theorie und Praxis, Modelle und Regeln (24) — Schwierigkeiten der Wirtschaftstheorie (26) — Trugschlüsse und Dilettantismus (28)
  II. Gegenstand und allgemeine Voraussetzungen   32
    A. Der Gegenstand   32
      Über Definitionen (32) — Wirtschaft, Knappheit und Güter (33) — Produktion, Produktionsmittel und Produktionsfaktoren (36)
    B. Rationale Grundlagen und der homo oeconomicus   40
      Das ökonomische Prinzip (40) — Rationalität als notwendige Voraussetzung (42) — Produktivität und Rentabilität (44)
  III. Einzelwirtschaften und Gesamtwirtschaft   48
    A. Die Einzelwirtschaften   48
      Wirtschaftliche und soziale Gebilde (48) — Vier Typen (49)
    B. Die Arbeitsteilung   51
      Geschlossene Hauswirtschaft und Verkehrswirtschaft (51) — Rationalität und Organisation der Gesamtwirtschaft (53)

C. Das Problem der Koordination der Einzelwirtschaften: die Wirtschaftsordnung 57
Die drei Kardinalprobleme (57) — Wirtschaftsordnung, Wirtschaftsverfassung und Wirtschaftssystem (58) — Die Zentralverwaltungswirtschaft (60) — Die freie Verkehrswirtschaft (64) — Die bestehenden Ordnungen (67)

2. Teil: Theorie der Einzelwirtschaften (Mikroökonomie) 71
IV. Tausch, Wert und Preis 73
A. Tauschbeziehungen 73
Käufe und Verkäufe (73) — Wer gewinnt? (74) — Vom Sinn des Gütertausches (76)
B. Der Wert 78
Unterschiedliche Wertschätzungen (78) — Subjektivistische und objektivistische Wertlehre (80)
C. Markt und Preis 82
Der Markt (82) — Der Preis (83)
V. Marktformen und Konkurrenzbeziehungen 84
A. Monopol und Konkurrenz 84
Die Marktstellung (84) — Das Monopol (84) — Vollkommene Konkurrenz (86) — Unvollkommene Konkurrenz (87) — Ein Modell unvollkommener Konkurrenz (89)
B. Marktstellung und Marktverhalten 93
Marktverhalten und Wettbewerbsgesetze (93) — Vom Duopol zum Polypol (95)
VI. Die Preisbildung 99
A. Der Gleichgewichtspreis 99
Ein einfaches Beispiel (99) — Der Gleichgewichtspreis (102) — Das Gesetz der Grenzpaare (104) — Die graphische Darstellungsweise (105) — Das ›Gesetz von Angebot und Nachfrage‹ (109)
B. Störungen des Marktgleichgewichts 114
Änderungen des Angebots und der Nachfrage (114) — Preis- und Mengenwirkungen (119) — Höchstpreise, Mindestpreise und Festpreise (122) — Schwarzmarktpreise (129)

C. Das Maß für die Preis-Mengen-Beziehungen: 131
die Elastizität
Kurz-, mittel- und langfristige Angebots- und
Nachfragekurven (131) – Die Elastizität (137)

VII. *Die Nachfrage* 144
A. Die Theorie des Nutzens 144
Die Begründer der Nutzentheorie (144) – Das erste
Gossensche Gesetz (147) – Das zweite Gossensche
Gesetz (149) – Über Gossen hinaus (151)
B. Nachfrage, Preise und Einkommen 154
Nachfrage und Preise (154) – Nachfrage und
Einkommen (155)

VIII. *Das Angebot* 161
A. Das Ertragsgesetz 161
Gesetzmäßigkeiten des Bodenertrages (161) –
Die Technik der Marginalanalyse (166) – Das
Ertragsgesetz in der Industrie (169) – Das Gesetz
der Massenproduktion (171)
B. Die Kosten der Produktion 172
Von der Ertrags- zur Kostenkurve (172) –
Die Produktionskosten einer Einprodukt-
Unternehmung (176)
C. Gewinn und Verlust 182
Erlös, Gewinn, Verlust (182) – Gewinn-
maximierung und Gleichgewicht (184) – Preis-
untergrenze des Angebots auf lange Sicht (187) –
Preisuntergrenze auf kurze Sicht (188) – Funda-
mentalsätze der Preistheorie und ihre Voraus-
setzungen (191) – Minimierung des Verlustes (193)
D. Die Angebotskurve der Produzenten 195
Angebotskurve einer Unternehmung (195) –
Das Gesamtangebot (197)

3. Teil: Theorie der Gesamtwirtschaft (Makroökonomie) 203
IX. *Ergebnisse der Gesamtwirtschaft* 205
A. Güter- und Zahlungsströme 205
Mikro- und Makroökonomie (205) – Güter- und
Geldkreislauf (207) – Volkseinkommen und
Sozialprodukt (210)

B. Die Volkswirtschaftliche Gesamtrechnung 213
Brutto- und Nettogrößen (213) – Das Sozial-
produkt der Bundesrepublik (216)
C. Gesamtwirtschaftliches Gleichgewicht und
Beschäftigungslage 227
Keynessche Revolution und ›new economics‹ (227) –
Die Einkommensentstehung (229) – Einkommens-
verwendung und Gleichgewicht (234)

X. *Die Staatswirtschaft* 239
A. Besonderheiten der Staatswirtschaft 239
Das Wirtschaftssubjekt Staat (239) –
Der Kollektivbedarf (240)
B. Die Einnahmen des Staates 242
Einnahmearten (242) – Erwerbswirtschaftliche
Einnahmen (242) – Öffentliche Abgaben (243) –
Steuern als konjunkturpolitisches Instrument (244)
– Einkommensredistribution (246) – Der Staats-
kredit (247) – Die Einnahmen der öffentlichen
Verwaltung in der Bundesrepublik (248)
C. Die Staatsausgaben 249
Staatswirtschaft als Planwirtschaft (249) –
Entstehung und Gliederung eines Haushaltsplans
(250) – Der Haushaltsplan als Politikum (253) –
Exkurs: Geld und Geldpolitik (254)

XI. *Außenhandel und Zahlungsbilanz* 255
A. Der Außenhandel 255
Offene und geschlossene Wirtschaft (255) –
Warum Außenhandel? (256)
B. Die Zahlungsbilanz 262
Wechselkurs und Wechselkursmechanismus (262) –
Komponenten der Zahlungsbilanz (263)

Anmerkungen 269
Einführende Literatur 273
Übungsaufgaben 277
Lösungen der Übungsaufgaben 303
Personen- und Sachregister 309

Vorwort zur 1. Auflage

Dieses Taschenbuch ist das Ergebnis eines Experiments: des Funk-Kollegs.
Der Inhalt dieses Buches ist während des Wintersemesters 1966/67 vom Hessischen Rundfunk in insgesamt zwanzig Stunden gesendet und während des Sommersemesters 1967 wiederholt worden. Bei der vorliegenden Fassung handelt es sich um eine durchgesehene Version des Sendemanuskripts. Der Charakter des gesprochenen Textes blieb insofern unverändert, als die möglichst einfache, auf Beispiele und Anschaulichkeit bedachte Darstellung des Rundfunkvortrags auch in die gedruckte Fassung übernommen wurde. Deshalb sind gelegentliche Wiederholungen und eine mit Worten nicht allzu sparsame Diktion — typische Stilelemente eines Rundfunkvortrags, die es dem Hörer erlauben, leichter zu folgen — auch in der Buchfassung beibehalten, obwohl sie dadurch bisweilen langatmig erscheinen mag.
Bei der Vorlesung als solcher aber mußte auf den Kreis jener Hörer Rücksicht genommen werden, die sich den Zugang zum Verständnis nationalökonomischer Probleme eröffnen wollten, aber nicht die für ein akademisches Studium geforderte Vorbildung, d. h. weder ein Abitur noch z. B. Kenntnisse in Mathematik besitzen. Es war deshalb notwendig, auf eine mathematische Behandlung einzelner Probleme zu verzichten, aber dennoch die Technik der graphischen Darstellung, die Methode der Marginalanalyse und die Abstraktion und Formalisierung von Problemen vorzuführen, anzuwenden und einzuüben.
Da auf Bildschirm und Tafel verzichtet werden mußte, konnten graphische Darstellungen nur in wenigen Fällen angewendet werden. Die Vermittlung des Stoffes blieb daher weit mehr auf eine verbale Interpretation angewiesen als es in modernen Lehrbüchern üblich ist.
Zur Benutzung des Buches und zur Erleichterung des Lernens mögen folgende Hinweise dienen:

1. Um Definitionen hervorzuheben, wurden die definierten Begriffe kursiv gesetzt.
2. Zum leichteren Auffinden von Begriffen und Namen dient das Register am Ende des Buches.
3. Im Anhang des Buches befindet sich eine Sammlung von Aufgaben, die an die aktiven Teilnehmer des Funk-Kollegs versandt worden sind. Die Lösungen zu diesen Aufgaben findet der Leser

am Ende der Aufgabensammlung. Damit die eigenen Studienleistungen kontrolliert werden können, mußten die Aufgaben so abgefaßt werden, daß nur eindeutige Antworten möglich sind.
4. Solide Kenntnisse über den ausgebreiteten Stoff können nicht ohne diszipliniertes eigenes Arbeiten erworben werden.

Dieses Buch möge, wie die Radiovorträge, all jenen, die sich zum ersten Male ernsthaft mit dem Gegenstand und dem Studium der Nationalökonomie befassen, den Anfang erleichtern. Es ist ein Versuch, zunächst das Interesse an den wahrhaft erregenden Problemen und Aufgaben dieser Disziplin zu wecken und danach erste elementare Kenntnisse zu vermitteln. Der Versuch wurde gewagt in der Überzeugung, daß es gerade für die Wirtschaftswissenschaften notwendig ist, vom Katheder herabzusteigen, um auch jene zu lehren, die bereit zur Aufnahme sind, aber noch nicht den Zugang zu den Hörsälen oder zu den häufig in einer asketisch strengen Manier geschriebenen Lehrbüchern gefunden haben.

Es wäre unaufrichtig, nicht die Hilfe von Herrn Dipl.-Volkswirt János *Somogyi* zu erwähnen, der als Assistent für das Funk-Kolleg das geschriebene und gesprochene Manuskript überprüfen half und die Übungsaufgaben entwarf. Etwa noch verbliebene Fehler in diesem Buch müssen freilich meinem eigenen Konto zugeschrieben werden.

Kronberg, im Mai 1967   Karl Häuser

Vorwort zur 10. Auflage

Das Buch wurde nur dort geändert, wo Zahlen auf den neuesten Stand zu bringen, Fehler zu eliminieren und wichtige Ergänzungen einzufügen waren. Größere Änderungen gegenüber den früheren Auflagen sind hauptsächlich in den Kapiteln IX bis XI vorgenommen worden, wo die Resultate der Volkswirtschaftlichen Gesamtrechnung und der Zahlungsbilanz für 1965 durch die vorläufigen Ergebnisse des Jahres 1971 ersetzt worden sind. Als zuverlässiger Helfer erwies sich dabei Herr Dipl.-Volkswirt Paul *Marcus*, aber etwa verbliebene Fehler und Unzulänglichkeiten gehen natürlich zu meinen Lasten.

Kronberg, im Januar 1973   Karl Häuser

1. Teil
Wirtschaftswissenschaft und Wirtschaftsordnung

I. Aufgaben, Herkunft und Besonderheiten

A. Was ist Volkswirtschaftslehre?

Eine Warnung
Wer sich bei der Wahl seines Studiums für ein bestimmtes Fach entscheidet, weiß im allgemeinen, was ihn da erwartet und was ihm daran reizvoll erscheint. Häufig fällt darum die Entscheidung zugunsten eines Faches, das den persönlichen Betätigungswünschen und der Begabung des Studierenden entgegenkommt. Dieser Idealfall tritt jedoch selten bei einem Studium der Wirtschaftswissenschaften ein. Man täusche sich nicht darüber: Kaum jemand, der sich für das Studium der Wirtschaftswissenschaften entscheidet, wird im vorhinein wissen, ob es seinen wahren Neigungen und Fähigkeiten entspricht. Ein bißchen paradox formuliert gilt für die meisten unserer Studenten, daß sie keine besonderen Neigungen oder Begabungen verspüren und eben vielleicht darum Wirtschaftswissenschaften studieren und daß sich sogar diejenigen über die Eigenart des Faches und seine Anforderungen täuschen, die sich aus einem erkennbaren Interesse heraus dafür entschieden haben. Denn während man im allgemeinen ungefähr weiß, welcher Art die Fähigkeiten und die Aufgaben eines Arztes, eines Mathematikers, eines Rechtsanwaltes, eines Philologen oder eines Ingenieurs sind, besitzen die wenigsten eine hinreichende Vorstellung davon, welches die spezifischen Probleme und die besonderen Fähigkeiten eines Nationalökonomen sind. Die populäre Meinung, es handele sich bei der Volkswirtschaftslehre um eine Art von Sachwissen über Bodenschätze, Preise und Bevölkerungszahlen, trifft das Wesentliche ebenso wenig wie die komödienhafte Darstellung des Arztes als eines Mannes in weißem Kittel, der das Fieber mißt, die Herztöne abhorcht und den Belag der Zunge prüft. Eine einleitende Erklärung darüber, welches der Inhalt der Volkswirtschaftslehre ist, mag daher nützlich sein.

Weder Naturwissenschaft noch Geisteswissenschaft
Beginnen wir mit dem umfassenderen Begriff *Wirtschaftswissenschaften*. Wir verstehen darunter die Zusammenfassung aller Disziplinen, die zur Erklärung und zum Verständnis wirtschaftlicher Vorgänge dienen. Zu den zentralen Fächern der Wirtschaftswissenschaften gehören vor allem die folgenden: Volkswirtschaftslehre (Theorie und Politik), Finanzwissenschaft, Betriebswirtschaftslehre, Statistik. Eine Reihe von Nachbardisziplinen gehören jedoch ebenfalls noch zu den Lieferanten der Wirtschaftswissenschaften, obgleich die Hauptabnehmer jener benachbarten Disziplinen in deren eigenen Bezirken sitzen. Das gilt beispielsweise für die Wissenschaft von der Politik und die Psychologie, aber auch für Geschichte, Philosophie, Geographie und nicht zuletzt für die Ingenieurwissenschaften. Da es vermessen wäre, alle diese Disziplinen zugleich beherrschen zu wollen, muß sich der Wirtschaftswissenschafter auf die Hauptdisziplinen konzentrieren, eben auf die Volkswirtschaftslehre, Finanzwirtschaft, Betriebswirtschaftslehre und die Statistik.

Im Mittelpunkt der Wirtschaftswissenschaften steht traditionellerweise die Volkswirtschaftslehre, die häufig auch als Nationalökonomie bezeichnet wird. Es ist nicht ganz einfach, eine befriedigende Definition für sie zu formulieren. Die Amerikaner und Engländer haben es da leichter. Sie sagen z. B. »Political Economy, or Economics, is the name of that body of knowledge which relates to wealth«.[1] Wäre es möglich, diesem einfachen englischen Satz eine ebenso klare, exakte deutsche Fassung zu geben, so besäßen wir unsere Definition. Wenn wir aber versuchen, diesen Satz ins Deutsche zu übertragen, so besagt er etwa: Nationalökonomie oder Volkswirtschaftslehre ist der Name jenes Teils der Wissenschaften, der sich mit dem Wohlstand befaßt. Diese Formulierung muß uns vor allem deshalb unbefriedigend erscheinen, weil es ein passendes deutsches Wort mit der Bedeutung von wealth (= Wohlstand, Reichtum, Wert, Geld und Gut) nicht gibt.

Wir müssen deshalb eine andere Erklärung geben und können folgendermaßen definieren: Die *Volkswirtschaftslehre* oder die *Nationalökonomie* entwickelt Begriffe und Denkinstrumente, mit deren Hilfe ökonomische Erscheinungen in ihren wesentlichen Teilen erkannt, dargestellt und erklärt werden können.

Die Volkswirtschaftslehre beschäftigt sich also mit den aus der Erfahrung bekannten wirtschaftlichen Erscheinungen, mit deren Zuständen, Abhängigkeiten und Abläufen. Sie ist daher eine Erfahrungswissenschaft, und ihr Platz befindet sich zwischen den Geisteswissenschaften einerseits und den Naturwissenschaften andererseits.

B. Die Herkunft der Nationalökonomie

Alt, aber nicht vornehm

Die ambivalente Stellung der Nationalökonomie zwischen den beiden großen Wissensbereichen, den Naturwissenschaften und den Geisteswissenschaften, ist schon bei der Geburt der Volkswirtschaftslehre zu erkennen. Unter ihren Ahnherren befinden sich sowohl Philosophen als auch Naturwissenschaftler und überdies auch noch Juristen. Geht man in der Ahnengalerie noch weiter zurück, so lassen sich sogar einige Theologen entdecken. Trotz ihrer respektablen Abstammung galt aber die Nationalökonomie zunächst nicht gerade als eine besonders vornehme Wissenschaft, zumal sie sich bekanntlich mit den gewöhnlichen Dingen, nämlich mit der Wirtschaft, abgibt. Lange Zeit mußte sie sich in der Familie der Wissenschaften mit einem recht bescheidenen Platz begnügen und sich von ihren älteren Geschwistern helfen und bevormunden lassen. Es hat mehr als ein Jahrhundert gedauert, bis sie soviel Anerkennung gefunden hatte, daß es ihr erlaubt wurde, selbständig zu werden und für sich allein zu sorgen.

Ein volkswirtschaftliches Studium mit einem eigenen Abschluß — dem Grad eines Diplom-Volkswirts oder eines Diplom-Kaufmanns — und eigene wirtschaftswissenschaftliche Fakultäten gibt es an den deutschen Hochschulen erst seit der Jahrhundertwende, an den Universitäten sogar erst seit 1914. Die wenigen Professoren, die in jener Zeit Wirtschaftliche Staatswissenschaften — so nannte man die Volkswirtschaftslehre damals in Deutschland — lehrten, waren entweder bei den philosophischen oder bei den juristischen Fakultäten untergebracht. An den meisten älteren deutschen Universitäten erinnert die aus Verwaltungsgründen bis heute beibehaltene Gemeinschaft der inzwischen voneinander unabhängig gewor-

denen Wissenschaften an die gemeinsame Vergangenheit und an die Abkunft der Nationalökonomie von der Philosophie einerseits und der Rechtswissenschaft andererseits.
Wie kam es zu dieser Bindung an die Philosophie und an die Rechtswissenschaft? Wie entstand die Volkswirtschaftslehre? Woher kommt sie?

Merkantilismus als Entwicklungspolitik
Bücher über wirtschaftliche Themen erschienen schon im 16. Jahrhundert. Aber gemessen an unseren heutigen Ansprüchen können sie ebenso wenig befriedigen, wie etwa die damaligen Bücher über Quacksalbereien den Anforderungen der modernen Medizin genügen. Auch unter den schon zahlreicheren Schriften des 17. Jahrhunderts über staatswissenschaftliche Themen werden heute die meisten zur Belustigung herausfordern, obwohl zum Hochmut kein Grund besteht; gab es doch damals weder eine Industrie noch ausgebaute Straßen und Verkehrswege, weder den Geist oder die Kenntnis der Rechenhaftigkeit noch die Freiheit der Berufswahl und Berufsausübung unseres Jahrhunderts. Immerhin hatte man an den Höfen bereits erkannt, daß die Entwicklung des Handels und des Verkehrs, des Bergbaus und der Manufaktur, des Handwerks und der Landwirtschaft, kurzum, daß die Entwicklung der Wirtschaft einem Staat Größe, Reichtum und Ansehen und seinen Fürsten mehr Geld und höhere Einnahmen verschaffen konnte. Die Erfahrung hatte gezeigt, daß die reichsten Städte Europas, die italienischen Stadtrepubliken, weniger durch ihre Kriege als durch ihren Handel, ihr Geldwesen und ihre handwerklichen Leistungen reich und mächtig geworden waren. Auch die Spanier, die Niederländer und die Briten hatten Macht und Reichtum auf ähnliche Weise erworben. Das spornte nun die binnenländischen Staaten an, es ihnen gleichzutun.
Wirtschaftswissenschaft und Geschichtsschreibung nennen dieses neue politische Zeitalter, nämlich das Bemühen um die Entfaltung der Wirtschaft und der staatlichen Macht mit wirtschaftlichen Mitteln in der europäischen Geschichte, die Zeit des Merkantilismus. In Frankreich, England und Italien beginnt jene Epoche bereits im 16. Jahrhundert, aber in dem von Religionskriegen erschütterten Mitteleuropa konnte sich diese

Entwicklung erst nach dem Dreißigjährigen Kriege, also vor rund dreihundert Jahren, fortsetzen.

Der *Merkantilismus* kann als die Entwicklung wirtschaftlicher Macht im Dienste des jeweiligen Staates charakterisiert werden. Der wirtschaftliche Egoismus der Einzelstaaten gebot dabei, möglichst viel im Lande selbst zu erzeugen und höchstens Rohstoffe oder andere lebensnotwendige Güter zu importieren. Luxusgüter und weniger wichtige Erzeugnisse sollten dagegen hauptsächlich exportiert werden, um auf diese Weise Außenhandelsüberschüsse zu erzielen und Geld und Reichtum, das hieß damals Gold und Silber, ins Land zu bringen.

Obwohl die Merkantilisten im ursprünglichen Sinne des Wortes als die frühesten National-Ökonomen bezeichnet werden müssen und obwohl sie in Rußland unter *Peter dem Großen* — nicht von ungefähr ließ er 1703 mit einer Zitadelle den Kern der größten Seehafenstadt Rußlands, das alte St. Petersburg, anlegen, welches später in Leningrad umbenannt wurde — ebenso einflußreich waren wie in Frankreich unter *Ludwig XIV.*, am englischen Hofe und in Wien, haben sie noch keine umfassenden, systematischen Wirtschaftstheorien entworfen. In England hat zwar schon Sir *William Petty*, Mitbegründer der Royal Society, die Bevölkerungsbewegung und sogar das Volkseinkommen berechnet und eine Art von ›politischer Arithmetik‹ gelehrt, in Frankreich *Jean Bodin* den Wert des Geldes aus dessen Umlaufsmenge erklärt, aber in beiden Fällen ging es um die Behandlung einzelner Probleme, um gelehrte Monographien, nicht um eine umfassende wissenschaftliche Darstellung oder Erklärung der gesamten Wirtschaft.

Physiokratie und Naturwissenschaft

Die Geburtsstunde der Wirtschaftswissenschaft schlug erst mit der Veröffentlichung des berühmten *Tableau Economique* durch *François Quesnay* im Jahre 1758. *Quesnay* war Arzt am Hofe *Ludwigs XV.* Angeregt von Beobachtungen über den Blutkreislauf, beschrieb er den Einkommenskreislauf für das damalige Frankreich. Er entwarf dafür eine Vorform unserer heutigen Volkswirtschaftlichen Gesamtrechnung, in welcher der Prozeß der Entstehung und Verwendung der Gesamtproduktion dargestellt wurde. Das »war ein höchst genialer Einfall, unstreitig der genialste, dessen sich die politische Ökonomie bisher schuldig gemacht hat«[2], schrieb später darüber *Karl Marx. Quesnay* hat als Anhänger des Naturrechts und als Naturwissenschafter eine naturgesetzliche Ordnung, den ›ordre naturel‹, in der Ökonomie vertreten. Er hielt nichts von den Lehren der Merkantilisten, die den Staat als Schulmeister über die Wirtschaft einsetzen und im Handel eine der wichtigsten Quellen des Reichtums sehen wollten, sondern verwies auf die von der Natur gebotenen Reichtümer und auf die Tatsache, daß alle physischen Werte nur in der Landwirtschaft oder im Bergbau erzeugt werden konnten.

Mit seiner Lehre wurde *Quesnay* das Haupt der *Physiokraten*, einer in Frankreich bedeutsam gewordenen Schule von Ökonomen, die davon überzeugt waren, daß der physische Ertrag des Bodens die einzige definitive Quelle des Reichtums sei. Die Menschen unseres Jahrhunderts, die über solche Vorstellungen lächeln mögen, sollten bedenken, daß damals vermutlich mehr als vier Fünftel der gesamten Produktion aus Landwirtschaft und Bergbau kamen[3] und daß es tatsächlich so aussehen mußte, als ob nur im Bereich der Landwirtschaft und des Bergbaus zusätzliche, neue Werte entstünden.

Die Physiokraten standen aber auch noch in anderer Hinsicht in scharfer Opposition zu den Merkantilisten, welche vom Staat die entscheidenden Impulse für die wirtschaftliche Entwicklung eines Landes erwarteten. Als gläubige Kinder des Naturrechts vertraten die Anhänger der physiokratischen Schule in ökonomischen Fragen schon liberalistische Ideen. Sie lehrten z. B., daß die Wirtschaft eines Landes am besten gedeihe, wenn man ihr genügend Freiheit der Betätigung einräume und den Staat am besten ganz aus dem Spiele lasse. »Laissez faire, laissez passer, le monde va de lui-même«[4] wurde ein geflügeltes Wort physiokratischen Denkens.

Klassik und Philosophie
Während in Frankreich die Nationalökonomie unter *Quesnay* und seinen Schülern in der Familie der Natur- und Geisteswissenschaften heranwuchs und ein Jahrhundert später vor allem durch einige hervorragende Mathematiker und Ingenieure (*Dupuit, Cournot, Walras*) mit geprägt wurde, ist sie in Großbritannien bei der Philosophie in die Schule gegangen.

Im Jahre 1776, noch nicht zwei Jahrzehnte nach der Veröffentlichung des Tableau Economique, hat der in Edinburgh lehrende Professor für Moralphilosophie, *Adam Smith*, seine ›Untersuchung über die Natur und Ursachen des Reichtums der Nationen‹ erscheinen lassen. Im Gegensatz zu der Abhandlung von *Quesnay*, der sich mit einer Übersicht über die Gesamtwirtschaft und einer Art von Volkseinkommensanalyse begnügt hatte, gab *Smith* eine ausführliche und systematische Darstellung der Einzelerscheinungen in einer Volkswirtschaft. Vor allem beschrieb er die Gesetzmäßigkeiten der Produktion und der Preisbildung und lieferte zugleich die Erklärung für das Zusammenwirken der Einzelwirtschaften in einem sich selbst regulierenden System der Gesamtwirtschaft.

Smith hatte auf einer Reise durch Frankreich bereits Bekanntschaft mit der Lehre der Physiokraten gemacht und teilte deren Überzeugung, daß die vom Merkantilismus gelieferten staatlichen Krücken den Gang der Wirtschaft mehr hemmen als fördern würden. Aber die Lehre, daß der Boden das einzige Element zur Gewinnung wirtschaftlicher Werte sei, lehnte er ab. Wie sollten die spärlichen Erträge des schottischen Bodens die einzige Quelle des Reichtums dieses Landes sein? War nicht der Mensch imstande, mit Hilfe von Apparaten und Maschinen die Arbeit seiner Hände zu vervielfachen? Hatte nicht der 1723 geborene *Smith* schon in seiner Jugend von der Erfindung der mechanischen Spinnerei durch J. *Wyatt* und L. *Paul* gehört, und hatte nicht J. *Watt* im Jahre 1765 der Menschheit mit der Dampfmaschine die Erzeugung maschineller Kraft in die Hand gegeben? Wurde nicht schon ein ansehnlicher Teil der Produktion auf der britischen Insel unabhängig von der freien Natur in den Fabriken erzeugt? Offenbar waren es also nicht nur der Boden, sondern auch die menschliche Arbeit und die von Menschen geschaffenen Maschinen und Apparate, welche Güter erzeugen und wirtschaftliche Werte hervorbringen konnten.

Die diesseitige englische Philosophie und die Auseinandersetzung mit den Problemen der beginnenden industriellen Revolution bildeten die Hauptelemente, mit deren Hilfe das gedankliche System der *klassischen Schule* zusammengefügt werden konnte. Die ursprüngliche Konstruktion des *Adam Smith* wurde später freilich durch viele Verbesserungen und Erweiterungen so verändert, daß sie kaum mehr zu erkennen war. Aber ebenso wie bei den heutigen Modellen des Automobilbaus, die kaum noch an die Kutsche aus dem vorigen Jahrhundert und den stolzen Herren im Zylinder erinnern, der das von ihm erbaute Fahrzeug lenkte, verehren wir den ersten Konstrukteur als den eigentlichen Erfinder. Erinnern wir uns dabei auch nochmals daran, daß in Großbritannien die Nationalökonomie ein Geschöpf der Sozialphilosophie war und daß es die in einem Buch von *R. L. Heilbroner* sogenannten weltlichen Philosophen[5] gewesen sind, welche der Volkswirtschaftslehre zu ihrer rasch an Bedeutung gewinnenden Existenz verhalfen.

Kameralismus und Rechtswissenschaft
Ganz anders verlief die Entstehung und Entwicklung der Volkswirtschaftslehre in Deutschland, in Österreich und in der Schweiz. Hier hat sich die Nationalökonomie vornehmlich aus der Juristerei, d. h. aus der Staats- und Verwaltungslehre heraus entwickelt. Vor zweihundert Jahren befanden sich die europäischen Staaten noch im Stadium von Entwicklungsländern, und in den deutschsprachigen Teilen Europas gab es noch keine Industrie und keine soliden Verkehrswege. Die elementarsten Grundlagen zweckmäßiger Wirtschaftsweise und wirtschaftlichen Aufschwungs fehlten. Aber die Ideen des Merkantilismus hatten auch hier ihre Anhänger gefunden, und an den Höfen in Wien und Berlin waren sie vor allem von den Staatsdienern, Rechtslehrern und Verwaltungsfachleuten aufgenommen und weiterverbreitet worden. Bald gab es Spezialisten unter den Beratern an den Höfen, die sich nur noch mit der Verbesserung der Ertragsfähigkeit der Landwirtschaft, mit dem Bergbau und der Erschließung neuer Bodenschätze, mit der Förderung des Handels- und Manufakturwesens und mit den Möglichkeiten der Entfaltung staatlicher und privater Wirtschaft beschäftigten. Letzten Endes ging es jeweils darum, die wirtschaftliche Kraft eines Landes zu heben, um dadurch seinen Herrscher mächtiger werden und die Einnahmen- und Steuerquellen reichlicher fließen zu lassen. Denn es war die wirtschaftliche Leistungsfähigkeit eines Landes, die den König und seinen Staat wohlhabend und mächtig machten. Der Absolutismus war in wirtschaftliche Abhängigkeit geraten; ein Vorgang von unabsehbarer geschichtlicher Reichweite.

Die um das Wohl des Staatshaushalts und der wirtschaftlichen Verwaltung besorgten Staatsdiener und Ratgeber wurden im Bereich der deutschen Sprache *Kameralisten* genannt. Der Name deutet auf die Bezeichnung Kammer, ursprünglich camera, als den Ort der Aufbewahrung und Verwaltung der Krongüter hin. Die Kameralisten waren die ersten Wirtschaftspolitiker in den deutschen Ländern. Sie befanden sich mit ihren Ratschlägen und Lehren in einer ähnlichen Lage wie heutzutage die Wirtschaftsexperten in den Entwicklungsländern. Allerdings tun sich die heutigen Entwicklungsspezialisten insofern leichter, als sie das Muster der hochindustrialisierten Länder vor Augen haben, die den Weg der wirtschaftlichen Entfaltung bereits hinter sich gebracht haben, während die Kameralisten noch nicht wissen konnten, wohin der Weg führen und wie lang er sein würde. Die Aufgabe der Kameralisten war überdies auch schwieriger, weil sie noch keine ausgearbeiteten ökonomischen Theorien besaßen, sondern sich ihre Lektionen selbst erarbeiteten und zusammenschreiben mußten. Die recht zahlreiche kameralistische Literatur enthält daher wenig theoretisches Gedankengut, dafür aber um so mehr praktische, politische Ratschläge für die damalige Zeit und die jeweilige Situation.

Der Kameralismus wird oft als eine deutsche Spielart des Merkantilismus bezeichnet. Die Volkswirtschaftslehre entstand dabei als ein Zweig der Verwaltungs- und Staatslehre (vgl. dazu auch die Bemerkungen zu der Bezeichnung ›Wirtschaftliche Staatswissenschaften‹ auf Seite 17)[6]. Die deutsche und auch die österreichische Nationalökonomie behielt diesen Charakter lange Zeit bei und unterschied sich darin grundsätzlich von der englischen Individualwirtschaftslehre einerseits, wie auch von der mathematisch-naturwissenschaftlich orientierten Methode der französischen Ingenieure andererseits. Die dem Kameralismus eigene Betonung des Staatswohls und die Interesselosigkeit gegenüber dem wirtschaftlichen Individualismus haben später auch dazu beigetragen, daß der wirtschaftliche und politische Liberalismus und ebenso die von ihm entwickelte einzelwirtschaftliche Theorie, soweit sie schon gegen Ende des vorigen Jahrhunderts erarbeitet worden war, in Deutschland keinen wohlbereiteten Boden fanden und sich zunächst kaum weiter verbreiteten. Erst nach dem Zweiten Weltkrieg, als die

Verherrlichung des Staates in Deutschland ihr Ende gefunden hatte, konnte sich diese Theorie des Liberalismus durchsetzen. Der kurze Überblick über die Herkunft der deutschen Nationalökonomie wäre unvollständig, wenn er nicht auch noch jene Abstammungslinie erwähnte, die zur Philosophie hinführt. Die idealistische und die romantische Philosophie haben ebenso deutliche Spuren hinterlassen wie der sich gegen die Naturrechtsphilosophie auflehnende Historismus. Diese Spuren lassen sich von *Marx* auf *Hegel* und von *List* auf *Fichte* zurückverfolgen. Bezeichnenderweise hat dagegen der sich an die englischen Klassiker anschließende Autodidakt *v. Thünen* in Deutschland kaum Nachfolger gefunden. Im Grunde vermochte sich die Volkswirtschaftslehre im Gebiet der deutschen Sprache nicht von der kameralistischen Vergangenheit und von der Bindung an die Rechtswissenschaft zu lösen. Noch vor zwanzig Jahren war es eine recht beliebte und keineswegs ehrenrührige Stichelei, die Volkswirte als Schmalspurjuristen zu hänseln.

C. Besonderheiten der Wirtschaftstheorie

Theorie und Praxis, Modelle und Regeln
Den Löwenanteil an der Volkswirtschaftslehre beansprucht die Theorie, mit der wir uns künftig hauptsächlich beschäftigen werden. Theorie im Bereich der Wirtschaftswissenschaften ist ein Versuch, die wirtschaftliche Wirklichkeit zu erklären. Da aber die Wirklichkeit von so unübersehbarer Vielfalt ist, daß es unmöglich wäre, sie in all ihren Spielarten zu beschreiben oder gar zu erklären, d. h. zu erkennen, warum etwas so ist, wie es ist, bleibt für die Theorie keine andere Möglichkeit, als zu abstrahieren. Wir vernachlässigen dabei bewußt gewisse Einzelheiten der Realität, die uns für die Behandlung unseres Problems weniger wichtig erscheinen, d. h. wir begrenzen damit den Kosmos der möglichen Erscheinungen auf einige wenige Phänomene, nämlich jene, die uns bei unserer Untersuchung gerade interessieren. Das Geschick des Theoretikers erweist sich zunächst darin, die für eine Untersuchung bedeutsamen Faktoren auszuwählen und ein Problem auf die entscheidenden Zusammenhänge zu reduzieren. Theorie ist die Schwierigkeit, zu vereinfachen.

Die Theorie vermag also nicht ein exaktes Abbild der Wirklichkeit, sondern nur einen Ausschnitt, eine Vereinfachung wiederzugeben. Sie ist so etwas wie eine Landkarte, die der leichteren Orientierung und der größeren Übersicht dient und nur die großen Linien der Realität enthält. Niemand vermag die ganze Wirklichkeit auf dem Papier darzustellen. Es ist ein Gebot der Redlichkeit, sich das einzugestehen. Wir bringen dieses Eingeständnis häufig schon mit der Bezeichnung ›Modell‹ zum Ausdruck, die wir für theoretische Systeme gebrauchen.

Man sage nun nicht, daß die Theorie, weil sie ja niemals die ganze Wirklichkeit umfasse, nutzlos sei. Theoretische Betrachtungen können naturnotwendig gar nichts anderes sein als Abstraktionen der Realität. Sie brauchen deswegen nicht irrelevant zu sein und können sogar sehr viel zum Verständnis und zur Bemeisterung der Wirklichkeit beitragen, eben weil sie sich auf das Wesentliche, Charakteristische beschränken. Wer z. B. den Fluß des Verkehrs in einer Großstadt studieren und gewisse Schlüsse daraus ziehen will, kann das gewöhnlich rascher und sicherer an einem Modell als in der Realität besorgen. Auch der Architekt oder der Ingenieur erlernt den Bau von Brücken und Gebäuden oder von Apparaten und Maschinen nicht einfach auf der Baustelle oder in der Fabrikhalle, sondern mit Hilfe theoretischer Schulung und anhand von Überlegungen am Modell. Die Praxis kann zwar viele Anregungen und Erfahrungen liefern, aber die Erfahrung allein genügt nicht, weil sie anstelle des eigenen neuen Überdenkens nur die Regeln der Vergangenheit setzt.

Oft wird gerade in den Wirtschaftswissenschaften ein Gegensatz zwischen Theorie und Praxis hervorgehoben. Nichts ist unfruchtbarer und verwirrender als dieser Familienzank. Die Theorie bedient sich der Berechnungen, Erfahrungen und Beobachtungen der Praxis, und die Praxis wäre ohne Theorie auf die bloße Erhaltung des bisherigen Zustandes verwiesen. Überdies sind die Praktiker fast immer unbewußte Anhänger irgendwelcher, vielleicht nicht gerade neuer und auffälliger Theorien. Ohne Theorie könnte keine Antwort auf die Fragen nach dem Wie, Was und Warum der wirtschaftlichen Erscheinungen gegeben werden. Das Meer der Tatsachen ist stumm. Die wirtschaftlichen Fakten geben ihre Antworten nicht von selbst. Erst die Theorie ordnet, hebt Wichtiges hervor, läßt

Unwesentliches beiseite und versucht, Zusammenhänge deutlich zu machen. Es bleibt uns keine andere Wahl, als zu theoretisieren, sobald wir etwas erklären wollen.

Schwierigkeiten der Wirtschaftstheorie
Wir müssen also versuchen, mit Hilfe der Theorie die Wirklichkeit überschaubar und in ihren Grundzügen erkennbar werden zu lassen. Aber diese Wirklichkeit tut uns nicht den Gefallen, nach festen Regeln zu verfahren. In unserer Disziplin liegt die Einsicht in die relevanten Zusammenhänge nicht offen zutage. Das gilt zwar auch für andere Wissenschaften. Aber obwohl z. B. die Ingenieurwissenschaften im allgemeinen größere Anforderungen an Konzentration und regelgebundene Strenge des Denkens stellen als die Volkswirtschaftstheorie, sind sie insofern bestimmter und leichter erlernbar, als sie sich viel mehr als die Ökonomie in vorgeformten Denkfiguren bewegen. Wer die Regeln der Statik beherrscht, weiß mit verläßlicher Sicherheit, bis zu welchem Grade eine Brücke belastet werden kann.
Die Wirtschaftstheorie ist dagegen weniger bestimmt und vorgeformt und insofern weniger erlernbar. Sie überläßt der Phantasie und der Logik ein unübersehbar weites Feld, auf dem es zunächst keine oder nur wenige naturgegebene Punkte der Orientierung gibt und auf dem sich der Nationalökonom dennoch zurechtfinden muß, wenn er sich einem gegebenen Problem in zweckmäßiger Weise nähern will. Mit anderen Worten, die Wirtschaftstheorie kennt keine festen Regeln und Gesetze, die jeweils auf bestimmte Tatbestände angewandt werden müssen und die in jedem Falle dafür gültig sind. Die Wirtschaftswissenschaft hat es nicht mit Naturgesetzen zu tun. Sie ist insoweit keine exakte Wissenschaft.
Dieser Umstand hängt mit einer weiteren Eigentümlichkeit unserer Disziplin zusammen. Jede ökonomische Erscheinung ist einmalig, jeder Ablauf unwiederholbar. Es gibt nicht das Experiment, d. h. die Wiederholung unter gleichen Bedingungen. Der wirtschaftende, handelnde Mensch kann nicht wie ein Roboter mit im voraus festgelegten Reaktionen in unser Kalkül eingesetzt werden. Daraus folgt, daß alle Aussagen im Bereich der Wirtschaftswissenschaften nur unter ganz bestimmten Voraussetzungen gelten, daß sie stets an die Hypothesen

gebunden sind, für die sie formuliert wurden. Es ist irreführend und daher gefährlich, zu erwarten, daß gleiche Maßnahmen gleiche Wirkungen haben müssen. Beispielsweise hätte ein freier Mietpreis im Jahre 1950 ganz andere Wirkungen gehabt als im Jahre 1965. Es wäre auch falsch, bei gleichen Fakten auf gleiche Ursachen zu schließen. Ein höherer Mietpreis kann sowohl von einer Knappheit an Wohnungen als auch von höheren Baukosten herrühren. Schließlich muß auch davor gewarnt werden, aus der bloßen Tatsache, daß das Ereignis A dem Ereignis B vorausgegangen ist, zu folgern, A müsse die Ursache für B sein, denn das Vorspiel auf der Orgel ist fast niemals die Ursache für die Trauung. Obwohl es nicht uninteressant wäre, nach den Ursachen der Erscheinungen zu fragen, begnügen wir uns meistens damit, die Beziehungen der einzelnen Größen untereinander und ihre Wechselwirkungen aufeinander zu erkennen, um daraus den Gang der Dinge verfolgen und verstehen zu können.

Jedes Problem erfordert also eine eigene Behandlung und jeder Tatbestand eine neue Interpretation. Das schließt jedoch nicht aus, daß in den Wirtschaftswissenschaften typische, einander ähnliche Situationen eine wichtige Rolle spielen und gewisse Lehrsätze und theoretische Musterlösungen angewandt werden können. In den einschlägigen Lehrbüchern finden wir nicht selten sogar ökonomische Gesetze beschrieben. Bei ihnen handelt es sich freilich nicht um die Zwangsläufigkeit von Naturgesetzen, sondern um bloße Regelmäßigkeiten, die im Normalfall erwartet werden dürfen, aber eine Ausnahme durchaus zulassen. So wird die von einem bestimmten Gute verkaufte Menge meistens kleiner, wenn der Preis sich erhöht. Aber es ist auch nicht ausgeschlossen, daß die abgesetzte Menge bei einem höheren Preise gleich bleibt oder sogar zunimmt.

Abermals erkennen wir daran, wie gefährlich es sein kann, die gewonnenen Beobachtungen zu verallgemeinern und Erfahrungen zu verabsolutieren. Selbst noch so häufig beobachtete Beispiele können nur zur Illustration eines Sachverhalts, aber niemals als Beweis für einen bestimmten Zusammenhang oder für die Zwangsläufigkeit einer Entwicklung dienen.

Trugschlüsse und Dilettantismus
Noch einer anderen Täuschung begegnen wir häufig im Bereich der Ökonomie, nämlich der Vorstellung, daß das Ganze stets mit der Summe der Teile identisch sei. Schon die Kinderzeit hat uns darüber belehrt, daß die auseinandergenommenen Teile der Uhr den Zeiger nicht bewegen können und daß uns das Verständnis für den Gang des Ganzen fehlt, wenn wir den Zusammenhang zwischen den Teilen nicht kennen. Später überließen wir dann die Reparatur oder die Adjustierung unseres Zeitmessers dem Uhrmacher. In volkswirtschaftlichen Angelegenheiten ist es sicher noch schwieriger, die Konstruktion und den Gang des gesamten Mechanismus zu verstehen. Dennoch treffen wir hier überall auf ungelernte Uhrmacher, die glauben, man brauche nur die einzelnen Teile vor sich zu sehen, um das Ganze zu erfassen. Gerade die Kenner der Details, die Praktiker der Wirtschaft, unterliegen allzu leicht der Täuschung, daß Beobachtungen und Erfahrungen privatwirtschaftlicher Art zugleich die Kenntnis der volkswirtschaftlichen Vorgänge verbürgen. Aber die Erfahrung kann ein gefährlicher Lehrmeister sein, wenn sie dazu führt, sich allein auf die Erinnerung und auf empfangene Ratschläge auch dort zu verlassen, wo es besser wäre, Neues zu versuchen und anstelle der Erinnerung den Verstand zu gebrauchen.

Einer der gefährlichsten Trugschlüsse, der aus einer Verkennung der Eigenart volkswirtschaftlicher Erscheinungen folgt, ist der Trugschluß der Verallgemeinerung einzelwirtschaftlicher Tatbestände. Sogar die Vertreter der berühmten klassischen Schule der Nationalökonomie verfielen dem Irrtum zu glauben, was für den einzelnen nützlich sei, müsse auch der Gesamtwirtschaft zum Besten dienen. Daß diese Folgerung zwar oft, aber keineswegs immer, richtig sein kann, zeigt sich an der Zweideutigkeit des bekannten Satzes, daß alles, was für General Motors gut ist, auch für die Vereinigten Staaten gut sein müsse.

Daß es falsch sein kann, einzelwirtschaftliche Erfahrungen auf die Gesamtwirtschaft zu übertragen, kann noch durch eine Reihe von Beispielen belegt werden: Der Entschluß einer Hausfrau, morgen mehr zu kaufen, wird z. B. die Preise nicht in Bewegung bringen; aber wenn alle Hausfrauen morgen mehr kaufen, kann das die Ursache einer allgemeinen Preiserhöhung sein. Wenn ein einzelner sich entschließt, mehr zu sparen bzw. weniger auszugeben, wird sich sein Bankguthaben vergrößern und sein Vermögen zunehmen, aber wenn ein großer Teil der Bevölkerung plötzlich mehr spart und weniger ausgibt, führt das möglicherweise zu Preisstürzen, Arbeitslosigkeit und Verlusten an Einkommen und Vermögen und damit sogar zur Schrumpfung eben jener Sparguthaben, die ursprünglich zunehmen sollten. Wenn ein einzelner plötzlich mehr Lohn oder Gehalt erhält, ist es ein Vorteil für ihn, wenn aber alle Arbeitnehmer zugleich mehr Lohn oder Gehalt empfangen, kann das Ergebnis eine allgemeine Preiserhöhung sein, die sie um die Einkommenserhöhung beträgt.

Nicht genug damit. Ob die einzelwirtschaftlichen Wirkungen sich bei ihrer Vervielfachung ins Gegenteil verkehren, hängt oftmals davon ab, ob in einer Volkswirtschaft gerade Vollbeschäftigung herrscht oder nicht. Viele Maßnahmen und Verhaltensweisen bei Vollbeschäftigung wirken in entgegengesetzter Richtung bei Arbeitslosigkeit. Denn bei Vollbeschäftigung oder anhaltend hoher Beschäftigungslage lassen sich viele einzelwirtschaftliche Wirkungen zu einem gesamtwirtschaftlichen Effekt summieren. Herrscht jedoch Arbeitslosigkeit, dann ändern diese Wirkungen plötzlich ihre Richtung, und aus Wohltat wird Plage, und aus Verschwendung wächst Wohlstand.

Obwohl diese Umkehr der Wirkungen vielleicht hier noch nicht verstanden, jedenfalls aber noch nicht erklärt werden kann, sollen wenigstens ein paar Beispiele die Warnung davor bekräftigen, Maßnahmen und Tatbestände stets nur in der gleichen Richtung zu beurteilen, d. h. nur mit einer einzigen, gleichbleibenden Wirkung zu verbinden:

a) Den Merkantilisten verdanken wir die auch heute noch populäre Vorstellung, es sei für eine Volkswirtschaft vorteilhaft, mehr ins Ausland zu verkaufen als von dort zu beziehen, mit anderen Worten, einen Handelsbilanzüberschuß zu erzielen. Ob es ratsam ist, dieser Empfehlung zu folgen, hängt vor allem davon ab, ob Arbeitslosigkeit herrscht oder nicht, d. h., ob die Produktionsmöglichkeiten des betreffenden Landes nur zum Teil ausgenutzt oder aber überbeansprucht sind. Im Falle der Überbeanspruchung wird es sich nämlich in der Regel empfehlen, sogar ein Handelsbilanzdefizit anzustreben.

b) Mehr auszugeben als einzunehmen gilt im allgemeinen als eine gefährliche und sogar als eine unmoralische Wirtschaftsweise. Dennoch erweist es sich für eine Volkswirtschaft in der Regel als notwendig und segensreich, wenn sich der Staat verschuldet, um dadurch einer Arbeitslosigkeit entgegenzuwirken. Sobald jedoch die Vollbeschäftigung erreicht ist und die Preise nach oben in Bewegung geraten, ist es besser, wenn der Staatshaushalt anstatt der Defizite nunmehr Überschüsse aufweist.

c) Im allgemeinen wird außer den Kapitalgebern und den Sparern niemand über hohe Zinsen erfreut sein, zumal wenn ein Zustand der Vollbeschäftigung noch nicht erreicht ist. Werden jedoch die Produktionsmöglichkeiten überfordert und laufen die Preise davon, so können hohe Zinsen durchaus nützlich und notwendig sein, um dieser Entwicklung entgegenzuwirken.

Diese Beispiele lehren uns, wie verwirrend die wirtschaftliche Realität sein kann und wie häufig sie den Erfahrungen oder den Erwartungen zuwiderläuft. *Samuelson* schreibt darüber: »In Zeiten anhaltender hoher oder ›Voll‹beschäftigung bestätigen die Tatsachen des Wirtschaftslebens fast ausnahmslos die Ansichten des sogenannten ›gesunden Menschenverstandes‹. Das ändert sich jedoch schlagartig, wenn eine größere Arbeitslosigkeit einsetzt. Mit einem Mal verkehren sich die Dinge in ihr genaues Gegenteil. Wir betreten ein Wunderland, in dem alles auf dem Kopf steht. Rechts scheint links, oben unten und schwarz scheint weiß zu sein.«[7]

Selbst auf den berühmten gesunden Menschenverstand, die letzte Instanz in allen Lebenslagen, ist offenbar kein Verlaß, wenn es um volkswirtschaftliche Probleme geht. Aber auch das ist ein Trugschluß. Es kommt ganz darauf an, welche Qualität von gesundem Menschenverstand wir bemühen, den einfachen, schlichten oder den komplizierten, anspruchsvollen. Nach dem schlichten, den die Engländer common sense nennen, erschien es den Menschen zunächst einleuchtend, daß sich die Sonne um die Erde dreht und daß die Erde eine Scheibe sei. Der einfache gesunde Menschenverstand genügt also nicht immer, um hinter die wahre Natur der Dinge zu gelangen, und wir haben daher Grund, ihm gelegentlich zu mißtrauen.

Für wissenschaftliche Probleme sollten wir jedenfalls die anspruchsvollere Sorte des gesunden Menschenverstandes verwenden, das ist die Logik. Wir können auch sagen, daß es sich bei der Nationalökonomie um ein Kapitel angewandter Logik handelt. Eine scherzhafte englische Auskunft über die Volkswirtschaftslehre besagt: »Economics is common sense made difficult.«

Die Schwierigkeit allein ist freilich kein Gütesiegel, und die Nationalökonomie lebt von der Vereinfachung der wirtschaftlichen Realität, nicht von ihrer Komplizierung. Vom Wirtschaftstheoretiker wird dabei etwas im Grunde Unmögliches verlangt, nämlich ein Problem in eine Rechenoperation umzusetzen oder in eine logische Ordnung zu bringen, das aller Berechenbarkeit und logischen Anordnung zuwiderzulaufen scheint. Gemessen an der Realität können exakte Ergebnisse und absolute Objektivität nicht erwartet werden. Von dem berühmten Physiker *Max Planck* wird berichtet, er habe ursprünglich Volkswirtschaftslehre studieren wollen, es dann aber aufgegeben, weil es ihm zu schwierig erschienen sei.[8]

Die meisten unserer Mitbürger verfallen allerdings in das entgegengesetzte Extrem und betrachten die Nationalökonomie als eine Jedermannswissenschaft. Ein wenig von der Wirtschaft verstehen wir bekanntlich alle. Da die Volkswirtschaftslehre keine fertigen Rezepte für alle möglichen Fälle des Wirtschaftslebens vermitteln kann, ist für die Mitwelt der Sinn und der Nutzen volkswirtschaftlicher Ausbildung oft nicht zu erkennen. Während der Bau einer Brücke dem Ingenieur, der chirurgische Eingriff dem Arzt, ein Rechtsstreit dem Anwalt und die Reklame einem Werbebüro überlassen wird, erscheint es keineswegs notwendig, wichtige unternehmerische Entschlüsse und die Beantwortung von volkswirtschaftlichen Fragen durch professionelle Ökonomen vorbereiten oder treffen zu lassen. Diese Probleme werden meist ohne viel Federlesen nach Gutdünken, nach dem berühmten Fingerspitzengefühl oder ›nach bestem Wissen und Gewissen‹ erledigt, auch wenn es das Geld des Chefs oder die Steuergelder des Staatsbürgers kostet. Das Gewissen bleibt rein, solange der Preis nicht bekannt ist.

II. Gegenstand und allgemeine Voraussetzungen

A. Der Gegenstand

Über Definitionen
Nachdem wir einiges über die Volkswirtschaftslehre, ihre Herkunft, ihre Besonderheiten und ihre Wesensmerkmale erfahren haben, ist es höchste Zeit, zur Sache selbst zu kommen.
Das geht freilich nicht ohne einige definitorische Vorbereitungen. Wir müssen deshalb zunächst eine Übereinkunft über den Gebrauch einiger wichtiger Begriffe und Fachausdrücke erzielen. Genaue Definitionen sind notwendig, um Mißverständnisse auszuschließen, die sich aus der Verschiedenartigkeit der Interpretation von Worten und Vorstellungen ergeben können. Dabei kommt es allein auf den sachlichen Inhalt der Begriffe, nicht aber auf Gefühle und Wertungen an, die mit den zu definierenden Fachausdrücken verbunden sein können. Wir müssen in unserer Wissenschaft zwar häufig mit Begriffen und Worten arbeiten, die gefühlsbeladen sind, aber das darf uns nicht anfechten, sie zunächst nur als Namen oder Etiketten zur Bezeichnung der Dinge im Sinne unserer Definition zu benutzen.
Solange wir uns um wissenschaftliche Erkenntnisse bemühen, ist es notwendig, unsere Begriffe von der Fracht des Gefühls zu entlasten, d. h., wir müssen diese Begriffe wertfrei gebrauchen. Das bedeutet nicht, daß wir ein Mönchsgewand anlegen und der Welt adieu sagen müssen, sondern lediglich, daß wir einen Arbeitskittel überziehen und uns für eine Weile in die keimfreie Atmosphäre eines Laboratoriums begeben sollten. Später, wenn wir unsere Arbeit verrichtet haben, dürfen wir durchaus wieder gewisse Ideen und Begriffe liebenswert und andere vielleicht verdammenswürdig finden. Beispielsweise verbindet manch einer mit der Bezeichnung Kapitalismus, ein anderer mit dem Wort Sozialismus, ein Dritter mit Planwirtschaft, ein Vierter mit Marktwirtschaft eine gewisse Abneigung oder eine sympathische Vorstellung. Würden wir diese persönlichen Bindungen und Wertungen nicht vorübergehend abstreifen, so

wären wahrscheinlich unsere Aussagen davon beeinflußt und die Ergebnisse insoweit nicht mehr wissenschaftlich einwandfrei, d. h. nicht mehr logisch zwingend.
Solange es um wissenschaftliche Überlegungen geht, tun wir also gut daran, unsere Werturteile und persönlichen Überzeugungen zu Hause zu lassen, um nur dem Erkennenwollen verpflichtet zu sein. Wieder zu Hause, können wir getrost zu unserem Glauben, unseren Idealen, unseren Wertvorstellungen oder Idolen zurückkehren. Jedenfalls ist es nicht nur ein Gebot intellektueller Redlichkeit, sondern auch ein Beweis für wissenschaftliche Akkuratesse, deutlich zu machen, inwieweit man beansprucht, wissenschaftlich zu argumentieren, und wo das persönliche Glaubensbekenntnis beginnt. Wir müssen also jeweils erklären, wo es sich um unsere persönliche Einstellung und Meinung handelt und wo die mit dem Anspruch auf absolute Gültigkeit gemachte, d. h. die allein auf Logik gegründete Aussage einsetzt.

Wirtschaft, Knappheit und Güter

Mit einem entschlossenen Ruck wenden wir uns nun unmittelbar dem Gegenstand unserer Wissenschaft zu: der Wirtschaft. Unter der *Wirtschaft* verstehen wir gewöhnlich zweierlei: erstens einen Bereich menschlichen Handelns und zweitens jene materielle und institutionelle Ausstattung, welcher sich die in diesem Bereich Handelnden bedienen. Zum Gegenstand unserer Betrachtung gehören demnach Subjekte und Objekte des Wirtschaftens, nämlich die Menschen bei ihrer wirtschaftlichen Tätigkeit einerseits und die Gegenstände und Einrichtungen, die zur Bewältigung wirtschaftlicher Aufgaben gehören, andererseits. Aber was sind wirtschaftliche Aufgaben, und was bedeutet das Wort ›wirtschaften‹?
Die Wirtschaft umfaßt einen Bereich menschlichen Handelns, der durch begrenzte Mittel einerseits und eine Vielfalt von Verwendungsmöglichkeiten dieser Mittel andererseits gekennzeichnet ist. Wirtschaftliche Probleme entstehen dadurch, daß im Hinblick auf die Befriedigung menschlicher Wünsche und Ziele die vorhandenen Mittel zu knapp sind und daher nicht in einer beliebigen, sondern in einer möglichst wirkungsvollen Weise zu disponieren sind. Alles Wirtschaften geschieht unter dem Zwang der Begrenztheit der Mittel. Wo Überfluß herrscht,

fehlt die Voraussetzung zur Ökonomie. Die *Knappheit* bildet also ein Wesensmerkmal für den Gegenstand unserer Disziplin. Ohne Knappheit gibt es keine wirtschaftlichen Probleme, keine Preise, Löhne, Zinsen, Mieten, nicht einmal Geld und weder Armut noch Reichtum, sondern die immerwährende Befriedigung und Sattheit: das Schlaraffenland.
Jede Person oder jede Personengruppe, die wirtschaftliche Entscheidungen trifft, nennen wir eine *Wirtschaftseinheit* oder ein *Wirtschaftssubjekt*. Als Wirtschaftseinheit kann z. B. eine einzelne Person, eine Familie, eine Unternehmung oder eine Personengruppe, etwa eine Körperschaft, z. B. ein Verein, die Kirche, eine Gewerkschaft, eine Land- oder Stadtgemeinde oder sogar der Staat in Erscheinung treten. Als *Volkswirtschaft* bezeichnen wir dann die Gesamtheit aller Wirtschaftssubjekte, Einrichtungen und Maßnahmen wirtschaftlicher Art innerhalb der Grenzen eines Staates.
Das Ziel wirtschaftlicher Betätigung ist die Bereitstellung von Gütern, die den Bedürfnissen und Wünschen einzelner Wirtschaftssubjekte genügen. Wir könnten aus dieser Aussage eine weitere Definition gewinnen und sagen: *Wirtschaften* nennen wir jedes Bemühen, begrenzte Mittel im Hinblick auf alternative Verwendungsmöglichkeiten zu nutzen. Erinnern wir uns daran, daß die Begriffe ›wirtschaften‹ oder ›wirtschaftlich‹ in unserer Sprache recht häufig auch dann verwendet werden, wenn es sich nicht unmittelbar um eine wirtschaftliche Tätigkeit im eigentlichen Sinne handelt, und daß man z. B. von einer wirtschaftlichen Methode des Lernens, des Spielens oder des Arbeitens spricht, so hilft uns die eben gegebene Definition, hinter den Sinn dieser Redeweise zu kommen. Man meint jeweils jenes Bemühen, die begrenzten Mittel im Hinblick auf die Verwendungsmöglichkeiten zweckmäßig zu nutzen.
Die Mittel, mit denen wir uns hier zu beschäftigen haben, nennen wir Güter. *Güter* sind jene materiellen Dinge und Dienste, welche der unmittelbaren oder auch mittelbaren Befriedigung menschlicher Bedürfnisse und Wünsche dienen. Wir können auch sagen, daß Güter daran zu erkennen sind, daß sie einen Nutzen stiften, ein Bedürfnis befriedigen. Wir unterscheiden dabei gewöhnlich zwei Arten von Gütern, nämlich die wirtschaftlichen Güter einerseits und die freien Güter andererseits. Von einem wirtschaftlichen Gut sprechen wir dann, wenn

dieses Gut knapp ist, d. h. für die jeweiligen Wirtschaftssubjekte nicht in unbegrenzter Menge zur Verfügung steht. Als *wirtschaftliche Güter* bezeichnen wir also jene Gegenstände und Dienste, welche der unmittelbaren oder mittelbaren Befriedigung menschlicher Wünsche und Bedürfnisse dienen, soweit sie im Knappheitsverhältnis stehen. Es handelt sich um knappe Objekte des Wirtschaftens. Nur mit diesen Gütern wird gewirtschaftet, und da nahezu alle Güter im Hinblick auf die menschlichen Wünsche nur in begrenzter Menge zur Verfügung stehen, erstreckt sich die Wirtschaft eines Landes auf nahezu alle Gegenstände und Dienste, d. h. auf nahezu alle Güter. Eine Ausnahme machen nur die bereits erwähnten freien Güter. Als *freie Güter* bezeichnen wir jene, die nicht in einer Knappheitsbeziehung zu den jeweiligen Wünschen der Wirtschaftenden stehen. In der Regel sind z. B. die Luft, auf dem Meere das Meerwasser, in der freien Natur das Quellwasser freie Güter. Freie Güter erkennen wir vor allem daran, daß sie keinen Preis haben. Da sie nicht in einem Knappheitsverhältnis stehen, können sie keinen Preis haben.

Dazu noch ein paar Erklärungen. Der Umstand, daß Meerwasser für einen Küstenfischer in seinem Boot ein freies Gut ist, berechtigt uns noch nicht zu sagen, daß dieses Naturprodukt immer und überall ein freies Gut sei. Es ist durchaus möglich, daß z. B. ein landeinwärts gelegenes Schwimmbecken mit Meerwasser gefüllt werden soll. In diesem Fall steht das für unseren Fischer kostenfreie Gut im Binnenland in einer Knappheitsbeziehung zu den Wünschen der Nachfrager und kostet seinen Preis. Für sie ist das Meerwasser zu einem wirtschaftlichen Gut geworden. Die Eigentümlichkeit, wirtschaftliches oder freies Gut zu sein, ist also keine Eigenschaft, die den Gütern anhaftet und von ihrer physischen Beschaffenheit abhängt, sondern das Ergebnis menschlicher Wünsche und Handlungen einerseits und der Verfügbarkeit über diese Güter andererseits. Wir erleben es z. B. heute, daß eines der einstmals in unserem Lande typischen freien Güter, das Trinkwasser, im ursprünglichen Sinne etwas Kost-Bares und damit zu einem wirtschaftlichen Gute geworden ist.

Die Knappheit der Güter oder ihre Verfügbarkeit einerseits und die Wünsche der wirtschaftenden Menschen, der Wirtschaftssubjekte, andererseits bilden die beiden Tatbestände, die miteinander in Übereinstimmung zu bringen sind. Alles Wirtschaften spielt sich zwischen diesen beiden Polen ab. Im Grunde bedeutet Wirtschaften also nichts anderes als den Versuch, die Knappheit der Güter mit den menschlichen Wünschen in Einklang zu bringen.

Produktion, Produktionsmittel und Produktionsfaktoren
Da nur wenige der uns heute bekannten Güter unmittelbar von der Natur geboten, die übrigen aber erst durch die Tätigkeit des Menschen erzeugt werden, stellt eben diese Bereitstellung der Güter eines der Hauptprobleme des Wirtschaftens dar und beansprucht den größten Teil wirtschaftlicher Betätigung der menschlichen Gesellschaft. Diese Tätigkeit nennen wir Produktion. Unter *Produktion* verstehen wir die Herstellung und Bereitstellung von Gütern zur Bedarfsdeckung. Es hat sich als zweckmäßig erwiesen, dabei die Konsumgüter von den Produktionsmitteln zu unterscheiden. Jene Güter, die unmittelbar den persönlichen Bedürfnissen der Menschen dienen, nennen wir *Konsumgüter* (Verbrauchsgüter). Typische Konsumgüter sind z. B. Lebensmittel, Bekleidung, Hausrat, Radio- und Fernsehapparate, aber auch die Dienstleistungen des Friseurs oder die Urlaubsreise und die dabei benötigten Dinge und Dienste. In der Regel können Konsumgüter auch dadurch charakterisiert werden, daß sie in den privaten Haushalten oder in den Familien verwendet und aus deren Einkommen bezahlt werden. Werden Güter dagegen zur Herstellung anderer Güter verwendet, so bezeichnen wir sie als *Produktionsgüter* (Produktionsmittel, Kapitalgüter). Als Beispiel für Produktionsgüter können Fabrikhallen, Hafenanlagen, Hochöfen, Drehbänke, Lastwagen, Spinnereimaschinen, aber auch Eisenträger, Zement, Teer, Lager- und Schmieröle usw. erwähnt werden.
Die Produktion, d. h. die Herstellung und Bereitstellung von Gütern, erfordert also ihrerseits die Verwendung von Gütern, nämlich materielle Dinge und Dienste. Versuchen wir, die bei der Produktion beteiligten Kräfte auf ihre ursprünglichen Elemente zurückzuführen, so ergibt sich, daß jede Produktion schließlich auf drei Faktoren beruht. Diese *Produktionsfaktoren* definieren wir als jene Elemente der Gütererzeugung, die sich nicht mehr auf andere Produktionselemente zurückführen lassen. Danach gibt es letztlich nur drei Arten von Produk-

tionskräften, drei Produktionsfaktoren, welche die erzeugten Güter hervorgebracht haben und in jeweils unterschiedlichen Kombinationen bei der Herstellung der Güter beteiligt gewesen sind. Diese drei Produktionsfaktoren oder Produktionselemente sind:

1. Die *Natur*, d. h. der Boden als Standort, als Baugrundstück, als land- und forstwirtschaftliche Nutzfläche, als Quelle von Rohstoffen und Bodenschätzen. Außerdem rechnen wir dazu das Klima, die Gewässer (nutzbar für Fischerei, Wasserwege, Wasserkraft usw.) und alle anderen wirtschaftlich nutzbaren Naturkräfte.
2. Die menschliche *Arbeit* in jeder Form, nicht allein als physische Leistung, etwa in der Fabrik oder auf der Baustelle, sondern ebenso am Reißbrett, im Büro, hinter dem Ladentisch und im Laboratorium. Dem Produktionsfaktor Arbeit wird also auch jede der Produktion dienende geistige Tätigkeit zugerechnet, z. B. die Planung, Anordnung, Verbesserung, Registrierung, Überwachung, Sicherung und Erfindung von Produktionsvorgängen.
3. Das *Kapital*. Es erscheint in zweierlei Gestalt, als Sach- oder Realkapital einerseits und als Geldkapital andererseits. Das *Sachkapital* (Realkapital) besteht aus den Produktionsmitteln, die der Mensch zum Zwecke der Gütererzeugung geschaffen hat, z. B. aus den Maschinen, Gebäuden, Straßen, Brücken, Apparaten und Einrichtungen aller Art, soweit sie der Vermehrung, Verbesserung und Erleichterung der Produktion dienen. Kapital besteht also aus produzierten Produktionsmitteln, aus vorgetaner Arbeit. Es leuchtet ohne weiteres ein, daß die Gütererzeugung mit Hilfe von Maschinen, Geräten usw., kurzum mit Hilfe von Kapital, bei einer gegebenen Ausrüstung mit Natur- und Arbeitskräften vergrößert, verbessert und erleichtert werden kann und daß demnach das Kapital als ein drittes Produktionselement eine überaus wichtige Rolle spielt. Außer diesem in der Realform bestehenden Sachkapital sprechen wir aber auch häufig von *Geldkapital*, wenn damit die Verfügung über Produktionsmittel gemeint ist, wenn es sich also um die Verfügungsmöglichkeit über Produktionsmittel in Form von Geld (Geldkapital) oder um die in Geld bewertete Summe von Sachkapital oder Kapitalvermögen handelt.

Diese drei Produktionsfaktoren, Boden, Arbeit und Kapital, bilden also die Grundlage und die Ausstattung mit Produktionselementen für jede Volkswirtschaft und für jede Einzelwirtschaft. Es liegt nahe zu fragen, welcher Produktionsfaktor mehr oder weniger wichtig und welches seine Rangfolge ist. In den Anfängen der Nationalökonomie spielte diese Frage und die Meinung darüber, welche Produktionsfaktoren es überhaupt gäbe, eine wichtige Rolle. Wir erinnern uns, daß z. B. die Physiokraten vor zweihundert Jahren nur den Boden als Quelle allen Reichtums ansehen wollten, denn der Mensch könne den Erzeugnissen der Natur, der physischen Beschaffenheit der Güter, keine zusätzlichen Werte mehr hinzufügen. »L'homme n'est pas créateur« war einer ihrer Kardinalsätze. Aber schon *A. Smith* und mit ihm die übrigen Vertreter der klassischen Nationalökonomie erkannten die Arbeit als einen selbständigen Produktionsfaktor, ja als das Hauptelement »der Natur und Ursachen des Reichtums der Nationen« an.

Über die Natur und die Bedeutung des dritten Produktionsfaktors, des Kapitals, wurde dagegen lange Zeit erbittert gestritten, und im Grunde geht die heutige Teilung der Welt in zwei Lager auf die unterschiedliche Auffassung über die Funktion des Kapitals und seine Einbeziehung in die Wirtschaftsgesellschaft zurück. Vor allem einige sozialistische Schriftsteller und Ökonomen des vorigen Jahrhunderts vertraten charakteristischerweise die Auffassung, alle Produktion könne auf die Wirkung eines einzigen Produktionsfaktors zurückgeführt werden, auf die menschliche Arbeitskraft. In einem 1875 vorgelegten, noch von *F. Lassalle* inspirierten Entwurf zum sozialdemokratischen Parteiprogramm heißt es: »Die Arbeit ist die Quelle alles Reichtums und aller Kultur.«[9] Das war selbst *Marx* zuviel, der sowohl die Arbeit als auch die Natur als Produktionselement und Grundlage der Produktion anerkannte. Dagegen wollte er dem Kapital und insbesondere dem Kapitaleigentümer keine Entlohnung für die Mitwirkung bei der Produktion zugestehen, sondern den gesamten Reinerlös der Gütererzeugung dem Faktor Arbeit zurechnen.

Den Anlaß zum Streit bildete die Tatsache, daß Kapital nicht wie die Natur oder die Arbeit ein von Anfang an vorhandenes Produktionselement war, sondern erst von Menschen erschaffen und erspart werden mußte. Im Paradiese war Kapital nicht vonnöten und litt nach landläufiger Vorstellung niemand Mangel; folglich gab es nur freie Güter. Erst als Adam und Eva mit ihrer Hände Arbeit selbst Nahrung, Kleidung und Obdach erschaffen mußten, standen sie vor dem Problem, ob nicht eine Hacke die Bearbeitung des Bodens erleichtern, ein Messer die Anfertigung von Gerätschaften beschleunigen und ein Netz die Ausbeute beim Fischen vermehren würde. Ein Netz ließ sich nur anfertigen, wenn die dafür benötigten Materialien herbeigeschafft und zugerichtet waren und wenn zuvor genügend Lebensmittel zurückgelegt, d. h. nicht sofort verbraucht, sondern erspart worden waren, um die Zeit für die Anfertigung des Netzes überbrücken zu können. Etwa auf diese Weise könnte das erste Kapital — produzierte Produktionsmittel, vorgetane Arbeit — entstanden sein. Kapital ist also zugleich auch eine Frucht der Ersparnis; es kann nur entstehen, wenn vorübergehend auf einen Verbrauch an vorhandenen Mitteln verzichtet wird. Kapital entstand also ursprünglich einerseits aus den beiden anderen Produktionselementen Arbeit und Boden. Diese beiden werden daher als *originäre* oder *ursprüngliche Produktionsfaktoren* bezeichnet, während das Kapital ein *derivatives* oder *abgeleitetes* Produktionselement ist.

Die Tatsache, daß Kapital ein Abkömmling der beiden anderen Produktionsfaktoren ist, darf uns jedoch nicht dazu verleiten, seine Rolle als zweitrangig und die beiden ursprünglichen Faktoren als die wichtigeren zu erachten. Unter den entwickelten, reichen Ländern treffen wir nämlich solche, die von der Natur verhältnismäßig stiefmütterlich ausgestattet wurden (Deutschland, England, Norwegen, Dänemark), und unter den armen, entwicklungsbedürftigen wiederum solche, die vergleichsweise reich an Boden- und Naturkräften sind (Kongo, Malaysia, Philippinen, Indonesien und viele andere tropische Länder). Dagegen kennzeichnet alle wohlhabenden Länder der Reichtum an Kapital, während die Armut der Armen trotz vieler Hände und einer reichen Natur auf einem Mangel an Kapital und Wissen beruht. Auch die Überwindung der Armut in unserem eigenen Lande nach dem letzten Kriege war nur möglich über eine rasche Kapitalbildung, ohne dabei zu verkennen, daß diese wiederum ohne Arbeitsleistung und Bodennutzung nicht möglich gewesen wäre. Es ist daher müßig, darüber zu streiten, welches Produktionselement am wichtigsten sei. Von den drei Beinen eines Schemels ist jedes gleich wichtig.

B. RATIONALE GRUNDLAGEN UND DER HOMO OECONOMICUS

Das ökonomische Prinzip

Wir kennen nun die materiellen Grundlagen der Produktion, die Produktionsfaktoren. Ehe wir uns den Prinzipien des Wirtschaftens selbst zuwenden, müssen wir noch einmal einige klärende Vorbemerkungen vorausschicken. Sie berühren die geistigen Grundlagen des in unserer heutigen Gesellschaft lebenden Menschen und seine Einstellung zur Tätigkeit in der Wirtschaft. Diese Tätigkeit beansprucht wohl den größten Teil des Lebens der meisten Menschen, und diese so viel geübte Tätigkeit hat unser Leben, unser Denken und Tun auf das nachhaltigste beeinflußt. Das Wort *Walther Rathenaus*, »Wirtschaft ist unser Schicksal«, gilt in einer mehrdeutigen Weise für einzelne wie für ganze Nationen. Es ist nicht allein die Verbesserung unserer materiellen Wohlfahrt und die Überwindung des Mangels oder die glücklicherweise bei uns längst überflüssige Bekämpfung von Hunger und lebensbedrohender Armut, sondern es ist auch die Tätigkeit selbst, welche unser Denken und Handeln mitbestimmt. Wirtschaftliche Betätigung hat allmählich dazu geführt, daß wir auch in wirtschaftlichen Kategorien denken und unser Handeln davon bestimmen lassen.

Die Tätigkeit des Wirtschaftens gibt zwar zunächst nur eine Richtung der Betätigung an. Aber natürlich kann diese Betätigung in einer mehr oder weniger zielstrebigen und gekonnten Weise ausgeübt werden. Die effektvollste Weise, in der ein wirtschaftliches Ziel verfolgt werden kann, nennen wir die wirtschaftlichste oder häufig einfach nur ›wirtschaftlich‹. Von den im Wirtschaftsleben stehenden Menschen wird geradezu erwartet, daß sie wirtschaftlich handeln, und ihr Erfolg wird häufig danach beurteilt, wie gut und leistungsfähig, d. h. wie zweckmäßig sie bei ihren Aufgaben verfahren. Den Grundsatz der Anwendung des absolut zweckmäßigsten, zielstrebigsten Verfahrens nennen wir das ökonomische Prinzip. Das *ökonomische Prinzip* (wirtschaftliches Prinzip, Wirtschaftlichkeitsprinzip) läßt sich in zweierlei Weise interpretieren; es kann bedeuten, mit einem Minimum an Aufwand einen bestimmten, gegebenen Erfolg zu erzielen oder aber mit gegebenen, vorhandenen Mitteln einen möglichst großen Erfolg zu erreichen. Rein formal läßt sich dieses Wirtschaftlichkeitsprinzip entweder als ein Minimierungsproblem — ein gegebener Erfolg ist mit den geringsten Mitteln — oder aber als ein Maximierungsproblem — mit den gegebenen Mitteln ist ein möglichst großer Erfolg zu erzielen — formulieren. Viele elementare ökonomische Probleme können daher als eine Maximierungs- oder aber als eine Minimierungsaufgabe behandelt werden. Die Anwendung mathematischer Methoden und hierbei insbesondere der Differentialrechnung, d. i. die Bestimmung von Maxima und Minima, liegt auf der Hand.

Der Anfänger sei übrigens schon hier vor dem häufigen Fehler gewarnt, die beiden Fassungen des ökonomischen Prinzips zu verquicken und die oberste wirtschaftliche Maxime so zu formulieren: Mit den geringsten Mitteln soll der größte Erfolg erzielt werden. Das erinnert lebhaft an den pfiffigen schwäbischen Bauernspruch: »Lieber reich und gesund als arm und krank.«

Das ökonomische Prinzip ist für uns von besonderer Bedeutung, weil die Wirtschaftstheorie in der Regel, d. h. solange nicht ausdrücklich etwas anderes gesagt wird, ein Handeln nach diesem Prinzip unterstellt. Im Grunde bedeutet diese Annahme nichts anderes, als daß wir stets davon ausgehen, ein Wirtschaftssubjekt handele rational im Hinblick auf das erstrebte wirtschaftliche Ziel. Wirtschaftliches Handeln ist also immer zugleich ein rationales, nämlich ein zweckrationales Handeln.

Man hat der Wirtschaftstheorie oft den Vorwurf gemacht, und sie muß ihn auch heute noch manchmal hören, daß sie mit wirklichkeitsfremden Voraussetzungen arbeite. Wir kennen diesen Vorwurf schon von den Einwendungen, die gegen die Theorie im allgemeinen erhoben werden (vgl. S. 24 ff.). Abermals begegnen wir hier, nun schon konkreter, dem Argument, die Realität sei anders und unser Tun daher unnütz. Zumal die deutsche historische Schule hat sich dabei hervorgetan, der klassischen Nationalökonomie entgegenzuhalten, sie beschäftige sich in Wirklichkeit mit einem Homunkulus, mit einem erdachten Geschöpf, das es in der Wirklichkeit nicht gebe. Der Mensch sei keineswegs — und Gott sei Dank nicht — nur ein zweckrational, ausschließlich wirtschaftlich handelnder homo oeconomicus, sondern ein soziales Geschöpf mit vielerlei Bindungen, Trieben und Eingebungen. Die Theorie gehe von falschen Voraussetzungen aus, wenn sie den Menschen wie einen Roboter in ihr Kalkül einsetze, der immerzu nur seinem wirtschaftlichen Erfolg nachstrebe und keine anderen Regungen kenne als ökonomische Motive.

Rationalität als notwendige Voraussetzung
Wenn wir dennoch an diesem scheinbaren Zerrbild, dem ökonomisch rational handelnden Wirtschaftsmenschen festhalten, so bedeutet diese Annahme selbstverständlich nicht, daß wir uns dem unverzeihlichen Irrtum hingeben, zu glauben, der wirtschaftende Mensch handele immer rational. Es bedarf gar keiner Frage, daß in der Realität dieser ausschließliche Rationalismus wirtschaftlicher Art keineswegs die einzige Maxime menschlichen Handelns ist. Aber es gibt dennoch gute Gründe dafür, mit der Hypothese des ökonomischen Prinzips, des zweckrationalen Verhaltens der Wirtschaftssubjekte, zu arbeiten. Folgende triftige Gründe sprechen dafür:
a) Es ist nur natürlich, bei wirtschaftlichen Problemen zunächst danach zu fragen, wie im besten Falle das Ergebnis aussieht. Als Wirtschaftswissenschafter haben wir die Aufgabe, zu ergründen, welches das absolut beste Resultat ist oder sein würde. Auch ein Ingenieur versucht, eine zu erbauende Maschine auf die größte Leistungsfähigkeit zu bringen, wobei er sich freilich dann auch überlegen muß, wie es um die Sicherheit, um das äußere Aussehen, die Transportfähigkeit, die Größe und das Gewicht seiner Konstruktion bestellt ist, und dann entsprechende Abstriche von dem Postulat absolut höchster Leistungsfähigkeit machen muß. In ähnlicher Weise können wir später unsere Ergebnisse modifizieren und gewisse Einschränkungen vornehmen. Der Wirtschaftswissenschafter muß jedenfalls in der Lage sein, die wirtschaftliche Leistungsfähigkeit zu beurteilen und gegebenenfalls zu verbessern, und er kann es nur, wenn ihn die Theorie in die Lage versetzt, den absolut besten Wert anzugeben.

b) Zum zweiten entspricht wirtschaftliches Verhalten oder ein Verhalten nach dem ökonomischen Prinzip häufig einem dominierenden Motiv der Wirtschaftssubjekte. Warum wird letzten Endes gewirtschaftet? Warum betreibt ein Gewerbetreibender sein Geschäft und bemüht sich ein Angestellter, sein Bestes zu tun? Der eine, um einen Gewinn zu erzielen, der andere, um voranzukommen, d. h. in seinem Beruf Erfolg zu haben und ein höheres Einkommen zu erzielen. Warum überlegt sich ein Hausfrau, was sie kocht, wie sie wirtschaftet, einkauft, verteilt und wieviel sie für dieses und jenes auszugeben bereit ist? Weil sie aus ihrem Wirtschaftsgeld für sich und die Familie das Beste zu machen sucht. In jedem dieser Fälle scheinen ökonomische Ziele und das Bemühen um beste Resultate, d. i. eine Handlungsweise nach dem ökonomischen Prinzip, zu überwiegen. Es muß dabei keineswegs vorausgesetzt werden, daß tatsächlich immer das beste Resultat erzielt wird, sondern es genügt, wenn die Wirtschaftssubjekte danach trachten, das beste Resultat zu erreichen. In vielen Fällen wird also die Annahme, das ökonomische Prinzip bestimme das Verhalten der Wirtschaftssubjekte, nicht gar so weit entfernt von der Realität sein.

c) Schließlich bleibt uns kaum etwas anderes übrig, als rationales Verhalten zu unterstellen. Wir müssen für unsere theoretischen Überlegungen, für die Arbeit am Modell, irgendwelche Annahmen über das Verhalten der in der Wirtschaft tätigen Menschen machen. Was liegt näher, als anzunehmen, jemand versuche, vor eine wirtschaftliche Aufgabe gestellt, sich rational zu verhalten, d. h. sich dieser Aufgabe in der besten Weise zu entledigen! Würden wir eine andere Hypothese wählen, etwa ein traditionales Verhalten unterstellen, also eine durch Überlieferung, Vorschrift und Gewöhnung festgelegte Handlungsweise, würden wir nur noch eine Wirtschaftsbeschreibung liefern können und auf Ratschläge zu einer Verbesserung der Wirtschaftsweise verzichten müssen. Noch unglücklicher wär es, irrationnales Verhalten zu unterstellen. In diesem Falle könnten wir überhaupt nicht mehr zu sinnvollen Aussagen gelangen, denn der Mensch verhielte sich unter dieser Annahme überhaupt nicht mehr in einer bestimmbaren, zielstrebigen

Weise, sondern unvorhersehbar und unberechenbar in des Wortes elementarster Bedeutung. Um zu eindeutigen theoretischen Aussagen zu gelangen, sind wir also gezwungen, Annahmen über ein bestimmtes, eindeutiges Verhalten zu machen. Für den Bereich der Wirtschaft ist es ebenso naheliegend wie natürlich, anzunehmen, ein Wirtschaftssubjekt verhalte sich wirtschaftlich, wie wir etwa bei einem Schachspiel annehmen können, der Spieler versuche nach Kräften, das Spiel zu gewinnen.
Obwohl es also naheliegt, für eine Betätigung wirtschaftlicher Art auch ein zweckentsprechendes Verhalten zu unterstellen, müssen wir immer wieder auf den Vorwurf gefaßt sein, unsere Wissenschaft baue auf unzutreffenden, wirklichkeitsfremden Voraussetzungen auf. Nicht selten gehen diese Vorhaltungen so weit, das Prinzip der Wirtschaftlichkeit als Rechtfertigung für rücksichtslosen Egoismus zu interpretieren, als ob ein unwirtschaftliches Verhalten, z. B. eine Verschwendung von Mitteln, moralisch höher stünde als die dem ökonomischen Prinzip genügende beste Ausnützung der vorhandenen Mittel. Geiz und Verschwendung mögen gleich verwerflich sein, aber der Grundsatz der Wirtschaftlichkeit hat weder mit dem ersten noch mit dem zweiten unmittelbar etwas zu tun. Wirtschaftliches Verhalten und die Wirtschaft stehen insoweit jenseits von Gut und Böse.

Produktivität und Rentabilität
Noch vor einem anderen Mißverständnis muß gewarnt werden. Obwohl in der Theorie meistens das ökonomische Prinzip als Verhaltenshypothese vorausgesetzt wird, rechtfertigt diese Annahme nicht den Schluß, daß die Wirtschaftssubjekte jeweils das Maximum an Wirtschaftlichkeit realisieren. Sie mögen sich zwar darum bemühen, aber es wird ihnen selten gelingen, dem absolut besten Wert nahezukommen oder gar ihn zu erreichen, denn zu viele Unzulänglichkeiten beeinträchtigen seine Berechnung. Auch der beste Schütze kann daher nicht ins Schwarze treffen, wenn er die Zielscheibe nicht kennt, sondern nur die tatsächlich erzielten Resultate. Ähnlich verhält es sich mit der Realität. Die tatsächlich erzielte Wirtschaftlichkeit und damit das Ergebnis wirtschaftlicher Betätigung kann in einzelnen Fällen mehr, in anderen weniger genau gemessen werden, aber

den absolut besten Wert kennt man höchstens in vagen Umrissen.
Als Maße für den tatsächlich erzielten Grad an Wirtschaftlichkeit lassen sich die Produktivität und die Rentabilität verwenden. Beide erlauben, die Ergiebigkeit der verwendeten Produktionsfaktoren als Bezugszahl, d. h. als eine auf die verwendete Produktionsmittelmenge bezogenes Produktionsergebnis, auszudrücken. Im allgemeinen Sprachgebrauch bedeutet die Produktivität einfach die Ergiebigkeit oder die Ertragsfähigkeit eines Produktionsfaktors oder auch eines bestimmten Produktionsmittels. Man spricht von der Produktivität der Arbeit, des Kapitals, des Bodens und meint damit den Ertrag des Produktionsfaktors Arbeit, Kapital oder Boden. Es ist jedoch ebenso gut möglich, von der Produktivität einer Maschine, einer Produktionsanlage oder einer ganzen Volkswirtschaft zu sprechen und damit die Ertragsfähigkeit der betreffenden Maschine, Produktionsanlage oder Volkswirtschaft zu bezeichnen. Mit dem Adjektiv, dem Wörtchen ›produktiv‹, können wir daher alle jene Betätigungen und Produktionsmittel belegen, die einen Ertrag abwerfen, während alle jene Tätigkeiten und Produktionsanlagen, die keine zusätzlichen Güter ergeben, als unproduktiv gekennzeichnet oder manchmal auch gescholten werden können.
Wir verstehen nun, was mit den endlosen Debatten um die Hebung der Produktivität, mit den Produktivitätsfortschritten einer Wirtschaft oder z. B. mit der Forderung, die Lohnerhöhungen am Produktivitätsfortschritt zu orientieren, gemeint ist, und man geniert sich nun beinahe, die banale Wahrheit auszusprechen, daß alle Verbesserungen an materieller Wohlfahrt einer Steigerung an Produktivität zu verdanken sind und daß die Zunahme der Produktivität ein beständiges Ziel der Wirtschaftspolitik und der Bemühungen aller Wirtschaftssubjekte sein muß, sofern man nicht mit dem Erreichten schon zufrieden sein will oder gar seiner überdrüssig geworden ist und zurück in die Wälder und wieder hinauf auf die Bäume möchte.
Wer sich jedoch für den Fortschritt und die Produktivität entscheidet, dem sei verraten, wie sie gemessen wird. Als Maß dient der Ertrag bezogen auf eine Einheit des jeweiligen Produktionsfaktors oder Produktionsmittels. Dabei werden Er-

träge und Produktionsmittel in realen Größen, d. h. in physischen Mengeneinheiten, gemessen. Die *Produktivität* Q läßt sich dann allgemein durch die Formel ausdrücken: $Q = \frac{E}{M}$ wobei E den Produktionsertrag und M die verwendete Menge an Produktionsmitteln bezeichnet. Die Produktivität des Weizenanbaues, bezogen auf den Boden, kann z. B. durch die Relation dz Weizen je ha Bodenfläche ausgedrückt werden, und analog dazu kann die Produktivität der Herstellung von Glühlampen, bezogen auf den Faktor Arbeit, durch die Zahl der Glühlampen je Arbeitsstunde und die Produktivität der Zündholzindustrie, bezogen auf die verwendeten Maschinen, durch die Zahl der Zündhölzer je Maschinenstunde ausgedrückt werden.

Auf diese Weise läßt sich z. B. ermitteln, daß die durchschnittliche Produktivität der Gesamtwirtschaft der Bundesrepublik, bezogen auf die einzelnen Erwerbstätigen von 1950 bis 1965, von 100 auf 215 gestiegen ist.[10] Dabei wurde freilich die gesamte Produktionszunahme während dieser fünfzehn Jahre der Produktivität der Arbeit zugerechnet, d. h. es wurde außer acht gelassen, daß in dieser Spanne beständig mehr an Kapital verwendet worden ist und die höhere Produktivität deshalb zu einem Teil auch dem neuen Kapital zugute gehalten werden muß. Bei Lohnverhandlungen und bei dem Versuch, die Lohnerhöhungen mit dem Produktivitätsfortschritt zu koppeln, geht es deshalb häufig um die Frage, welcher Teil der gestiegenen Produktivität für die Verzinsung des zusätzlichen Kapitals und welcher Teil der Betriebsführung zugeschrieben werden kann.

Als zweites Maß für die Wirtschaftlichkeit erwähnten wir die Rentabilität. Im Grunde ist sie eine speziellere Form der Produktivität des Kapitals. Als *Rentabilität* bezeichnen wir nämlich das Verhältnis von Reinertrag zu eingesetztem Kapital während einer Rechnungsperiode, jeweils ausgedrückt in Geldeinheiten. Der Reinertrag ist der verbleibende Teil des Produktionsergebnisses, nachdem alle Aufwendungen für die Produktion abgegolten sind. Die Formel für die Rentabilität R lautet dann $R = \frac{\text{Reinertrag}}{\text{verwendetes Kapital}}$. Üblicherweise wird jedoch die Rentabilität in Prozenten des verwendeten Kapitals

berechnet und auf die Spanne eines Jahres bezogen. Die Formel für die Rentabilität in dieser speziellen, aber allgemein bekannten Gestalt lautet dann $R_1 = \dfrac{\text{Jahresreinertrag} \cdot 100}{\text{verwendetes Kapital}}$.
Rentabilitätsberechnungen spielen vor allem für Unternehmungen eine überaus wichtige Rolle. Aber auch ein Sparer wird Rentabilitätsüberlegungen anstellen, wenn eine Kapitalsumme möglichst nutzbringend, d. h. möglichst rentabel, anzulegen ist. Da in der Rentabilitätsformel Zähler und Nenner in Geldeinheiten ausgedrückt und die Rentabilität üblicherweise in Prozenten des benutzten Kapitals gemessen wird, ergibt diese Formel zugleich die Verzinsung des verwendeten Kapitals. ›Rentabel‹ bedeutet dann nichts anderes als verzinslich, und in der Rentabilität drückt sich die Verzinsung des investierten Kapitals, das heißt der in Geld bewerteten Produktionsmittel aus.

III. Einzelwirtschaften und Gesamtwirtschaft

A. Die Einzelwirtschaften

Wirtschaftliche und soziale Gebilde
Um zu erfahren, wie die einzelnen in der Wirtschaft tätigen Menschen handeln und welchen grundsätzlichen Problemen sie gegenüberstehen, ist es nützlich oder gar notwendig, zunächst die in der Wirklichkeit vorkommenden Typen von Einzelwirtschaften kennenzulernen. Wir haben bereits früher erwähnt (vgl. Seite 34), was wir unter der Bezeichnung ›Wirtschaftseinheit‹ oder ›Wirtschaftssubjekt‹ verstehen, nämlich alle Personen oder Gruppen von Personen, die als solche wirtschaftliche Entscheidungen treffen.

Der Versuch, die Wirtschaftssubjekte nach bestimmten Arten zu unterscheiden oder zu typisieren, hat zunächst dazu geführt, sie in zwei Gruppen einzuteilen, nämlich in ökonomisch determinierte und nichtökonomisch determinierte Wirtschaftssubjekte. Ökonomisch determiniert sind jene, die vorwiegend oder ausschließlich im Hinblick auf ökonomische Ziele entstanden und organisiert sind. Das gilt z. B. für alle Unternehmungen, gleichgültig, ob es sich um ein Einzelhandelsgeschäft, einen Handwerksbetrieb, eine Bauunternehmung oder eine Aktiengesellschaft für Maschinenbau handelt. Auch Banken, Versicherungen und Transportunternehmungen gehören hierher. Die ökonomisch determinierten Wirtschaftssubjekte erscheinen stets als Produktionswirtschaften, d. h. als Gebilde, deren Zweck und Hauptziel darin besteht, wirtschaftliche Leistungen zu erbringen und zu veräußern.

Das ist anders bei den nicht oder doch nicht vorwiegend ökonomisch determinierten Wirtschaftseinheiten, den Familien und Haushalten oder auch bei einem Verein oder bei einem Staat. Sie alle entstanden und bestehen nicht oder wenigstens nicht in erster Linie als ökonomische Zweckgebilde, denn in der Regel sind es außerökonomische Motive und Ziele, die den Staat oder eine Familie zusammenhalten. Die Mitgift kann zwar ein ansehnliches Grundkapital für eine Ehe sein, aber sie allein darauf zu gründen würde paradoxerweise leicht zu ihrem Bankrott führen.

Vier Typen
Die Zweiteilung in ökonomisch und nichtökonomisch determinierte Wirtschaftssubjekte konnte dem Bedürfnis der Theorie, mit einzelnen Typen von Wirtschaftseinheiten arbeiten zu können, nicht genügen. Es hat sich daher als zweckmäßig erwiesen, vier Typen von Wirtschaftssubjekten zu unterscheiden und die in der Wirklichkeit vorkommenden konkreten Einheiten nach Möglichkeit einem dieser vier Typen zuzuordnen. Wir unterscheiden danach private Haushalte, öffentliche Haushalte, Unternehmungen und Banken. Wie kommt es zu dieser merkwürdigen Aufzählung von Typen?
Zunächst können die ersten beiden, die Haushalte privater und öffentlicher Art, wiederum als außerökonomisch determinierte Einheiten klassifiziert werden, deren Existenz offenbar nicht vornehmlich auf wirtschaftlichen Gründen beruht. Dagegen sind es ausschließlich oder überwiegend ökonomische Überlegungen, die darüber entscheiden, ob eine Unternehmung gegründet oder weitergeführt werden soll. Als *Unternehmung* bezeichnen wir eine rechtlich und organisatorisch selbständige wirtschaftliche Einheit mit dem Zweck, einen nachhaltigen Ertrag oder Gewinn zu erwirtschaften. Sie kann aus mehreren Betrieben bestehen. Der *Betrieb* ist die produktionstechnische Einheit einer Unternehmung. Die meisten Unternehmungen bestehen allerdings nur aus einem einzigen Betrieb, und Unternehmung und Betrieb fallen insoweit zusammen.
Wenden wir nun unsere allgemeine Hypothese für wirtschaftliches Verhalten, das ökonomische Prinzip, auf die Führung einer Unternehmung an, so besteht ihr Ziel darin, mit den ihr zur Verfügung stehenden Mitteln ein möglichst gutes Ergebnis zu erreichen, in der Regel also einen möglichst hohen Ertrag zu erwirtschaften oder auch einen bestimmten Erfolg (Ertrag) mit den geringsten Mitteln (Aufwand) zu erringen. Eine Unternehmung ist also ein ertragsorientiertes Gebilde, und wir benutzen den Terminus Unternehmung deshalb in der Regel dazu, um eine Wirtschaftseinheit im Bereich der Produktion zu bezeichnen.
Es liegt nahe, sogleich die Frage anzufügen, warum die Banken

als Wirtschaftssubjekte besonderen Typs ein Eigenleben führen. Gehören sie etwa nicht zu den Unternehmungen, rechtfertigen besondere Umstände ihren Extraplatz? Nach der zuvor gegebenen Definition gehören sie eindeutig zu den Unternehmungen, denn sie werden üblicherweise wie diese mit der Absicht betrieben, einen nachhaltigen Ertrag zu erzielen.[11] Allerdings handelt es sich bei den *Banken* um Wirtschaftssubjekte, die vorwiegend dem Zahlungsverkehr dienen. Daher schien es der Wirtschaftstheorie zweckmäßig, den Banken einen besonderen Status als Wirtschaftssubjekte zuzuerkennen, der vor allem darauf beruht, daß sie bei ihrer Hauptaufgabe, die Wirtschaft mit Zahlungsmitteln zu versorgen, besonderen, strengen Bindungen unterworfen sind, die vornehmlich den Zweck haben, einen wichtigen Teil ihrer ›Produktion‹, die Geldschöpfung, zu begrenzen.

Für die nichtökonomisch determinierten Wirtschaftssubjekte, die Haushalte, können zwar keine primär ökonomischen Zweckbestimmungen gelten, aber soweit es sich um ihre Wirtschaftsweise handelt, dürfen wir unterstellen, daß sie danach trachten müssen, ihre Mittel zweckmäßig zu verwenden. Im Vergleich mit den ökonomisch determinierten Wirtschaftseinheiten, den Unternehmungen und Banken, handelt es sich bei den privaten und öffentlichen Haushalten weniger um produktionsorientierte als um konsumorientierte Wirtschaften. Wir definieren daher den *privaten Haushalt* als eine Wirtschaftseinheit, die durch einen gemeinsamen Verbrauch vorhandener Mittel charakterisiert wird. Wenden wir das ökonomische Prinzip auf diesen Sachverhalt an, so ergibt sich für das Wirtschaftsverhalten eines Haushalts der Grundsatz, über die gegebenen Mittel so zu disponieren, daß mit ihnen die vorhandenen Bedürfnisse möglichst zweckmäßig befriedigt werden.

Als zweiten Typus einer nichtökonomisch determinierten Wirtschaftseinheit hatten wir den Typ des öffentlichen Haushalts erwähnt, der unter der Bezeichnung Staatshaushalt vielleicht etwas geläufiger erscheint. Unter *öffentlichem Haushalt* (Staatshaushalt) wird üblicherweise die Einnahmen- und Ausgabenwirtschaft öffentlicher, mit hoheitlichen Aufgaben betrauter Körperschaften verstanden. Vor allem gehören die Landes- und Gemeindehaushalte und der Haushalt des Bundes hierher. Wie die privaten Haushalte, so gehören auch die öffentlichen zur Gattung der Konsumwirtschaften. Aber da sie sich ihre Mittel meistens und zum größten Teil zwangsweise, d. h. durch die Besteuerung verschaffen und weil für sie nicht zuletzt deshalb auch andere Grundsätze der Mittelverwendung als für die privaten Haushalte gelten müssen, können private und öffentliche Haushalte nicht als gleichartige Wirtschaftssubjekte in einen Topf geworfen werden. Zwar muß auch für die Staatswirtschaft noch gefordert werden, wirtschaftliche Grundsätze zu beachten, aber eine so einfache Maximierungs- und Minimierungsbedingung wie für die übrigen drei Typen von Wirtschaftssubjekten läßt sich für die Staatswirtschaft nicht formulieren. Es mag hier genügen, auf jene Teildisziplin der Nationalökonomie zu verweisen, die sich speziell mit der Staatswirtschaft und dem Haushalt öffentlicher Körperschaften befaßt: die Finanzwissenschaft.

Mit den vier Typen von Wirtschaftssubjekten lassen sich die meisten grundsätzlichen theoretischen Probleme einzelwirtschaftlicher Art behandelt. Es sollte dabei den um die Anfangsgründe bemühten Jünger der Nationalökonomie nicht verdrießen, wenn nicht alle in der Wirklichkeit anzutreffenden Wirtschaftseinheiten sich diesem Schema fügen, zumal es nur verhältnismäßig wenige seltene Exemplare sind, die sich nicht in den vier mit den Etiketten ›private Haushalte‹, ›öffentliche Haushalte‹, ›Unternehmungen‹ und ›Banken‹ versehenen Schubladen unterbringen lassen.

B. Die Arbeitsteilung

Geschlossene Hauswirtschaft und Verkehrswirtschaft
Die Unterteilung nach vier Kategorien von Wirtschaftssubjekten paßt zwar für unsere heutige, entwickelte Wirtschaft, sie wäre jedoch noch vor 100 oder gar 200 Jahren unangemessen gewesen. Damals gingen häufig Haushalt und Betrieb ineinander über. Besonders in der Landwirtschaft, wo um die Mitte des vorigen Jahrhunderts in Deutschland noch weit über die Hälfte aller Menschen beschäftigt gewesen sind, produzierte die Familie hauptsächlich für ihren eigenen Bedarf, d. h. sie war der Hauptabnehmer ihrer eigenen Produkte und insofern Unternehmung und Haushalt zugleich.

Die Wirtschaftsgeschichte kann uns darüber belehren, daß dieser Zustand ein typisches Stadium für alle weniger entwickelten Wirtschaften war oder noch ist. Man nennt diesen Entwicklungsstand einer Wirtschaft, die noch keine ökonomischen Beziehungen zwischen den einzelnen Wirtschaftseinheiten aufweist, in der sich also jede Einheit selbst versorgen muß, das Stadium der *geschlossenen Hauswirtschaft* oder der Selbstversorgungswirtschaft. Das Gegenstück zu dieser Organisationsform bildet die *Verkehrswirtschaft*, in der die Wirtschaftssubjekte jeweils in Verbindung miteinander stehen und die Produktion eines Wirtschaftssubjektes fast nur noch für andere Wirtschaftseinheiten erfolgt und deshalb die Produktionsleistungen untereinander ausgetauscht und vergütet werden müssen.
Es ist zwar denkbar, daß eine geschlossene Hauswirtschaft, die sich selbst mit allen als notwendig erachteten Gütern versorgt, innerhalb ihres Betriebes unter den dann gesetzten Begrenzungen streng dem Prinzip der Wirtschaftlichkeit genügt, aber ihre Leistungsfähigkeit wird, gemessen an heutigen Vorstellungen, verhältnismäßig gering sein. Bestünden die Einzelwirtschaften eines Landes ausschließlich aus derartigen isolierten Wirtschaftseinheiten, so könnte zwar innerbetrieblich dem ökonomischen Prinzip Genüge getan und insoweit ein Optimum an wirtschaftlichem Erfolg garantiert werden; dennoch wissen wir, daß es für die Gesamtheit der Wirtschaft dieses Landes besser wäre, wenn sich die Einzelwirtschaften auf bestimmte Produktionen spezialisierten und ihre Produkte miteinander austauschten. Auf diese Weise könnte das Gesamtprodukt der Wirtschaftsgesellschaft gesteigert und die materielle Wohlfahrt aller verbessert werden. Aber es ist meistens ein langwieriger geschichtlicher Prozeß, in dem die Einzelwirtschaften eines Landes allmählich zur Zusammenarbeit miteinander geführt werden.
Unser eigenes Wirtschaftsgebiet bestand noch vor einem Jahrtausend so gut wie ausschließlich aus isolierten Wirtschaftseinheiten, aus geschlossenen Hauswirtschaften.[12] Selbst die Staatswirtschaft des Kaisers und seiner Vasallen kam jahrhundertelang nicht über dieses Stadium hinaus, und die Bezeichnungen Hof, Hofhaltung, Fürstenhof deuten noch heute darauf hin. Solange die einzelnen Hauswirtschaften nahezu

ohne Tauschbeziehungen isoliert nebeneinander standen, konnte es natürlich auch keine Märkte, keinen Handel und keine Preise geben, nicht einmal Geld war vonnöten. Nur in den Städten entstand allmählich eine zunächst regional begrenzte Verkehrswirtschaft, die Stadtwirtschaft, und schließlich entwickelten sich auch zwischen den Städten wirtschaftliche Beziehungen, die das Netz der Verkehrswirtschaft erweiterten. Einige Vertreter der älteren deutschen Nationalökonomie haben daher gelehrt, daß die wirtschaftliche Entwicklung, übrigens nicht nur in Deutschland, von der geschlossenen Hauswirtschaft über die Stadtwirtschaft zur modernen Volks- und Verkehrswirtschaft geführt habe.[13] Dieser Prozeß einer allmählichen Auflösung und Integrierung der Selbstversorgungswirtschaften mit anderen Wirtschaftseinheiten zu einem System der Verkehrswirtschaft bildete ein Hauptthema der historischen Schule, die in einer Reihe von sogenannten Stufentheorien die Stadien der wirtschaftlichen Entwicklung von den einfachen, isolierten zu den komplizierten, verkehrswirtschaftlichen Organisationsformen zu erklären versuchte.

Rationalität und Organisation der Gesamtwirtschaft
Das ökonomische Prinzip verlangt bekanntlich die beste Nutzung der wirtschaftlichen Mittel. Bisher hatten wir die Anwendung des Wirtschaftlichkeitsprinzips jeweils für die Probleme eines einzelnen Wirtschaftssubjekts behandelt. Rationales Verhalten und beste wirtschaftliche Nutzung ist aber nicht nur möglich für die Gestaltung der wirtschaftlichen Probleme eines einzelnen Wirtschaftssubjektes, z. B. eines Betriebes, sondern auch für die Gestaltung der Beziehungen von Betrieben untereinander. Das Rationalprinzip erfordert nämlich für die Organisation der Gesamtwirtschaft die Preisgabe des Systems der geschlossenen Hauswirtschaft zugunsten eines Systems der Arbeitsteilung. Unter *Arbeitsteilung* verstehen wir die Zerlegung des Produktionsprozesses in einzelne selbständige Arbeitsvorgänge, die von verschiedenen Menschen oder in verschiedenen Wirtschaftseinheiten verwirklicht werden können. Das Prinzip der Arbeitsteilung kann freilich nicht nur innerhalb eines Betriebes oder einer Unternehmung und nicht nur innerhalb einer Volkswirtschaft angewendet werden, sondern auch auf die Wirtschaftsbeziehungen zwischen einzelnen

Volkswirtschaften und Nationen innerhalb der Weltwirtschaft. Man spricht daher auch von einer innerbetrieblichen, einer zwischenbetrieblichen oder nationalen und von einer weltwirtschaftlichen oder internationalen Arbeitsteilung.

Der Vorteil der Arbeitsteilung besteht vor allem darin, eine Spezialisierung der Produktion zu ermöglichen. Die Spezialisierung wiederum erlaubt es, die individuellen Fähigkeiten und die Vorteile des Standorts oder der Natur besser zu nutzen, als es ohne Arbeitsteilung möglich wäre. Noch bedeutsamer wurde die Arbeitsteilung dadurch, daß für die einzelnen Arbeitsvorgänge Maschinen konstruiert und verwendet werden konnten. Erst die Arbeitsteilung, die Zerlegung der Produktion in einzelne getrennte Teile, hat die Mechanisierung und schließlich die Automatisierung von Produktionsvorgängen ermöglicht und damit der modernen Technik den Weg bereitet.

Hohe Produktivität und rasch steigender Lebensstandard wären ohne Arbeitsteilung nicht möglich gewesen. Die Erklärung für die mit Hilfe der Arbeitsteilung bewirkte höhere Produktivität lieferte schon in anschaulicher Weise *Adam Smith* mit seinem berühmt gewordenen Stecknadelbeispiel. »Die größte Vervollkommnung der Produktivitätskräfte der Arbeit und die vermehrte Geschicklichkeit, Fertigkeit und Einsicht, womit die Arbeit überall geleitet oder verrichtet wird, scheint eine Wirkung der Arbeitsteilung gewesen zu sein.

Die Wirkungen der Arbeitsteilung in der allgemeinen Gewerbstätigkeit der Gesellschaft lassen sich leichter verstehen, wenn man beachtet, in welcher Weise jene Teilung in einzelnen Manufakturen auftritt . . .

Um ein Beispiel von einem wenig belangreichen Gewerbe zu geben, bei welchem man jedoch sehr oft von der Arbeitsteilung Notiz genommen hat, nämlich von der Stecknadelfabrikation, so könnte ein für dies Geschäft . . . nicht angelernter Arbeiter, der mit dem Gebrauch der dazu verwendeten Maschine . . . nicht vertraut wäre, vielleicht mit dem äußersten Fleiße täglich kaum eine, gewiß aber keine 20 Nadeln machen. In der Art aber, wie dies Geschäft jetzt betrieben wird, ist es nicht nur ein eigenes Gewerbe, sondern teilt sich in eine Zahl von Zweigen, von denen die meisten gewissermaßen wieder eigene Gewerbe sind. Einer zieht den Draht, ein anderer richtet ihn, ein dritter schneidet ihn ab, ein vierter spitzt ihn zu, ein fünfter schleift

ihn am oberen Ende, damit der Kopf angesetzt werde; die Fertigung des Kopfes erfordert zwei oder drei verschiedene Verrichtungen; das Ansetzen desselben ist ein eigenes Geschäft, das Weißglühen der Nadeln ein anderes; ja sogar das Einstecken der Nadeln in Papier bildet ein Gewerbe für sich. So ist das wichtige Geschäft der Stecknadelfabrikation in ungefähr 18 verschiedene Verrichtungen geteilt, die in manchen Fabriken alle von verschiedenen Händen vollbracht werden ...«[14]
Smith erklärte, daß in einem ihm bekannten kleineren Betrieb damals im Durchschnitt von den Arbeitern jeder täglich 4 800 Nadeln herstellte. »Hätten sie dagegen alle einzeln und unabhängig gearbeitet und wäre keiner für dies besondere Geschäft angelernt worden, so hätte gewiß keiner 20, vielleicht nicht eine Nadel täglich machen können.«[14]

Dieses recht anschauliche und viel zitierte Beispiel ist, vor rund zwei Jahrhunderten, im Jahre 1776 gegeben worden. Man kann nun leichter verstehen, warum wir Nationalökonomen uns immer wieder auf jenen berühmten Säulenheiligen, auf *Adam Smith*, berufen. Wenn seine Darstellung der Folgen der Arbeitsteilung schon vor zweihundert Jahren galt, wieviel mehr muß der Grundsatz, daß durch Arbeitsteilung die Ergiebigkeit der Produktion, die Produktivität, gesteigert werden kann, bei den heutigen technischen Möglichkeiten zutreffen.

Arbeitsteilung und Spezialisierung haben zwar die moderne Industriewirtschaft und ihre Gesellschaft ermöglicht, aber auch ihre heutige Erscheinungsform und ihre Begleiterscheinungen weitgehend mitgeformt. Nach allem bisher Gesagten könnte der Eindruck entstehen, als habe diese Entwicklung nur ihre Vorzüge. Er bedarf daher einer Korrektur oder wenigstens eines Hinweises darauf, daß in dieser Welt der Unvollkommenheiten alles seinen Preis hat. Die Geschichte der Industrialisierung lehrt uns, daß Klassenprobleme und Wirtschaftskrisen, Standardisierung der Güter und Verlust an Individualität, Zivilisationsschäden und Verstädterung nur einige der Folgen gewesen sind, die mit der Arbeitsteilung und der industriellen Revolution einhergingen.

Fassen wir noch einmal zusammen: Wir sahen, daß unsere Wirtschaft ein Geschöpf des Rationalismus ist. Er fordert im Bereich der Ökonomie die Verwirklichung des ökonomischen Prinzips. Seine konsequente Anwendung erzwingt die Arbeits-

teilung, d. h. die Spezialisierung, die Mechanisierung und schließlich die Automatisierung der Produktionsvorgänge. Aber der Grundsatz der Arbeitsteilung läßt sich nicht nur innerhalb einzelner Betriebe und Unternehmungen verwirklichen, sondern auch auf einer höheren Ebene für die gesamte Wirtschaftsgesellschaft. Das bedeutet, daß sich jeder einzelne Betrieb auf eine bestimmte Produktion, auf ein bestimmtes Produkt oder einzelne Produkte spezialisiert und daß somit an die Stelle von Selbstversorgungswirtschaften (geschlossenen Hauswirtschaften), einzelne, aufeinander angewiesene, spezialisierte Unternehmungen und Betriebe treten, die miteinander in Tauschbeziehungen stehen. Dabei bilden sich notwendigerweise Märkte, Preise, Abnahmebeziehungen, Lieferverpflichtungen und der Zahlungsverkehr. Es entsteht die Geldwirtschaft, und mit ihr entwickeln sich ganz neue Gewerbezweige, nämlich Banken, Versicherungen, Bausparkassen usf. Aber diese neuen Institutionen erzeugen ihrerseits wieder neue Probleme für die Organisation der Gesamtwirtschaft, und es ergibt sich daraus die Notwendigkeit, sich klarzumachen, wie diese verwirrende Vielfalt von Erscheinungen zu einem sinnvollen Ganzen zusammenwirken kann.
Für den Nationalökonomen und den Wirtschaftspolitiker gilt es, sich zu überlegen, was notwendig ist, damit dieses komplizierte Räderwerk in Gang gehalten werden kann. Denn wenn ein Teil dieser Maschinerie ausfällt, kann allzu leicht der ganze Mechanismus aus den Fugen geraten. Was in der geschlossenen Hauswirtschaft niemals möglich gewesen wäre, kann nun zu einem Problem werden: Konjunkturen und Krisen, allgemeiner Preisverfall und Inflation, die Zahlungsunfähigkeit einzelner Unternehmungen oder der Bankrott ganzer Wirtschaftszweige. Künftig hängt das Schicksal jeder Einzelwirtschaft auch vom Schicksal der übrigen Wirtschaftseinheiten und damit vom Schicksal der Gesamtwirtschaft ab. Keine Wirtschaftseinheit kann mehr isoliert leben oder gleich hohe Einkünfte oder Erträge erzielen, wenn sie auf die Zusammenarbeit mit anderen Betrieben verzichtet. Erst die Arbeitsteilung und die von ihr ermöglichte hohe Produktivität haben das Niveau der Gesamtproduktion und der Lebenshaltung unserer Gesellschaft zuwege gebracht. Dafür gerät jedoch jedes einzelne Wirtschaftssubjekt in eine unvermeidliche Abhängig-

keit von der Gesamtentwicklung und wird zu einem Rädchen im Gesamtmechanismus der Wirtschaftsgesellschaft. Die Einzelwirtschaften bilden in ihrer Gesamtheit einen neuen Organismus, dem sie dienen und der sie selbst am Leben erhält, die Volkswirtschaft.

C. Das Problem der Koordination der Einzelwirtschaften: die Wirtschaftsordnung

Die drei Kardinalprobleme

Die Arbeitsteilung in einer Volkswirtschaft, d. h. die Zusammenarbeit einzelner voneinander abhängiger Wirtschaftseinheiten in der Absicht, eine nahezu unendliche Zahl von Gütern in einzelnen Etappen durch Hunderttausende selbständige Betriebe herstellen zu lassen, wirft Probleme auf, welche die geschlossene Hauswirtschaft noch nicht gekannt hat. Das wichtigste dieser Probleme ist das der Koordination der Einzelwirtschaften. Denn wie ergeben sich aus den einzelnen Teilprodukten schließlich fertige Produkte, wie entsteht aus der wirtschaftlichen Tätigkeit aller Einzelnen ein sinnvolles Ganzes, wer oder was sorgt dafür, daß die zwar aufeinander angewiesenen, aber in ihren Entscheidungen freien Einzelwirtschaften dennoch zusammenarbeiten?

Untersuchen wir das Problem des Zusammenwirkens der Einzelwirtschaften, so erkennen wir bald, daß deren Zusammenarbeit auf drei große Fragenkomplexe stößt. Jede Volkswirtschaft muß, wenn sie aus einer größeren Zahl von Einzelwirtschaften besteht, eine grundsätzliche Entscheidung über drei Kardinalprobleme ihrer Güterversorgung fällen.

a) Die Bestimmung des Produktionsziels. Es muß eine Klärung darüber herbeigeführt werden, welche Güter in welchen Mengen produziert werden sollen.

b) Die Anordnung der Produktionsfaktoren (Allocation der Ressourcen). Hier handelt es sich darum, wie der Produktionsplan im Hinblick auf die vorhandenen Produktionsmittel verwirklicht werden soll und kann. Wie ordnen sich die vorhandenen Arbeitskräfte im Hinblick auf das Produktionsziel an, wie gelangen die sachlichen Produktionsmittel an die richtige Stelle, mit anderen Worten, wer gehört an

welchen Arbeitsplatz, und welche Kapitalgüter und Bodenschätze müssen für welche Produktion zur Verfügung stehen?
c) Die Verteilung des Produktionsergebnisses. Hier geht es darum, zu bestimmen, wer was und wieviel von dem Produktionsergebnis erhält, nach welchen Grundsätzen die Verteilung der Güter erfolgt und wieviel jeweils für den Konsum und wieviel für die nächsten Produktionspläne als Kapital vorgesehen werden kann.

Wirtschaftsordnung, Wirtschaftsverfassung und Wirtschaftssystem

Die Regelung dieser drei Hauptprobleme — das Problem der Bestimmung des Produktionsziels, das Problem der daraufhin vorzunehmenden Anordnung der Produktionsfaktoren und das Problem der Verteilung — in rechtlicher, organisatorischer und sozialer Hinsicht nennen wir die *Wirtschaftsordnung* eines Landes. Die Wirtschaftsordnung bildet demnach den rechtlich-organisatorischen Rahmen, innerhalb dessen sich die Koordination der Einzelwirtschaften vollzieht. Häufig wird auch die Regelung der Zusammenarbeit der Einzelwirtschaften innerhalb einer Volkswirtschaft als *Wirtschaftsverfassung* bezeichnet. Beide Begriffe, Wirtschaftsordnung und Wirtschaftsverfassung, lassen sich für das gleiche Problem und den gleichen Tatbestand verwenden, wenngleich der Ausdruck Wirtschaftsverfassung mehr auf die rechtliche Kodifizierung hindeutet, während die Bezeichnung Wirtschaftsordnung mehr die ordnungspolitische Zielsetzung im Auge behält. Ein dritter hierhergehörender Terminus muß noch erwähnt werden. Man spricht im Zusammenhang mit den zuvor aufgeworfenen drei Fragen auch oft von einem Wirtschaftssystem. Unter einem *Wirtschaftssystem* verstehen wir eine aus bestimmten Grundsätzen konsequent abgeleitete Regelung der drei Hauptfragen jeder Wirtschaftsordnung, das ist der Bestimmung des Produktionsziels, der Anordnung der Produktionsfaktoren und der Verteilung des Produktionsergebnisses.

Ein Wirtschaftssystem bezeichnet also ein erdachtes, rein logisches Gebilde, d. h. den als sinnvolle Einheit erscheinenden Typus einer wirtschaftlichen Ordnung. Es handelt sich hier um eine theoretische Kategorie, einen Idealtypus, ein Modell, während die Bezeichnung Wirtschaftsordnung den real bestehenden Lösungen vorbehalten bleibt, die keineswegs kompromißlos typisiert und systematisiert sein müssen, sondern aus nicht immer leicht analysierbaren Mischformen bestehen. Man spricht z. B. von unserer Wirtschaftsordnung, der Wirtschaftsordnung der Bundesrepublik, und man bezeichnet sie als eine soziale Marktwirtschaft, was besagen will, daß diese Ordnung einem marktwirtschaftlichen System nahekommt. Jede Ordnungsstruktur in einer menschlichen Gesellschaft läßt sich auf zwei elementare Prinzipien zurückführen, auf Unter- und Überordnung einerseits und auf Zusammenarbeit und Einvernehmen andererseits. Man kann die erste Art auch als eine hierarchische, auf Befehl oder Herrschaft gegründete, die zweite als eine auf Einvernehmen und Gleichberechtigung beruhende Ordnung bezeichnen. Alle möglichen Formen menschlichen Zusammenlebens lassen sich auf diese beiden Strukturprinzipien zurückführen, und die Elemente beider Ordnungsprinzipien finden wir daher in der Familie, in der Ehe, bei Körperschaften und Vereinen ebenso wie beim Staate und nicht zuletzt auch in jeder Volkswirtschaft.

Werden diese Grundsätze möglicher Ordnung auf die Zusammenarbeit der Einzelwirtschaften angewendet, so ergeben sich zwei diametral entgegengesetzte Systeme, zwei modellartige Konstruktionen gegensätzlicher Ordnung. Diese idealtypischen Möglichkeiten bezeichnen wir als das Wirtschaftssystem der freien Verkehrswirtschaft einerseits und als System der Zentralverwaltungswirtschaft andererseits. Beim ersten, beim System der *freien Verkehrswirtschaft*, stellen die einzelnen Wirtschaftssubjekte ihre eigenen Wirtschaftspläne auf, und das Problem der Koordination der Einzelwirtschaften wird durch Übereinkunft und freiwillige Vereinbarung zwischen den Beteiligten geregelt. Die Entscheidung über das Produktionsziel, die Anordnung der Produktionsfaktoren und die Verteilung des Produktionsergebnisses wird also von den einzelnen Wirtschaftssubjekten individuell im Rahmen ihrer Möglichkeiten und auf dem Wege freier Vereinbarung mit anderen Wirtschaftssubjekten getroffen. Beim zweiten, beim System der *Zentralverwaltungswirtschaft*, beherrscht das Prinzip der Unter- und Überordnung die Beziehungen zwischen den Einzelwirtschaften, d. h. alle Entscheidungen über das Produktionsziel, über die

Anordnung der Produktionsfaktoren und über die Verteilung des Gesamtprodukts werden von einer einzigen zentralen Stelle gefällt. Wohlgemerkt, es handelt sich hier um reine Typen, sogenannte Idealtypen, d. h. um gedankliche Systeme, die niemals in dieser kompromißlosen Form verwirklicht worden sind. Wir bedienen uns dieser Abstraktionen jedoch, um leichter einteilen, typisieren und die konkret bestehenden Wirtschaftsordnungen leichter auf ihre Wesensmerkmale hin erkennen zu können.
Sowohl die hier gebrauchten und heute üblichen Begriffe — Verkehrswirtschaft und Zentralverwaltungswirtschaft — als auch einen wichtigen Teil der theoretischen Erkenntnisse über die grundsätzlichen Möglichkeiten und Konsequenzen von Wirtschaftsordnungen verdanken wir *Walter Eucken*, der von 1927 bis zu seinem Tode im Jahre 1950 an der Freiburger Universität Nationalökonomie gelehrt hat.

Die Zentralverwaltungswirtschaft
Es ist nicht schwierig, einzusehen, daß sich die drei Grundprobleme jeder Wirtschaftsordnung nach dem Prinzip der Unter- und Überordnung und somit nach den Regeln der Zentralverwaltungswirtschaft lösen lassen. Die einfachste, wenngleich vielleicht nicht immer die sympathischste Form der Regelung von zwischenmenschlichen Beziehungen ist die Diktatur. So auch in der Wirtschaft. Sicherlich kann die Entscheidung über das Produktionsziel, die Anordnung der Produktionsfaktoren und die Verteilung des Produktionsergebnisses auf eindeutige Weise von einer Zentralbehörde bestimmt werden. In diesem Fall muß die Zentrale das Produktionsziel nach Art und Umfang vorschreiben. Das gleiche gilt aber auch für die technische Gestaltung und die Verwirklichung der Produktionspläne, denn Rohstoffe, Maschinen und andere sachliche Produktionsmittel sind, ebenso wie die Arbeitskräfte, an die jeweiligen Stätten der Produktion zu dirigieren, wenn das Produktionsziel erreicht und der Plan erfüllt werden soll. Es gibt daher in einem derartigen System keinen Spielraum für eigene unternehmerische Entscheidungen, kein Streben nach Gewinnen und keine freie Verfügung über Eigentum an Produktionsmitteln. Infolgedessen fehlt auch die Figur des Unternehmers, und es gibt nur noch von der Zentralbehörde beschäftigte Be-

amte, Angestellte und Arbeiter. Die einzelnen Betriebe und in ihnen die einzelnen Personen müssen versuchen, das ihnen vorgegebene Produktionsziel zu erreichen. Jedermann hat einem vorbestimmten Plan zu folgen, d. h. ein Soll in möglichst kurzer Zeit oder mit möglichst wenigen Mitteln zu erfüllen.

Die Arbeitsweise des Systems der Zentralverwaltungswirtschaft ist also überaus einfach zu beschreiben, soweit es um das Prinzip der Lenkung geht. Sie ist jedoch ungeheuer kompliziert, sobald es sich um die technisch-organisatorische Verwirklichung der Pläne handelt. Da alle wirtschaftliche Betätigung nur nach vorgegebenen Plänen erfolgt und Abweichungen davon nicht erlaubt sein können, muß jede Einzelheit bis ins kleinste von der Zentrale vorbereitet und gesteuert werden. Die Planbehörde muß sich daher zunächst eine vollständige und bis in alle Einzelheiten genaue Übersicht über die vorhandenen Produktionsmittel und Arbeitskräfte zu verschaffen versuchen. Zugleich muß sie eine Ordnung aller Güter aufstellen, die erzeugt werden sollen, um festlegen zu können, wie viele Güter von welcher Art und Beschaffenheit mit den vorhandenen Produktionsmitteln hergestellt werden können. Die Planbehörde muß demnach alle Entscheidungen, die in einer Marktwirtschaft in den einzelnen Unternehmungen und Haushalten gefällt werden, selbst treffen und Mittel und Wege suchen, um die Plandaten in die Realität umsetzen zu können.

Damit die Befehle und Vorschriften eingehalten werden, müssen Kontrollen und Überwachungen dafür sorgen, daß die richtigen Güter in den vorgegebenen Mengen mit den jeweiligen Produktionsmitteln angefertigt werden. Ohne Kontrolle und Aufsicht könnte nicht ermittelt werden, inwieweit der vorgeschriebene Plan erfüllt worden ist und aus welchen Gründen er im Einzelfalle nicht erfüllt oder vielleicht sogar übererfüllt werden konnte. Da in diesem System nichts von selbst läuft, muß alles befohlen, angeordnet, überprüft und wieder nach oben berichtet werden. Ein ganzes Heer von Beamten, Statistikern und Kontrolleuren ist nötig, um den Gang der Zentralverwaltungswirtschaft zu gewährleisten.

Die Tatsache, daß in einer zentralgeleiteten Wirtschaft alle Entscheidungen über das Produktionsziel, über die Anordnung der Produktionsfaktoren und über die Verwendung des Produk-

rionsergebnisses von der Planbehörde gefällt werden, macht es zugleich notwendig, daß in diesem Wirtschaftssystem alle dafür erforderlichen Machtbefugnisse bei dieser Zentrale liegen. Selbst die Bewertung der Güter muß ihr überlassen bleiben, denn in diesem System dürfen sich keine Preise unabhängig von der Planung auf einem Markt nach Angebot und Nachfrage bilden, ja es wäre sogar möglich, ganz ohne Preise auszukommen. Im Grunde wird daher in einer Zentralverwaltungswirtschaft nicht gekauft oder verkauft, sondern zugeteilt und abgeliefert. Das Geld kann eine durchaus nebensächliche Rolle dabei spielen oder sogar abgeschafft werden, da ohnedies nicht der Besitz an Geld, sondern der Wille der Planbehörde darüber entscheidet, ob eine bestimmte Ware erzeugt wird und wofür sie zu verwenden ist.
Die Zentralverwaltungswirtschaft erfordert daher stets die Delegierung aller Befugnisse wirtschaftlicher Art an die Planbehörde, weil sonst die erforderlichen Informationen und Übersichten, die zur Aufstellung des Plans notwendig sind, und erst recht die Sicherheit für die Planerfüllung nicht gewährleistet sind. Ohne die Möglichkeit, sich die erforderlichen Informationen und Übersichten verschaffen und später den Plan notfalls gegen Widerstände durchsetzen zu können, bliebe die Planung ein Stück Papier. Die Zentralverwaltungswirtschaft verlangt daher eine mächtige Zentrale und die Verfügungsgewalt dieser Zentrale über alle Produktionsmittel und Arbeitskräfte. Die Planbehörde muß daher mit dem Staat identisch sein, wenn sie nicht zwangsläufig zu einem Staat im Staate werden soll.
Obwohl der Typ der Zentralverwaltungswirtschaft kaum jemals in reiner Form verwirklicht worden sein dürfte, kommen einzelne bestehende Wirtschaftsordnungen diesem System nahe. Besonders die kommunistischen Wirtschaften tragen die charakteristischen Züge einer durch Zentralbehörden gesteuerten Wirtschaft. Aber auch viele westliche Länder haben im Kriege ihre Wirtschaftsverfassung vorübergehend geändert und Vorschriften verwaltungswirtschaftlicher Art eingeführt. Jede Kriegswirtschaft wird auf wesentliche Elemente dieses Systems zurückgreifen müssen, wenn sie die Produktion und die Verteilung der Güter nicht mehr den Wünschen der privaten Wirtschaftssubjekte überlassen kann. Rationierung und

Preisstopp, Arbeitsverpflichtung und Produktionsauflagen, Lieferung auf Anordnung und Bezugsscheine sind einige der Begleiterscheinungen, die noch vor zwanzig Jahren im Gefolge des Krieges auch in einer Reihe von westeuropäischen Ländern geläufig waren. Ein zentraler Wille setzte die Ziele für die Produktion, und ein System von Vorschriften und Kontrollen war notwendig, um eine plangemäße und dabei wirtschaftliche Verwendung der Produktionsmittel zu sichern. Meistens reichten jedoch Kontrollen, Rügen und Verweise nicht aus. Sie mußten daher durch drastische Strafandrohungen ergänzt werden, zumal ein Vergehen gegen die Wirtschaftsordnung als ein Verbrechen gegen den Staat und die Gesellschaft ausgelegt und entsprechend geahndet werden kann. Aus den Ostblockländern ist uns diese Praxis noch in der Gegenwart bekannt. Kommunistische Länder appellieren an die ›sozialistische Moral‹, die westlichen Länder in Kriegszeiten an den Patriotismus, wenn sie von ihren Bürgern eine Wirtschaftsweise im Dienste der Gesellschaft fordern. Da die Entlohnung für wirtschaftliche Leistungen nicht oder nicht mehr allein durch Gewinn und Verdienst erfolgt, wird sie ergänzt durch Belobigung oder Verleihung von Orden und Titeln. ›Der Held der Arbeit‹ in der UdSSR oder die Zugehörigkeit zu einer vorbildlichen Brigade im anderen Teile Deutschlands sind dort ebenso als Leistungsanreiz vorgesehen wie hier ein zusätzlicher Zwanzigmarkschein in der Lohntüte.

Es gehört weiterhin zu den charakteristischen Merkmalen einer zentralgeleiteten Wirtschaft, daß sie vor allem der jeweiligen Politik des Staates und erst in zweiter Linie den individuellen Wünschen der Konsumenten dient. Diese Konsequenz folgt zwar nicht denknotwendig aus dem System einer Zentralverwaltungswirtschaft, aber in der Praxis werden Staatsführung und wirtschaftliche Zentralbehörde eins sein. »Die normative Kraft des Faktischen« (Jellinek) und die Erfahrung, daß Institutionen und Tatsachen ihrerseits wieder neue Tatsachen erzeugen, nötigen uns zu dem Schluß, daß im Gegensatz zu manchen rein modelltheoretischen Überlegungen eine zentralgeleitete Wirtschaft in der Realität stets mehr den Vorstellungen der Staatsführung als ihren Bürgern gehorcht und nutzt. Die Produktionsziele derartiger Volkswirtschaften reflektieren deutlich diesen Zusammenhang. Es ist eine Produktion, die hauptsächlich wiederum der Produktion zu dienen hat, d. h., es geht vor allem darum, die Gesamtproduktion von Jahr zu Jahr um einen ansehnlichen Betrag zu steigern und dabei bestimmte Schwerpunkte der Erzeugung zu begünstigen. Die Steigerung des Lebensstandards der Bevölkerung, der Konsum, muß sich bescheiden und wird auf spätere Zeiten vertröstet. Die Volkswirtschaften mit einem mehr verwaltungswirtschaftlichen Zuschnitt — die kommunistischen Wirtschaften und die Wirtschaft westlicher Länder während des Krieges — warten daher gewöhnlich mit einer höheren Wachstumsrate der gesamten Produktion auf als die verkehrswirtschaftlich orientierten Staaten, aber den Konsumenten kommt davon zunächst nicht viel zugute. Naturgemäß wird eine Wirtschaftsordnung mit straffer Planung jedoch in kürzerer Zeit mehr Lokomotiven, Mähdrescher und Raketen produzieren als eine Wirtschaft, die es dem Konsumenten zu bestimmen überläßt, ob er Autos, Fernsehtruhen und zum Transport der Autos vielleicht auch Lokomotiven braucht. Wohl keine Formel drückt den Zusammenhang in einer prägnanteren Weise aus als der Reim, der 1959 in Ost-Berlin in einem HO-Geschäft verkündete: »Keine Butter, keine Sahne, aber auf dem Mond die rote Fahne.«

Die freie Verkehrswirtschaft
So leicht es gewöhnlich fällt, die Arbeitsweise einer zentralgeleiteten Wirtschaft zu beschreiben und zu verstehen, so schwierig erscheint es, zu erklären und zu begreifen, wie ein Wirtschaftssystem funktioniert, in dem niemand und nichts dafür zu sorgen scheint, daß eine Kooperation der Einzelwirtschaften erfolgt und eine Übereinstimmung zwischen den unzähligen Einzelentscheidungen aller Wirtschaftssubjekte ermöglicht wird. Im Gegensatz zur zentralgeleiteten Wirtschaft, in der es nur einen einzigen Plan gibt, verfolgen in einer freien Verkehrswirtschaft alle Wirtschaftssubjekte ihre eigenen Pläne. Eine freie Verkehrswirtschaft (freie Marktwirtschaft) wird daher als ein Wirtschaftssystem charakterisiert, in welchem jedes Wirtschaftssubjekt im Rahmen seiner Möglichkeiten seinen eigenen Wirtschaftsplan zu verwirklichen sucht und in dem daher die Entscheidungen über das Produktionsziel, die Anordnung der Produktionsfaktoren, Verteilung des Produktionsergebnisses, sich nach den Plänen und Möglichkeiten der ein-

zelnen Wirtschaftssubjekte richten. Die freie Verkehrswirtschaft oder Marktwirtschaft wird daher oft auch als eine pluralgesteuerte Wirtschaft bezeichnet.

Die erste gründliche und berühmt gewordene Darstellung einer Wirtschaftsordnung dieser Art hat *Adam Smith* in seinem 1776 erschienenen Hauptwerk ›An Inquiry into the Nature and Causes of the Wealth of Nations‹ (in deutscher Fassung: ›Eine Untersuchung über die Natur und Ursachen des Reichtums der Nationen‹) gegeben. Von ihm stammt die klassische Formulierung, das System einer freien, sich selbst und damit den Plänen der einzelnen Wirtschaftssubjekte überlassenen Wirtschaft bewirke, daß jeder Mensch, wenn er seine eigenen wirtschaftlichen Pläne verfolge, »von einer unsichtbaren Hand geleitet«, eben dadurch zugleich das Beste für die Gesellschaft tut, obwohl er es »in keiner Weise beabsichtigt hatte«.[15]

Eine freie Verkehrswirtschaft in ihrer idealtypischen Form wird also gerade dadurch charakterisiert, daß der Staat nicht eingreift und nicht einmal eine verantwortliche Instanz dafür vorhanden ist, die dafür sorgt, daß alle Pläne der Einzelwirtschaften miteinander übereinstimmen. Dem allmächtigen Staat der zentralgeleiteten Wirtschaft steht ein Staat mit einer Nachtwächterrolle gegenüber. Im Grunde fand *Smith* damit nur eine andere Formel und entwarf eine vollständigere brillantere Darstellung der alten physiokratischen Devise: »Laissez faire, laissez passer.«

In einer freien Verkehrswirtschaft regulieren sich Produktion und Verteilung in der Tat selbständig und gleichzeitig, uno actu, d. h. durch ein und denselben Prozeß. Dieser Prozeß wird gesteuert durch den Marktmechanismus, der dabei die drei Zentralprobleme jeder Wirtschaftsordnung, die Frage nach dem Was, Wie und Für Wen der Produktion löst.

Das Ziel der Produktion wird bestimmt durch die Wünsche und Kaufinteressen der Nachfrager und Konsumenten. Die Käufer stimmen sozusagen mit ihren Geldscheinen und Münzen täglich darüber ab, welche Waren in welchen Mengen produziert werden sollen. Dieser Abstimmungsmechanismus mit Hilfe des Geldbeutels erzeugt recht wirksame Impulse an die Lieferanten und Produzenten. Natürlich kann dabei nur mitstimmen und mitbestimmen, wer Nachfrage ausübt, d. h. wer Geld besitzt.

Das Problem der Anordnung der Produktionsfaktoren zur Gütererzeugung löst sich auf ähnliche Art, über die Preise der Güter. Hohe Preise zeigen eine große Intensität des Bedarfs an und eröffnen hohe Verdienst- und Gewinnmöglichkeiten. Dadurch werden die Produktionsfaktoren, wenn die Unternehmer nach dem ökonomischen Prinzip handeln und ihre Gewinnchancen wahrnehmen, in der Richtung des jeweils intensivsten, kaufkräftigsten Bedarfs gelenkt. Wiederum ist es also der Preismechanismus, der Automatismus des Marktes, der die Produktionsfaktoren auf das erwähnte Ziel hin ordnet.

Schließlich bewirkt der gleiche Prozeß auch noch die Verteilung der Güter, denn in dem Maße der Vergütung für die Mitwirkung bei der Produktion entsteht Einkommen und damit ein entsprechender Anteil an den erzeugten Produkten. Auch hier wird über den Markt und die Preise entlohnt und damit das Problem der Verteilung geregelt.

Mit Recht können wir dieses System auch das System der freien Marktwirtschaft nennen, werden doch die Einzelpläne aller am Wirtschaftsprozeß Beteiligten über den Marktmechanismus miteinander abgestimmt. Der Markt ist der Koordinator der Einzelpläne, und die Preise dienen dabei als Regulator.

Freilich beruht dieses System auf einigen Voraussetzungen, unter denen an erster Stelle die Rechtsordnung mit den Grundsätzen der Vertragsfreiheit und des Wettbewerbs und außerdem das Geldwesen zu nennen sind. Der Staat hat also u. a. die wichtige Aufgabe, die für eine freie Wirtschaft unerläßliche Vertragsfreiheit zu sichern, d. h. zu gewährleisten, daß jedermann mit jedem beliebigen Marktteilnehmer nach eigenem Gutdünken Verträge abschließen kann und daß die Einhaltung derartiger, auf freier Übereinkunft beruhender Verkaufs-, Kauf-, Liefer- und Zahlungsverträge rechtlich durchgesetzt und jeder Vorstoß dagegen geahndet werden kann. Die freie Preisbildung ist außerdem nur dann gewährleistet, wenn Wettbewerb herrscht und grundsätzlich jeder Marktteilnehmer freien Zugang zu den Märkten und Produktionsmitteln hat. Insofern muß der Staat auch den Wettbewerb durch eine entsprechende Wettbewerbsordnung garantieren. Eine dritte wichtige Voraussetzung für das Funktionieren einer Marktwirtschaft bildet das Geldwesen, und es ist daher unerläßlich, daß der Staat oder eine Zentralbank die Geldmenge in der richtigen

Weise reguliert. Dagegen würde jeder Eingriff des Staates in den Preismechanismus unter den Bedingungen eines freien Wettbewerbs nur stören. Der Staat darf also gerade das nicht tun, was er im System der Zentralverwaltungswirtschaft unerläßlich tun muß, nämlich regulieren, zuweisen, eingreifen. Von seinen Voraussetzungen abgesehen, kommt das System der freien Verkehrswirtschaft ohne Stützen, ohne staatliche Verwaltung und ohne Kontrollen aus; sie läuft sozusagen wie ein Perpetuum mobile von selbst. Als Motor für dieses System dient das wirtschaftliche Interesse der Marktteilnehmer.

Da das Produktionsziel von der Nachfrage, d. h. im wesentlichen von Konsumenten bestimmt wird, kann die freie Verkehrswirtschaft im Gegensatz zu den praktizierten Formen der zentralgeleiteten Wirtschaft auch als eine konsumorientierte Wirtschaft charakterisiert werden. Die Produzenten müssen sich rasch und flexibel den Wünschen der Verbraucher und Nachfrager anpassen, wenn sie nicht von der Konkurrenz geschlagen werden und im Wettbewerb des Marktes unterliegen wollen. Diese durch die Wünsche der Konsumenten gesteuerte Wirtschaft wird daher notwendigerweise im Vergleich mit der zentralgeleiteten Wirtschaft den besseren Kundendienst und Komfort, mehr Wohnungseinrichtungen und Rasenmäher, die hübscheren Frühjahrsmodelle für Kostüme, Hüte und Schuhe bieten, aber vielleicht die geringeren Zuwachsraten bei der Produktion von Stahl, Eisen, Kohle und elektrischem Strom aufweisen.

Die bestehenden Ordnungen

Vergessen wir nicht unsere eingangs getroffene Feststellung, daß es sich bei der Zentralverwaltungswirtschaft und bei der freien Verkehrswirtschaft um Systeme, d. h. um erdachte Gebilde handelt, die es in einer modernen Volkswirtschaft in dieser reinen Form nicht gibt, nicht geben kann. Wir sprechen von Möglichkeiten, von Konjunktiven, nicht von Bestehendem, von Indikativen.

In Wirklichkeit haben wir z. B. weder bei uns in der Bundesrepublik ein rein marktwirtschaftliches System noch in den Ostblockstaaten den blanken Typ der Zentralverwaltungswirtschaft vor uns. Die Wirklichkeit verbietet Extreme, sie erzwingt Kompromisse. Soziales Leben duldet keine Ausschließlichkeiten, sondern erfordert Zugeständnisse.

Das marktwirtschaftliche System, chemisch rein, würde z. B. bedeuten, daß jemand, der auch nur zeitweise verhindert ist, einen Beitrag zum Sozialprodukt zu leisten, kein Einkommen empfängt, daß also Kranke, Alte, Waisen, Studierende, Arbeitsunfähige über keine Mittel verfügen könnten, falls sie nicht durch Vermögen oder Kapitaleinkünfte gesichert wären oder auf caritative Weise oder von der Familie versorgt würden. Es bedarf keiner Frage, daß nach unseren heutigen Auffassungen das Ergebnis der Einkommensverteilung aufgrund des marktwirtschaftlichen Prozesses korrigiert werden muß. Damit ist noch keineswegs in den Einzelheiten entschieden, wieweit und nach welchen Richtlinien die Korrektur erfolgen muß. Aber es ist undenkbar, daß in einer Gesellschaft wie der unsrigen nicht wenigstens das Existenzminimum für jene gesichert wird, die keinen Beitrag zur Produktion leisten können und deren Versorgung nicht gesichert ist. Noch eine Reihe von anderen Gründen läßt sich dafür nennen, daß die Marktwirtschaft gewisser Korrekturen und Sicherungen bedarf, die ihre Existenz in der realen Welt erst ermöglichen.

An dieser Stelle rückt der Staat in das Blickfeld. Aber es wäre ein Irrtum anzunehmen, der Staat trete in einem marktwirtschaftlichen System nur darum auf, weil es eine Institution geben müsse, eine neutrale Instanz, welche die Ergebnisse der Marktwirtschaft zu verbessern habe — une institution pour corriger la fortune. Der Staat ist einfach eine Notwendigkeit, eine Voraussetzung für ein Gemeinwesen, und je moderner, zivilisierter ein Gemeinwesen ist, desto kompliziertere und vielfältigere Aufgaben stellt das Zusammenleben der Menschen dem Staat, desto bedeutsamer wird die Funktion des Staates für das Bestehen und das Fortkommen der Gesellschaft. Nur ein paar Beispiele: Rechtsprechung, Gesetzgebung, Verkehrsregelung, Vertretung nach außen, Aufrechterhaltung der öffentlichen Ordnung, Sicherung des Wettbewerbs, Schulwesen, Straßenbau, Luftverkehr, Hafenbau, Gesundheitswesen, Geldwesen usf. sind nicht denkbar oder lassen sich nicht in befriedigender Weise aufrechterhalten ohne staatliche Mitwirkung.

Wir können also feststellen, daß der Staat für alle jene Bedürfnisse zu sorgen hat, deren Befriedigung nicht dem Einzelnen überlassen bleiben kann. Bezeichnen wir diese Bedürfnisse als

Kollektivbedürfnisse, so können wir sagen: Für die privaten Bedürfnisse der Einzelwirtschaften sorgt die Privatwirtschaft, für die kollektiven Bedürfnisse sorgt der Staat, genauer: die Staatswirtschaft (der Staatshaushalt). Die Staatswirtschaft kann jedoch nicht marktwirtschaftlich organisiert werden. Sie gehört ihrer Natur nach zum Typus der Zentralverwaltungswirtschaft und bildet daher einen Fremdkörper in einer Marktwirtschaft. In den meisten Fällen können staatliche Leistungen nicht verkauft werden, sondern müssen als quasi-freie Güter allen Bürgern gleichermaßen zur freien Verfügung überlassen werden (Rechtspflege, Schulbildung, Polizei, Vertretung in auswärtigen Angelegenheiten usf.). Der Staat erhält daher nicht, wie die Privatwirtschaft, für seine Leistungen ein entsprechendes Entgelt, einen Marktpreis. Infolgedessen ist er gezwungen, sich seine Einnahmen durch Steuern und andere Abgaben zu verschaffen. Notwendigerweise wird dadurch das Gebiet der Marktwirtschaft verändert, modifiziert und begrenzt.

In jedem Gemeinwesen, auch in einem vorwiegend marktwirtschaftlich orientierten, muß daher ein gehöriges Element Staatswirtschaft, d. h. aber Nicht-Marktwirtschaft bzw. Zentralverwaltungswirtschaft, enthalten sein. Daß dies so sein muß, erkannten selbst die Väter des Liberalismus (*A. Smith*, *J. B. Say*, *J. St. Mill*), wiewohl sie die Ansicht vertraten, daß sich die Ordnungsprobleme der Wirtschaft am besten von allein lösen, daß der Staat nur ja nicht eingreifen dürfe und daß man möglichst viel der privaten Initiative überlassen müsse, wenn die Gesellschaft als Ganzes ein Maximum an wirtschaftlicher Versorgung erlangen soll. Aber man übersah deswegen keineswegs die Notwendigkeit des Staates, sondern erkannte, daß er nicht in das entworfene System paßt und daß seine Wirtschaft nicht den Gesetzen der Marktwirtschaft gehorcht. Es zeugt von großer intellektueller Redlichkeit und Einsicht, daß die Begründer des Liberalismus dem marktwirtschaftlichen Prinzip nicht alles opferten.

Wir können daher festhalten, daß ein marktwirtschaftliches System nicht ohne staatswirtschaftliche, zwangswirtschaftliche Elemente bestehen kann, ebenso wie ein zentralverwaltungswirtschaftlich orientiertes Gemeinwesen, beispielsweise die Wirtschaft der UdSSR, nicht gänzlich ohne marktwirtschaftliche Elemente auskommt.

2. Teil

Theorie der Einzelwirtschaften
(Mikroökonomie)

IV. Tausch, Wert und Preis

A. Tauschbeziehungen

Käufe und Verkäufe
Die Überlegungen zur Koordination der Einzelwirtschaften ergaben, daß in einer Verkehrswirtschaft die Produktion in Tausenden oder Hunderttausenden von Unternehmungen erfolgt und daß unsere Volkswirtschaft ein riesiges System von miteinander zusammenarbeitenden Einzelwirtschaften bildet. Trotz Rivalität und Wettbewerb und wirtschaftlichem Eigeninteresse dient die Arbeitsteilung schließlich einem gemeinsamen Ziel: die Knappheit der Güter zu verringern, d. h. mehr und bessere Güter zu erzeugen.
Sobald sich die einzelnen Unternehmungen spezialisieren, sobald die Arbeitsteilung zwischen ihnen beginnt, müssen Güter und Leistungen ausgetauscht werden. Wenn jemand unablässig dieselbe Arbeit verrichtet oder immerzu die gleichen Stücke einer Ware herstellt, ist diese Tätigkeit nur dann sinnvoll, wenn die erzeugten Waren oder Leistungen gegen andere Waren und Leistungen getauscht werden können. Der Tausch vollzieht sich als Kauf und Verkauf oder auch als Vermietung und Mietzahlung, Verpachtung und Pacht, Kreditgewährung und Zahlung von Zinsen, Arbeitsleistung und Entlohnung. Stets sind Kauf und Verkauf oder Leistung und Gegenleistung notwendige Begleiterscheinungen der Arbeitsteilung in einer Verkehrswirtschaft.
Unter einem *Kauf* verstehen wir den Erwerb eines Gutes gegen Geld. Beim *Verkauf* handelt es sich um den gleichen Vorgang, von der anderen Seite aus betrachtet, d. h. um die Hingabe einer Ware oder einer Leistung gegen Geld. Im Grunde findet also bei jedem Kauf und jedem Verkauf ein Austausch von Gütern statt, denn die hingegebene oder empfangene Geldsumme stellt ihrerseits einen Anspruch auf Güter dar. Es ist für die Arbeitsweise einer modernen, auf Arbeitsteilung und Spezialisierung beruhenden Wirtschaft notwendig, Käufe und Verkäufe rasch, rationell und übersichtlich abwickeln zu kön-

nen und den Austausch von Leistungen und Waren nach Möglichkeit zu erleichtern. Wiederum erkennen wir, daß die Rechtsordnung und das Geldwesen hierfür eine wichtige Voraussetzung bilden.

Wer gewinnt?
Obwohl Käufe und Verkäufe und der Austausch von Dienstleistungen notwendige und selbstverständliche Attribute einer Verkehrswirtschaft sein müssen, verbinden noch viele Menschen mit den Begriffen ›Kauf‹ und ›Verkauf‹ die Vorstellung von Bereicherung oder Übervorteilung. Wahrscheinlich haben sie als Marktteilnehmer gelegentlich schlechte Erfahrungen gemacht und vielleicht einzelne Güter weit über dem normalen Preis eingekauft oder von einem Überredungskünstler Waren erworben, die ihnen weder zuvor noch danach nützlich erschienen, die sie also eigentlich gar nicht kaufen wollten. Vermutlich kennen wir alle derartige Beispiele, die uns zeigen, daß offenbar nicht nur das Verkaufen gelernt sein will, sondern auch das Kaufen.
Wiederum müssen wir uns darauf besinnen, daß bei unseren theoretischen Überlegungen im allgemeinen eine rationale Handlungsweise unterstellt wird. Wenn also z. B. ein Konsument über die ihm zur Verfügung stehenden Mittel disponiert, seinen Haushaltsplan aufstellt, nehmen wir an, daß er seine Bedürfnisse kennt und danach handelt, d. h. unter vielerlei Kaufobjekten auswählt und dabei nach der Dringlichkeit seiner Bedürfnisse und Wünsche abwägt und kauft oder nicht kauft. Diese Unterstellung dürfte wohl in vielen Fällen der Realität näherkommen als irgendeine andere Annahme über das Konsumentenverhalten. Außerdem wäre es inkonsequent, in einem demokratischen Gemeinwesen jedem erwachsenen Menschen die volle Souveränität der politischen Entscheidung und das allgemeine Wahlrecht zuzugestehen, ihm aber bei den die eigene Person betreffenden wirtschaftlichen Entscheidungen zu mißtrauen und zu bezweifeln, ob er bei seinen Käufen die richtige Wahl treffe, d. h. seinen wahren Wünschen, Bedürfnissen und Absichten zu folgen vermöge.
Wenn ein Mensch bereit ist zu tauschen, müssen wir unterstellen, daß er in der Lage ist zu beurteilen, was ihm im Augenblick des Tausches die Geldsumme einerseits und die

dafür zu erlangende oder hinzugebende Ware andererseits wert ist. Es ist zwar begreiflich, wenn sich eine Hausfrau darüber ereifert, daß sie die nämliche Bluse, die sie gestern erstanden hat, heute in einem anderen Geschäft zu einem wesentlich niedrigeren Preis im Schaufenster sah, und es ist ebenso verständlich, wenn ein ehemaliger Gartenbesitzer darüber klagt, daß er sein Grundstück vor etlichen Jahren zu einem Fünftel seines heutigen Wertes verkauft hat. Aber beide haben den Kauf oder den Verkauf abgeschlossen, weil er ihnen im Augenblick des Abschlusses vorteilhaft erschien. Warum sollten sie sonst getauscht haben?
Im allgemeinen geht deshalb die volkswirtschaftliche Theorie davon aus, daß auf freiwilliger Basis nur deshalb getauscht, verkauft und gekauft wird, weil beide Tauschpartner sich durch den Tausch reicher fühlen. Sie bewerten jene Güter, die sie empfangen, höher als das, was sie dafür geben. Der Käufer schätzt demnach das erworbene Stück höher als den Kaufpreis, der Verkäufer schätzt es geringer als die erworbene Geldsumme. Wenn der Gartenbesitzer seinen Garten verkauft, müssen wir annehmen, daß die Summe Geldes, die er im Zeitpunkt des Verkaufs empfängt, für ihn mehr wert ist als sein Stück Land. Ähnlich wird es der Hausfrau ergehen, wenn sie eine Bluse erwirbt. Der Wert der Bluse ist dann im Augenblick des Kaufs nach den Schätzungen der Käuferin höher als der zu erlegende Geldbetrag. Wir setzen dabei freilich voraus, daß kein Zwang ausgeübt wird und für den Käufer oder Verkäufer seine eigenen wirtschaftlichen Überlegungen entscheiden.
Man mag hier vielleicht einwenden, daß beide, die Hausfrau und der Gartenbesitzer, vielleicht zu einem späteren Zeitpunkt erkennen, daß ein vorteilhafterer Kauf oder Verkauf möglich gewesen wäre. Offenbar fehlt es dann jeweils an Voraussicht oder an der Fähigkeit, künftige Bedürfnisse und Wertschätzungen richtig beurteilen zu können. Zugegeben, daß Käufer und Verkäufer ihre Transaktionen später oftmals bereuen, so kann dennoch nachträgliche Einsicht und Sinnesänderung nicht den früheren Tatbestand auslöschen, der den Kauf oder Verkauf im Zeitpunkt der Entscheidung als vorteilhaft erscheinen ließ. Hätte nämlich die Hausfrau das gleiche Stück später zu einem höheren Preis in einem Schaufenster gesehen und wären die

Grundstückspreise nach dem Verkauf des Gartens gefallen, so hätten sich beide wahrscheinlich glücklich gepriesen, günstig abgeschlossen zu haben. Der Wunsch, die Bluse zu besitzen oder anstelle des Grundstücks über einen entsprechenden Geldbetrag zu verfügen, gab jedenfalls zunächst den Ausschlag dafür, Kauf oder Verkauf ins Auge zu fassen. Maßgebend für Kauf und Verkauf ist deshalb die Wertschätzung im Zeitpunkt des Abschlusses, wobei allerdings die Erwartungen zukünftiger Wert- oder Preisänderungen durchaus mitspielen und für die Entscheidung zu kaufen oder zu verkaufen den Ausschlag geben können.

Eine rein spekulative, d. h. auf erwarteten künftigen Preisänderungen beruhende Tauschtätigkeit wäre kommerzieller Natur, d. h. ausschließlich oder vorwiegend auf Gewinn gerichtet. In diesem Falle läge das Tauschmotiv nicht darin, nach den eigenen Wertschätzungen auszuwählen und zu konsumieren, sondern in der Absicht, einen Gewinn zu erzielen, der objektiv in Geldeinheiten gemessen und realisiert werden kann. Die Erklärung mit Hilfe der Wert- und Nutzenschätzung ist dabei zunächst überflüssig, weil es hier nicht darum geht, ein bestimmtes Gut zu erwerben, um es zu gebrauchen, sondern um an einer erwarteten Preissteigerung zu gewinnen.

Vom Sinn des Gütertausches
Die persönlichen Motive zum Tausch, d. h. Güter zu kaufen oder zu verkaufen, können also ganz verschiedenen Ursprungs sein, aber die Absicht, überhaupt zu tauschen oder nicht zu tauschen, läßt sich stets als ein wirtschaftliches Problem darstellen. Im Grunde geht es jeweils darum, die bessere Möglichkeit zu wählen. Gewöhnlich wird ein Mensch bei seinem Wunsch, gewisse Güter zu erwerben, vor den beiden Möglichkeiten stehen, diese Güter entweder selbst herzustellen oder aber andere Güter und Dienstleistungen zu erzeugen, um sich damit die Mittel für den Erwerb der erwünschten Güter zu verschaffen. Es gibt also einen direkten und einen indirekten Weg zu diesem Ziel. Die Wahl zwischen den beiden Möglichkeiten wird normalerweise, wenn keine anderen Überlegungen mitspielen, zugunsten der wirtschaftlicheren Methode entschieden, das gesteckte Ziel wird also mit dem geringsten Aufwand angestrebt. In vielen Fällen wird dabei die Wahl zugunsten

der indirekten Methode ausfallen, denn für die Wirtschaft gilt meistens nicht der Grundsatz, daß der gerade Weg stets auch der billigste sei.

Beispielsweise könnte ein Steuerberater, der gelegentlich und durchaus mit Geschick seinen Garten bearbeitet, vor der Frage stehen, ob er eine bestimmte Arbeit — eine Hecke zu schneiden — selbst übernehmen oder sie einem Gelegenheitsarbeiter überlassen soll. Nehmen wir an, der Steuerberater verdiene in seiner Praxis nach Abzug aller damit verbundenen Aufwendungen im Durchschnitt zehn Mark pro Stunde, der Gelegenheitsarbeiter verlange für seine Dienste für die gleiche Zeit fünf Mark und beide könnten mit dem gleichen Erfolg und in der gleichen Zeit die Gartenarbeit bewältigen. Dann würde es für den Steuerberater teuer kommen, wenn er die Arbeit selber übernähme. Es wäre ökonomisch sinnvoller für ihn, in seiner Praxis zu arbeiten und damit seine Dienstleistungen gegen Gartenarbeit zu tauschen, indem er seine Einnahmen als Steuerberater für die Bezahlung der Gartenhilfe verwendet.[16] Mit anderen Worten, in seiner Praxis verrichtet der Steuerberater die Gartenarbeit sozusagen in der halben Zeit oder mit verdoppelter Produktivität.

An diesem Beispiel lassen sich Sinn und Effekte der Arbeitsteilung und die damit verbundene Notwendigkeit, wirtschaftliche Leistungen auszutauschen, auf recht einfache Weise erklären. Die Arbeitsteilung in einer ganzen Volkswirtschaft ist dagegen weit komplizierter und weniger leicht zu überschauen. Grundsätzlich geht es jedoch um die gleichen Prinzipien, Überlegungen und Wirkungen. Die Stahlindustrie kauft z. B. Eisenerze, Schrott, Kohle, die Dienste ihrer Angestellten und Arbeiter und vieles andere und erwirbt diese Güter im Tausch gegen die von ihr erzeugten und veräußerten Stahlblöcke, Stahlbleche und anderen Formen dieses Rohmaterials. Die Erzeugnisse der Stahlindustrie wiederum dienen so verschiedenartigen Industrie- und Gewerbezweigen wie dem Automobilbau, den Werften, der Maschinenindustrie, dem Hoch- und Tiefbau usw. als Voraussetzungen für deren eigenen Beitrag zur Produktion. Wenn sich aus diesem Gewirr von Tauschbeziehungen eine sinnvolle Arbeitsteilung und der Haupteffekt erhöhter Produktivität ergeben soll, können wir ihn nicht mehr so ohne weiteres wie bei dem Steuerberater und seiner Gartenhilfe erkennen und ermitteln.

Wie kann also überhaupt beurteilt werden, ob eine Arbeitsteilung sinnvoll erscheint? Wie kommt sie zustande, und was sorgt dafür, daß dieses Gewebe aus Tauschbeziehungen, einmal zustande gekommen, zusammengehalten und immer wieder verändert, d. h. erweitert wird, wenn Arbeitsteilung ökonomisch sinnvoll erscheint, und sich wieder zusammenzieht, wenn sie wirtschaftlich nicht mehr zu rechtfertigen ist? Die Antwort auf diese Frage ist verhältnismäßig einfach zu geben. Die Rentabilität wird darüber entscheiden, ob eine Unternehmung ein Gut selbst erzeugt oder sich dazu entschließt, die Leistungen anderer Unternehmungen dafür in Anspruch zu nehmen. Wenn es z. B. teurer kommt, den Motor, die Reifen oder die Fenster für ein Automobil selbst herzustellen, als sie von anderen Unternehmungen zu beschaffen, so wäre eine Automobilfabrik schlecht beraten, wenn sie dennoch auf der eigenen Fertigung dieser Teile bestünde. Sie müßte dann mit höheren Kosten und vielleicht mit höheren Preisen aufwarten als die Konkurrenz. Die Preise und der Markt würden also schon dafür sorgen oder wenigstens Signale dafür setzen, daß in diesem Falle eine weitere Spezialisierung und der Tausch mit anderen Wirtschaftseinheiten vorteilhaft erscheint.

B. Der Wert

Unterschiedliche Wertschätzungen
Wir sprachen vom Wert und schulden einige Erklärungen dazu. Unter dem wirtschaftlichen *Wert* verstehen wir gewöhnlich die Bedeutung, die ein Gut für seinen Benutzer hat. Wenn wir diese Definition übernehmen, folgt, daß der Wert eines Gutes nicht eine Eigenschaft sein kann, die den Gütern anhaftet und sich objektiv bestimmen läßt, sondern darauf beruht, daß der Benutzer dem Gut einen bestimmten Wert beimißt. Die Höhe des Wertes hängt also von den jeweiligen Wertschätzungen eines Individuums, d. h. von seinem Geschmack, seinen Empfindungen, Vorstellungen und Neigungen ab. Folglich ist der Wert eines Gutes nur subjektiv bestimmbar und wird von

Individuum zu Individuum jeweils anders eingeschätzt. Das zeigt sich nicht nur in der Bewertung moderner Gemälde, sondern selbst bei so einfachen Gegenständen wie Schirmen, Brillen und Verlobungsringen. Wenn der Wert eines einfachen goldenen Ringes innerhalb verhältnismäßig enger Grenzen festzuliegen scheint, beruht das nur darauf, daß der Goldgehalt einen bestimmten Tauschwert hat, der jederzeit leicht wieder in Geld und damit in jede beliebige andere Ware umgewandelt werden kann. Schirme können dagegen bündelweise für nur 10 oder 15 Mark auf dem Fundbüro ersteigert werden, obwohl sie vielleicht für ihre ursprünglichen Besitzer den zehnfachen Wert gehabt haben. So unterschiedlich sind also die Werte der Güter für die einzelnen Menschen.
Sogar für ein und dasselbe Individuum wird der Wert wirtschaftlicher Güter im Zeitverlauf kaum gleichbleiben können, sondern mehr oder weniger starken Schwankungen ausgesetzt sein, weil Empfindungen, Neigungen und Vorstellungen, welche die Wertschätzung eines Gutes bestimmen, sich augenblicklich ändern können. Die alte Erfahrung, daß Abwechslung Vergnügen bereitet, läßt darauf schließen, daß dieselbe Sache an Wert gewinnen kann, wenn sie nur gelegentlich zur Verfügung steht. Bekanntlich läßt auch beim besten Kuchen der Appetit einmal nach. In Shakespeares Richard III. bietet der englische König in einer schweren Stunde seines Lebens sogar ein Königreich für ein Pferd, obwohl er nicht als ein Pferdeliebhaber in die Geschichte eingegangen ist.
Während der Wert eine nur subjektiv bestimmbare Größe ist, läßt sich der Preis objektiv für jedermann erkennbar angeben. Viele Güter haben einen niedrigen Preis und einen hohen Wert für jene Personen, die sie kaufen. Beispielsweise haben Brot, Milch, Obst und Kartoffeln gewöhnlich einen Preis, der weit unterhalb der Wertschätzung einzelner Käufer liegen mag. Umgekehrt wird es auch Güter mit hohen Preisen geben, die von manchen Personen geringgeschätzt werden. Gewöhnlich liegt z. B. die Wertschätzung für ein Pferd weit unter dem, was Richard III. in der größten Not dafür geboten hatte, denn ihm war in jenem Augenblick sein Leben wichtiger als sein Thron und seine Macht. Der Preis eines Gutes kann also wenig über seinen Wert besagen, obwohl Wert und Preis wiederum nicht ganz unabhängig voneinander sind. Die Fährte zur Erklärung

dieses Zusammenhangs können wir jedoch erst später wiederaufnehmen.

Subjektivistische und objektivistische Wertlehre
Die hier vorgetragene einfache Erklärung des Wertes der Güter, so überzeugend sie uns vielleicht erscheinen mag, ist indessen keineswegs die einzige, welche die Wirtschaftstheorie anzubieten hat. Die subjektivistisch begründete Wertlehre war sogar vor rund 100 Jahren so gut wie unbekannt. Damals beherrschte die objektivistische Wertlehre der klassischen Schule der Nationalökonomie das Feld. Sie versuchte, den Wert der Güter aus den zu ihrer Erzeugung benötigten Aufwendungen zu erklären. Als ein für alle Güter verwendbares Maß dieses Aufwandes, das zugleich ihren Wert begründete, glaubte man jene Arbeitsmenge benutzen zu können, die notwendig war, um ein bestimmtes Gut herzustellen. Alle ökonomischen Werte sollten sich danach in Arbeitsquantitäten ausdrücken lassen. Da sich der Arbeitswert verhältnismäßig leicht auf den Arbeitslohn zurückführen ließ, konnte auch der Preis der Güter in Arbeitsquantitäten festgelegt werden. Der Preis der Güter tendierte jeweils zu ihrem Wert.
Diese objektivistische Wertlehre, die jedem Gut einen ihm innewohnenden Wert zusprach, beherrschte das theoretische Denken der Nationalökonomen während der ersten drei Viertel des vorigen Jahrhunderts. Aber die Mängel der Lehre lagen so offen zutage, daß sie heute, von den Anhängern des Marxismus abgesehen, nicht mehr ernsthaft vertreten wird. Die Arbeitswertlehre vermag z. B. nicht zu erklären, warum einzelne Güter einen weit über ihrem Arbeitswert liegenden Preis erzielen können, während andere wiederum zu einem Preis weit unter ihren Kosten abgegeben werden müssen. Zwar haben *Smith*, *Ricardo*, *Marx* und andere Klassiker durchaus erkannt, daß z. B. sogenannte Seltenheitsgüter einen Wert besitzen können, der jenseits des reinen Arbeitswertes liegt. Aber selbst die für gewöhnliche Güter gedachte Erklärung, daß ein Gut nur Wert besitze, weil es Arbeitskosten verursacht habe, wird kaum befriedigen und jedenfalls nicht erklären können, warum z. B. an einem heißen Sommertag Bier oder Speiseeis zu wesentlich höheren Preisen verkauft werden kann als bei schlechtem Wetter oder wenn ein zwar neues, aber vorjähriges Modell eines

Autos meist merklich unterhalb des vormaligen Preises für neue Wagen abgegeben werden muß.

Der Begründer dieser Arbeitswertlehre war der englische Nationalökonom *David Ricardo*. Er lebte von 1772 bis 1823 hauptsächlich in London und war ein gelehriger Schüler von *Adam Smith*, dessen ›Wealth of Nations‹ ihn für die Nationalökonomie einnahm. *Ricardos* Hauptwerk, ›Grundsätze der Volkswirtschaft und Besteuerung‹, beginnt mit dem berühmten Satz über den Wert der Güter, der folgendermaßen lautet: »Der Wert eines Gutes oder die Menge irgendeines anderen, für welches es sich austauschen läßt, hängt von der verhältnismäßigen Menge der zu seiner Produktion erforderlichen Arbeit ab und nicht von der größeren oder geringeren Vergütung, die für diese Arbeit bezahlt wird.«[17] Die Wertlehre *Ricardos*, die eigentlich schon von *Smith* vorgeführt wurde, wäre wahrscheinlich nicht so bekannt geworden und würde heute kaum noch erwähnt, wenn sie nicht von *Marx* aufgegriffen und als Grundlage seines gesamten Lehrgebäudes verwendet worden wäre. Vor allem die Theorie der Ausbeutung und des Mehrwerts beruhen auf den Annahmen der Arbeitswertlehre. Ohne dieses Dogma kann der Inhalt des ›Kapitals‹ zwar noch als eine Prophetie, unseres Erachtens aber nicht mehr als eine für heute gültige wissenschaftliche Analyse herangezogen werden.

Die subjektivistische Wertlehre dagegen vermochte eine Reihe jener Fragen zu beantworten, die zuvor noch unerklärbar schienen. Beispielsweise konnte die objektivistische Lehre keine befriedigende Erklärung des Tausches liefern, wenn man nicht, wie *Marx*, den Ausweg in der Ausbeutung suchte. Eine Begründung dafür, daß im allgemeinen die Güter um so weniger kosten, je mehr es davon gibt, und daß darum die lebensnotwendigen Güter für die reichen Nationen im Überfluß vorhanden und billig, für die armen aber teuer und kostbar sind, konnte erst recht nicht gegeben werden. Diese Wertparadoxie läßt sich also nicht mit der objektivistischen, wohl aber mit der subjektivistischen Wertlehre beantworten.

C. Markt und Preis

Der Markt

Kehren wir zurück zum Tausch und zu der Frage, wo und auf welche Weise die vielen Tauschvorgänge zustande kommen.

Den Ort, über den die Arbeitsteilung koordiniert wird und über den alle Tauschbeziehungen laufen, nennen wir den Markt. Aber man darf sich diesen Ort nicht nur als eine geographisch begrenzte Region, als einen Börsensaal oder einen Marktplatz vorstellen. Man spricht z. B. vom Automobilmarkt, vom Wohnungs-, Grundstücks-, Arbeits- und vom Kapitalmarkt und in einem übertragenen Sinne sogar vom Weltmarkt, ohne dabei an einen Ort oder an eine Versammlung von Menschen zu denken, die diesen Markt bilden, vielmehr deutet die Bezeichnungsweise auf die Zusammenfassung der Verkaufs- und Kaufbemühungen bei Automobilen, Wohnungen, Grundstücken usw. hin.

Unter der Bezeichnung *Markt* verstehen wir daher die Summe aller Tauschbeziehungen im Hinblick auf bestimmte Güter. Der Markt ist eine Institution für das Zusammentreffen von Angebot und Nachfrage. Das *Angebot* wird gebildet aus den Bemühungen, zu bestimmten Preisen gewisse Mengen an Waren oder Leistungen zu verkaufen. Die *Nachfrage* kommt auf analoge Weise durch die Bemühungen zustande, zu bestimmten Preisen gewisse Mengen an Waren oder Leistungen zu kaufen. Wiederum wäre es nicht realistisch, bei Angebot und Nachfrage nur an ein persönliches Zusammentreffen, eine physische Anwesenheit der Anbieter und Nachfrager zu denken. Der Weltmarkt für Weizen etwa bedient sich des Telefons, des Telegraphen und der brieflichen Mitteilung und findet zur selben Zeit z. B. in Winnipeg, New York, Chicago und London statt.

Die einzige Aufgabe des Marktes besteht also darin, Angebot und Nachfrage einander gegenüberzustellen und den Austausch der Güter zu ermöglichen. Aber wie arbeitet ein Markt und auf welche Weise und unter welchen Bedingungen kommt ein Tausch zustande? Sicherlich werden die Anbieter zu möglichst hohen Preisen verkaufen und die Nachfrager zu möglichst niedrigen Preisen kaufen wollen. Wie kann dieser Interessenkonflikt zu einem sinnvollen Ergebnis führen?

Der Preis
Die Lösung des Konflikts und der Ausgleich der Interessen erfolgt über die Preise. Sie ergeben sich aus dem Zusammenwirken von Angebot und Nachfrage. Ein Markt kann also nicht nur als die Summe der Tauschbeziehungen oder der Beziehungen zwischen Angebot und Nachfrage, sondern ebensogut als ein gedachter Ort definiert werden, an dem sich die Preise bilden. Aber wie kommen Preise zustande, und wie kann erklärt werden, in welcher Höhe sie sich bilden?

Die Bedeutung dieser Frage für die Nationalökonomie läßt sich schon durch die Tatsache ermessen, daß heute etwa ein Viertel oder ein Drittel des Umfangs aller einschlägigen Lehrbücher der Preistheorie und damit dem Versuch gewidmet sind, das Zustandekommen der Preise nach Art und Höhe zu erklären. Als *Preis* bezeichnen wir im allgemeinen die Gegenleistung für das bei einem Tausch hingegebene Gut. In einem allgemeinen Sinne sprechen wir vom Preis im Sinne eines Tauschgegenwertes oder einer Tauschrelation. Beispielsweise könnte beim Briefmarkentausch der Preis für einen Satz Olympiamarken aus Rom auf zwei Marken von der Brüsseler Weltausstellung stehen. Für unsere heutigen Wirtschaftsverhältnisse können wir den Preis aber auch als jenen Geldbetrag definieren, der pro Mengeneinheit eines Gutes bezahlt werden muß, um dieses Gut zu erwerben. Man sagt z. B., der Preis für einen Liter Milch — die Mengeneinheit — betrage 80 Pfennig oder der Preis für ein Pfund Apfelsinen belaufe sich auf eine Mark. In der Regel werden wir die Bezeichnung in diesem Sinne gebrauchen.

V. Marktformen und Konkurrenzbeziehungen

A. Monopol und Konkurrenz

Die Marktstellung
Wir haben zwar schon vernommen, daß der Preis durch Angebot und Nachfrage bestimmt wird, aber dabei wollen wir nicht stehenbleiben, sondern weiterfragen, welche Faktoren für die Bildung von Angebot und Nachfrage verantwortlich sind. Zunächst kommen dafür die Produktion und für die Produktion selbst wiederum die Bedürfnisse und Wünsche der Konsumenten in Betracht. Damit sind die für das Zustandekommen der Marktpreise ausschlaggebenden Kräfte aber noch nicht genau bestimmt. Offenbar spielt die Stärke oder die Macht, mit der die einzelnen Nachfrager oder Anbieter auftreten können, dabei eine wichtige Rolle.
Wir bezeichnen die verschiedenen Konstellationen, in denen sich die Stärke oder Zahl der Anbieter und der Nachfrager ausdrückt, als *Marktformen*. Die Lehre von den Marktformen bildet daher einen nicht unbedeutenden Bestandteil der Preistheorie. Die Marktformenlehre geht zunächst von den beiden extremen Situationen des vollständigen Monopols und des vollkommenen Wettbewerbs aus.

Das Monopol
Das aus dem Griechischen stammende Wort Monopol bedeutet soviel wie Alleinverkauf, Alleinanbieter. Das *Monopol* ist demnach eine Marktform, die durch einen einzigen Anbieter charakterisiert wird. Die Unterscheidung wird also allein nach der Zahl der Anbieter getroffen. Dabei ist es durchaus auch möglich, daß sich mehrere Anbieter zu einer monopolistischen Organisation zusammenschließen in der Absicht, auf dem Markte gemeinsam, d. h. wie ein einziger Anbieter aufzutreten und den Wettbewerb untereinander auszuschließen. Die Preisbildung vollzieht sich in diesem Falle nach anderen Gesetzen als auf einem Markt, der von mehreren miteinander konkurrierenden Anbietern versorgt wird. Gewöhnlich liegen

die Preise auf monopolistischen Märkten höher als auf Wettbewerbsmärkten. Obwohl die Situation mit nur einem einzigen Anbieter nicht gar so selten vorkommt, gibt es absolute Monopole kaum. Der Inhaber des einzigen Lebensmittelgeschäftes in einer Straße oder der Vertreter einer Automobilfirma in seinem Bezirk sind zwar in einer begrenzten geographischen Region die einzigen Anbieter bestimmter Waren, aber ihre Macht, die Preise und die Bedingungen zu diktieren, ist sicherlich bescheiden.

Die wirkungsvollsten und exklusivsten Monopole hat kraft Gesetzes der Staat geschaffen. Die Post z. B. besitzt das absolute Monopol über den Brief-, Telefon- und Telegraphenverkehr. Der Bund behielt sich außerdem das Herstellungs- bzw. Handelsmonopol für Branntwein und Zündhölzer vor. In anderen Ländern gibt es ähnliche Monopole für die Herstellung von Tabakerzeugnissen, so z. B. in Österreich die staatliche Tabakregie. Früher waren vor allem der Bergbau, die Gewinnung von Edelmetallen, Salz, Alkohol usw. staatlichen Monopolen vorbehalten.

Obwohl, strenggenommen, die Bezeichnung Monopol nur für die Angebotsseite und den Verkäufer paßt, wird sie mitunter auch für die analoge Situation auf der Nachfrageseite verwendet, wenn nur ein einziger Nachfrager auf einem Markte vorhanden ist. Eine Besonderheit bildet das sogenannte *bilaterale Monopol*, bei dem ein einziger Anbieter einem einzigen Nachfrager gegenübersteht. Diese Konstellation ist charakteristisch für Lohnverhandlungen auf dem Arbeitsmarkt, wenn sich die Vertreter einer Gewerkschaft mit den Vertretern eines Arbeitgeberverbandes treffen.

Obwohl wir hier nicht die Preisbildung für das einseitige und das bilaterale Monopol behandeln können — sie kann in den meisten der heutigen Lehrbücher nachgeschlagen werden —, soll wenigstens noch auf eine wichtige Eigentümlichkeit dieser Marktformen hingewiesen werden. Das bilaterale Monopol wird sich meistens als eine recht instabile Marktform bemerkbar machen. Es besitzt zwar in der Regel einen größeren Bereich, innerhalb dessen sich die Preise zwischen den beiden Marktparteien einspielen können, aber diese Preise sind oftmals heftig umkämpft und tendieren selten zu einer Ruhelage. Vortreffliche Beispiele dafür kann der Handel im Orient, also etwa der Kauf eines Teppichs, liefern. Der Verhandlungsbereich ist überaus groß, die Einigung auf einen Preis noch ganz unbestimmt. Bilaterale Beziehungen vertragen sich selten mit festen Preisen. Anders beim einseitigen Monopol, für welches uns die Preistheorie zu zeigen vermag, daß eine stabile Lösung existiert, d. h. ein Preis gefunden werden kann, der zwar die Nachfrager benachteiligt, aber den Monopolisten zufriedenstellt. Dort, wo der höchste Gewinn ermöglicht wird, hält er den Preis fest, denn warum sollte er den Preis ändern, wenn jede Änderung den Gewinn verringert.

Vollkommene Konkurrenz
Solange nur ein einziger Anbieter auf dem Markte erscheint, kann es noch keinen Wettbewerb geben. Ähnliches gilt auch für die Nachfrage. Wettbewerb unter Anbietern oder unter Nachfragern setzt voraus, daß mindestens zwei Anbieter oder zwei Nachfrager auftreten. Sobald also ein Anbieter damit rechnen muß, daß der Absatz seiner Produkte bei einer gegebenen Nachfrage nicht nur von seinem eigenen Angebot abhängt, sondern auch vom Angebot anderer, sprechen wir von *Konkurrenz* oder von *Wettbewerb*. In einem analogen Sinne kann man natürlich auch von der Konkurrenz unter Nachfragern sprechen. Aber in erster Linie beschäftigt sich die Volkswirtschaftslehre mit der Konkurrenz unter Anbietern, weil der für die systemgerechte Arbeitsweise einer Marktwirtschaft unentbehrliche Wettbewerb unter den Anbietern und Produzenten meistens auffälliger und intensiver wirkt als unter den Nachfragern und Konsumenten.

Die Lehre vom Marktverhalten und vom Wettbewerb unterscheidet üblicherweise zwei extreme Möglichkeiten, eine Situation ohne Wettbewerb, d. h. das Marktmodell des vollständigen Monopols einerseits und eine Situation allgegenwärtigen Wettbewerbs, das ist das Marktmodell der vollkommenen Konkurrenz (des vollkommenen Wettbewerbs) andererseits. Die Marktform des Monopols haben wir bereits kennengelernt; was vollkommener Wettbewerb ist, muß jedoch noch erklärt werden.

Vollkommene oder *homogene Konkurrenz* oder vollkommener Wettbewerb herrscht dann, wenn auf einem Markte nur gleiche (homogene) Güter angeboten werden und für diese Güter nur ein einziger Preis möglich ist. Die Preissenkung eines einzigen Anbieters würde also dazu führen, daß alle Nachfrager nicht mehr bei ihrer bisherigen Bezugsquelle kaufen, sondern zu dem Unterbietenden abwandern, falls ihr bisheriger Lieferant die Preissenkung nicht mitmacht. Alle Anbieter wären demnach gezwungen, gleiche Preise zu fordern, wenn sie sich weiterhin auf dem Markte behaupten wollen, denn stets würde der niedrigste Preis die gesamte Nachfrage auf sich lenken. Man bezeichnet daher auch die vollkommene Konkurrenz als eine Marktform, für welche das Prinzip der Preisunterschiedslosigkeit gilt. Dieser Grundsatz kann nur verwirklicht werden, wenn sachliche und persönliche Bindungen und Beziehungen bei den Tauschpartnern keine Rolle spielen und wenn alle Nachfrager den gesamten Markt zu überblicken vermögen. Unter den Voraussetzungen für vollkommene Konkurrenz müssen daher neben der Homogenität der Güter vor allem auch vollständige Marktübersicht und fehlende Präferenzen beim Kauf oder Verkauf genannt werden.

Unvollkommene Konkurrenz
Im Gegensatz zur vollkommenen Konkurrenz bezeichnet die *unvollkommene, unvollständige* oder *heterogene Konkurrenz* eine Situation, in der die Güter nicht absolut gleich, nicht homogen, sondern heterogen sind oder sachliche und persönliche Umstände beim Tausch mitspielen, z. B. die freundlichere Bedienung, die hübschere Verpackung der Ware — ›Häßlichkeit verkauft sich schlecht‹ — oder etwa auch die Gewohnheit, in einem bestimmten Laden einzukaufen. Auch mangelnde Marktübersicht und mangelnde Information können die Unvollkommenheit eines Marktes herbeiführen. Unter diesen Umständen wird es möglich, daß sich verschiedene Preise für die gleichen Waren und Leistungen bilden, während gleiche Preise für zwar ähnliche, aber keineswegs gleiche Güter bestehen können.
In unserer unvollkommenen Welt wird die mit dem gleichen Attribut versehene Konkurrenz die Regel und der vollkommene Wettbewerb eine kaum jemals anzutreffende Ausnahme sein. Immerhin gibt es Märkte, die so gut organisiert sind und auf denen so vollkommen gleiche Güter gehandelt werden, daß die Preisunterschiedslosigkeit und das Modell der vollkommenen Konkurrenz fast vollständig verwirklicht erscheinen. Am

nächsten kommen diesem Idealbild die Bedingungen an den Wertpapierbörsen, auf dem Geld- und Kapitalmarkt und an den Devisenbörsen. Diese Märkte zeichnen sich durch gleichartige, homogene Güter, durch eine weitgehende Marktübersicht und meistens auch durch recht geringe persönliche Präferenzen aus. Daher dienen diese besonderen Märkte meistens auch als ideale Studienobjekte für die Erklärung der Preisbildung und für die Beobachtung von Preiserscheinungen allgemeiner Art.

Von diesen Ausnahmen abgesehen, bieten fast sämtliche Märkte das Bild der unvollkommenen Konkurrenz. Diese Wettbewerbsform bedeutet jedoch nicht, daß die Konkurrenz eine untergeordnete Rolle spielen muß, sondern nur, daß sie nicht in vollkommener Weise wirkt. Zum Beispiel mögen Unterschiede in der Beschaffenheit der Waren, in der Verpackung, in den Kauf- und Verkaufsbedingungen, in den geographischen und verkehrstechnischen Bedingungen und nicht zuletzt in der Marktübersicht dahin wirken, daß die Preisunterschiedslosigkeit und die modellgerechte Wirkung des Wettbewerbs nicht eintreten. Dennoch wird beispielsweise die Höhe der Preisdifferenz zwischen den Mittelklassewagen der beiden Automobilfirmen A und B, auch wenn sich ihre beiden Fabrikate durch Aussehen und Fahreigenschaften nicht unwesentlich voneinander unterscheiden, eine recht erhebliche Bedeutung für die Verkaufschancen beider Unternehmungen besitzen und der Wettbewerb zwischen ihnen trotz verschiedenartiger Güter in der Regel nicht gering sein. Oder, um ein anderes Beispiel unvollkommener Konkurrenz zu erwähnen: Wenn der gleiche Kühlschrank in einem Laden im Zentrum einer Stadt teurer als in einem Geschäft in den Außenbezirken ist, so wird das nicht sogleich allen potentiellen Kühlschrankkäufern bekannt sein. Spricht es sich jedoch herum, daß es ein billigeres Angebot am Stadtrand gibt, so wird der niedrigere Preis seine Wirkung meistens nicht verfehlen, und die Käufer werden allmählich den weiteren Weg und die zusätzlichen Fahrtkosten dorthin nicht scheuen. Wäre es anders, dann blieben die Klagen der Geschäftsleute über Preisunterbietungen von Außenseitern unverständlich.

Ein Modell unvollkommener Konkurrenz
Eines der einfachsten und bekanntesten Modelle für heterogene Konkurrenz, das sich überdies leicht auf graphische Weise darstellen läßt, geht auf den vor einem dreiviertel Jahrhundert an der Technischen Hochschule Hannover lehrenden deutschen Nationalökonomen und Ingenieur *Wilhelm Launhardt* zurück. Er zeigte, wie die Preise für homogene Waren mit zunehmender Entfernung vom Ort ihrer Produktion oder vom Lieferort steigen. *Launhardt* benutzte zur Veranschaulichung des Problems die folgenden Zusammenhänge:[18]

Eine bestimmte Ware X wird gleichzeitig von zwei verschiedenen Anbietern hergestellt, die sich an zwei verschiedenen Orten A und B befinden. Der Produzent in A biete die Ware an seinem Standort zum Preise von 20 Geldeinheiten pro Stück und damit etwas günstiger als sein Konkurrent in B an, der dort 25 Geldeinheiten pro Stück verlangt. Soll jedoch nach auswärts geliefert werden, so schlagen beide Hersteller zum Grundpreis von 20 bzw. 25 Geldeinheiten noch die Transportkosten dazu. Die Höhe der Transportkosten hänge in beiden Fällen allein von der jeweiligen Entfernung vom Orte A oder vom Orte B ab, und zwar derart, daß die Kosten des Transports proportional mit der Entfernung steigen. Welche Konkurrenzmöglichkeiten ergeben sich daraus für die beiden Anbieter?

Der relevante Zusammenhang läßt sich auf einfache Art wie in Figur 1 abbilden, indem wir zunächst eine waagerechte Linie ziehen und auf ihr in einem Abstand, der die Entfernung zwischen den Orten A und B darstellen soll, die Punkte A und B wählen. In A errichten wir nun eine Lotrechte zu AB und tragen darauf die Höhe des Preises für die Ware X im Orte A in Höhe von 20 Geldeinheiten ab. Den sich ergebenden Punkt bezeichnen wir mit P_1, und der Abstand zwischen A und P_1 verdeutlicht demnach den im Orte A geltenden Preis. Ziehen wir nun durch P_1 eine nach rechts oben verlaufende Gerade, so vermag diese die jeweiligen Preise für das Gut X mit zunehmender Entfernung vom Orte A anzugeben. Allerdings handelt es sich dabei um Entfernungen von A in Richtung auf B. Je weiter wir uns auf der durch P_1 verlaufenden Geraden nach rechts oben begeben, desto weiter entfernen wir uns vom Orte A, und desto näher gelangen wir zum Orte B. Im Orte B selbst,

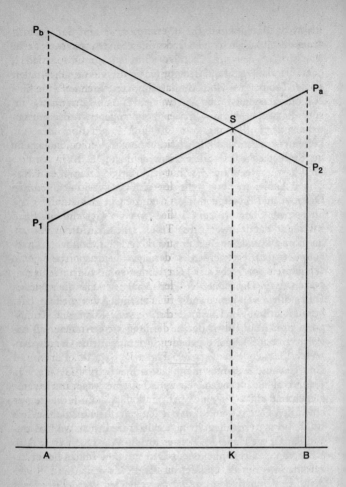

Figur 1

senkrecht über dem Punkte B, erreichen wir auf der Geraden den Punkt P_a, und mit der Strecke BP_a erhalten wir jenen Preis, der sich ergäbe, wenn Waren vom Anbieter im Orte A nach B geliefert würden. Das Steigungsmaß der Geraden $P_1 P_a$ stellt also die Transportkosten für das Gut X bezogen auf eine Einheit des Transportweges dar, wobei diese Entfernung auf der von A nach rechts verlaufenden Wegstrecke nach B gemessen werden kann.

Die gleiche Konstruktion läßt sich nun wiederholen, indem wir im Konkurrenzort B den Preis bestimmen, d. h. in unserer Zeichnung im Punkte B das Lot errichten und darauf 25 Geldeinheiten abtragen und damit den Punkt P_2 bezeichnen können. Die Strecke BP_2 stellt demnach den Preis für den Anbieter des Ortes B am Platze dar. Auch dieser Anbieter erhöht den Preis jeweils um die entstehenden Transportkosten, die wiederum proportional mit der Entfernung von B zunehmen. Nehmen wir an, daß für beide Anbieter der gleiche Transporttarif gelte, daß beide etwa die Tarife der Bundesbahn zugrunde legen, dann ergeben sich auch für den Anbieter in B die gleichen Transportaufwendungen und für die Käufer bei gleicher Entfernung von A oder von B gleiche Preisaufschläge zum Grundpreis. In diesem Falle können die Preise des Anbieters B für alle zwischen B und A liegenden Orte durch eine Gerade dargestellt werden, die durch den Punkt P_2 nach links oben und mit gleicher Steigung wie die durch P_1 gehende Gerade verläuft. Auch die Preise des Anbieters aus B steigen mit zunehmender Entfernung vom Orte B gleichmäßig an, je weiter wir uns in Richtung nach A bewegen. Im Orte A würde schließlich ein Punkt erreicht, den wir mit P_b bezeichnen wollen und der den Preis des aus B stammenden Anbieters am Orte A in Höhe von AP_b festlegt. Dieser Preis liegt allerdings höher als jener Preis, den der Anbieter aus dem Orte A am Orte B fordert. Wir können sogar genau angeben, um wieviel der Preis AP_b höher als der Preis BP_a liegen muß: Der Unterschied muß in unserem Falle 5 Geldeinheiten betragen, denn die Transportauslagen sind ja in diesem Falle für jeden der beiden Anbieter gleich, so daß nur der Grundpreis in Höhe von 20 bzw. von 25 Geldeinheiten die Preisdifferenz der beiden Anbieter begründet.

Unser Hauptinteresse konzentriert sich jedoch darauf, wo die

Preisüberlegenheit des Anbieters aus A aufhört und die Preisüberlegenheit des Anbieters aus B beginnt. Die Antwort läßt sich leicht aus unserer graphischen Darstellung ablesen. Die Konkurrenzgrenze wird festgelegt durch den Schnittpunkt der beiden durch P_1 und P_2 gezogenen Preislinien, durch den Schnittpunkt der Geraden $P_1\,P_a$ und $P_2\,P_b$. Wir können diesen Schnittpunkt mit dem Symbol S kennzeichnen. Alle Punkte links von S ergeben niedrigere Preise für das Angebot aus A, alle Punkte rechts von S ergeben niedrigere Preise für das Angebot aus B. Fällen wir noch von S aus das Lot auf die Linie AB und bezeichnen den senkrecht unterhalb von S auf der Geraden AB liegenden Punkt mit dem Buchstaben K, so können wir sagen, daß die Konkurrenzgrenze für die beiden Anbieter aus A und B in K liegt. Alle links von K liegenden Orte werden durch den Anbieter aus A, alle rechts von K liegenden Orte von dem Anbieter aus B beliefert, wenn der Preis für die Belieferung allein den Ausschlag gibt. Sowohl zwischen A und K als auch zwischen B und K besteht eine monopolistische Situation für jeweils einen der beiden Anbieter.

Diese einfachen modellartigen Zusammenhänge, die hier zunächst für Orte zwischen A und B zu verwenden sind, wurden von ihrem Begründer, *W. Launhardt*, nicht nur zwischen zwei Orten, sondern für geographische Regionen in allgemeingültiger Weise entwickelt. Unsere soeben erarbeitete Darstellung läßt sich ohne weiteres auf geographische Entfernungen in jeder Richtung anwenden. Man braucht sich dafür nur vorzustellen, daß die mit zunehmender Entfernung vom Ausgangsort A oder B ansteigenden Transportkosten in jeder Himmelsrichtung gelten.

Ließen wir z. B. die für den Anbieter in A gültige Preisgerade $P_1\,P_a$ um die Achse AP_1 rotieren, d. h. würden wir anstelle unserer zweidimensionalen Abbildung eine dreidimensionale, räumliche Darstellung wählen und die im Punkte P_1 ansetzende Preislinie $P_1\,P_a$ nach allen Seiten hinausgehen lassen, so würde das Bild eines Trichters entstehen, an dessen Grund sich der Punkt P_1 befände. Der Trichterrand würde jedoch nicht kreisrund sein, vielmehr entstünde eine Begrenzung des Trichters überall dort, wo ein anderer, benachbarter Trichter die Wand des ersten schneidet. Es entstünden auf diese Weise geographische Regionen oder Einzugsgebiete, die durch die

Höhe des jeweiligen Grundpreises — der Höhe des Trichtergrundes — und die Transportkosten — die steiler oder flacher verlaufenden Trichterwände — festgelegt wären. Tatsächlich lassen sich für eine Reihe von vollständig oder annähernd homogenen Gütern, z. B. Zement, Ziegelsteine, Bausand, Torf, Braunkohle usf., derartige Regionen und Konkurrenzbeziehungen nachweisen. In allen derartigen Fällen liegt die Konkurrenzgrenze durch die Preise und die Frachtsätze fest, und jede Änderung der Preise ab Werk oder der Frachtsätze verändert sofort die geographischen Grenzen der Absatzmöglichkeiten für das betroffene Werk und die benachbarten Konkurrenten.

B. Marktstellung und Marktverhalten

Marktverhalten und Wettbewerbsgesetze

Die tatsächlich auf einem Markt anzutreffende Marktform muß nicht zugleich bewirken, daß sich der Wettbewerb in der durch die Marktform vorgezeichneten Weise abspielt. So, wie die Ausübung eines bestimmten Sports nicht notwendigerweise auch sportliches Verhalten garantiert, so verlangt eine Marktform nicht unbedingt ein dafür typisches Verhalten. Nichts hindert z. B. einen im Wettbewerb stehenden Anbieter daran, sich innerhalb bestimmter Grenzen monopolistisch zu verhalten. Andererseits ist ein Monopolist dieser Bezeichnung nicht soweit verpflichtet, daß er nur Monopolpreise fordern darf. Es liegt vielmehr an ihm, ob er sich monopolistisch oder wie unter Wettbewerbsbedingungen verhält, d. h., ob er z. B. zu Wettbewerbs- oder zu Monopolpreisen anbietet.

Marktform und Marktverhalten müssen also streng unterschieden werden. Sie bedingen sich nicht gegenseitig, obwohl sie wahrscheinlich häufiger vereint als voneinander getrennt anzutreffen sind. Außerdem kann sich der Wettbewerb in ganz unterschiedlicher Intensität auswirken. Beispielsweise spricht man von einem friedlichen und von einem ruinösen Wettbewerb und bezeichnet mit dem friedlichen Wettbewerb eine mehr auf Anpassung als auf Angriff bedachte Verhaltensweise, während der ruinöse Wettbewerb darauf ausgeht, den oder die Konkurrenten zu vernichten, indem z. B. in einem Preiskrieg durch einen großen, kapitalstarken Anbieter die Preise so lange

unterhalb der Kosten festgehalten werden, bis die Konkurrenz die Waffen streckt und aufgibt. Danach können freilich die Preise höher gesetzt werden, weil eine Konkurrenz nicht mehr besteht.
Der Wettbewerb ist also keineswegs schon durch die Marktform vorbestimmt und festgelegt. Zu wenig Wettbewerb bekommt einer Volkswirtschaft meistens ebensowenig wie eine zu heftige, auf Verdrängung der übrigen Konkurrenten und damit auf die eigene Marktbeherrschung zielende Konkurrenz. Es ist deshalb die Aufgabe des Staates, dafür zu sorgen, daß sich wirtschaftlicher Wettbewerb entfalten kann und andrerseits in jenen Schranken bleiben muß, die einen Mißbrauch vereiteln. Am bekanntesten sind die gesetzlichen Maßnahmen geworden, die in den USA durch die Bezeichnung Anti-Trust-Gesetze schon auf das Jahr 1890 zurückgehen. Im Gegensatz zu den landläufigen Vorstellungen von einer angeblich grenzenlosen Freiheit wirtschaftlicher Betätigung in den USA können dort Unternehmer oder Leiter großer Unternehmungen bei schweren Verstößen gegen die den Wettbewerb schützenden Gesetze zu Gefängnisstrafen verurteilt werden. Es ist nicht allzu lange her, daß derartige Strafen zum letzten Male verhängt worden sind.
In unserem Lande fanden die gesetzlichen Bestimmungen zum Schutze des Wettbewerbs in dem Gesetz gegen Wettbewerbsbeschränkungen von 1957 ihren Niederschlag. Dieses Gesetz trat mit dem Beginn des Jahres 1958 in Kraft, und es begründete zugleich die Tätigkeit des Bundeskartellamtes, d. h. jener Aufsichtsbehörde, die über die Einhaltung des Gesetzes wacht. Seitdem sind nicht nur manche wettbewerbshemmende Maßnahmen und Institutionen beseitigt, sondern auch neue Beschränkungen dieser Art an ihrem Zustandekommen gehindert worden. Beispielsweise haben die Bestimmungen des Wettbewerbsgesetzes und die Tätigkeit des Bundeskartellamtes bewirkt, daß viele vom Erzeuger vorgeschriebene Preisbindungen von Waren aufgegeben werden mußten oder nicht zustande kamen und daß diese Güter nun zu meist niedrigeren Preisen auf dem Markt erscheinen.

Vom Duopol zum Polypol
Die Lehre von den Marktformen unterscheidet die auf einem Markte möglichen Konstellationen in erster Linie nach der Zahl der Anbieter und der Nachfrager. Wir kennen bereits die einfachste Marktform, das Monopol, mit nur einem einzigen Anbieter, oder auch das bilaterale Monopol, mit je einem Vertreter auf der Angebots- und auf der Nachfrageseite. Treten dagegen zwei Anbieter auf, so sprechen wir von einem *Duopol*, gelegentlich auch Dyopol genannt. Sobald sich jedoch die Zahl der Anbieter weiter erhöht und solange es sich noch um verhältnismäßig wenige Konkurrenten handelt, bezeichnet man die sich dann ergebende Marktform als *Oligopol*. Eine oligopolistische Situation kann daher auch als ›Konkurrenz unter Wenigen‹[19] gekennzeichnet werden.

In der Regel werden sowohl beim Duopol als auch beim Oligopol die einzelnen Konkurrenten nicht jeweils gleich groß oder gleich stark sein. Wenn aber die Größenunterschiede zu kraß werden, wenn z. B. in einem Lande mit hohem Zollschutz für Automobile neben der einzigen großen Automobilfabrik nur noch in einer Reparaturwerkstätte einzelne Autos zusammengebaut werden, so kann diese Marktsituation anstatt als Duopol zutreffender als unvollständiges Monopol bezeichnet werden. Ebenso werden zum Beispiel auch beim Oligopol die ganz unbedeutenden Konkurrenten nicht mitgezählt. Die Zahl allein genügt also nicht, um die Marktform zu bestimmen. Sowohl beim Duopol als auch beim Oligopol handelt es sich vielmehr um eine Marktsituation, bei der die einzelnen Konkurrenten durchaus in der Lage sind, sich gegenseitig ernsthaft zu bedrängen. Die typische Form des Duopols oder auch des Oligopols finden wir deshalb dort, wo sich zwei oder wenige große Anbieter gegenüberstehen. Diese Marktsituation ist charakteristisch für den Automobilmarkt, den Zigarettenmarkt, den Markt für Benzine, aber auch häufig für den Maschinenbau, die Stahlindustrie, die Röhrenindustrie, einzelne Zweige der chemischen Industrie usf.

Sobald sich die Zahl der Anbieter wesentlich erhöht und die Marktstellung einzelner dadurch so unbedeutend wird, daß niemand mehr in der Lage ist, die Preise im Alleingang zu verändern, sprechen wir von der Marktform des *Polypols*. Diese Bezeichnung bedeutet, daß das Gesamtangebot auf einem

Markte von vielen Anbietern zugleich bestritten wird. In der Regel handelt es sich dabei um zahlreiche kleinere Anbieter. Als Beispiel für ein Polypol mag die Zahl der Lebensmittelgeschäfte in einer größeren Stadt dienen. Natürlich kann es schwierig werden, zwischen den ›Wenigen‹ und den ›Vielen‹, zwischen Oligopol und Polypol zu unterscheiden. Die Grenze läßt sich hier nicht genau bestimmen. Im allgemeinen wird man aber bei einer Zahl von zwanzig oder mehr Konkurrenten mit Sicherheit von einem Polypol sprechen und bei weniger als sieben Anbietern von einem Oligopol.
Für die Intensität und Härte des Wettbewerbs kommt es freilich nicht nur auf die Zahl der Marktteilnehmer an. Gerade beim Polypol, wo sich viele kleine Anbieter gegenüberstehen, ist die Konkurrenz oftmals recht gemütlich. Man weiß z. B., daß die Bäcker, Metzger oder Friseure in einer Stadt meistens die gleichen Preise nehmen und sich gegenseitig kaum unterbieten. Der Konkurrent an der nächsten Straßenecke wird zwar vielleicht als ein Widersacher, zugleich aber auch als ein Berufskollege betrachtet. Ständische und zünftische Ideen mögen dabei noch eine gewisse Rolle spielen. Wer unterbietet, verstößt gegen ungeschriebene Regeln und fordert darum möglicherweise den einhelligen Widerstand aller übrigen Konkurrenten heraus. Man folgt daher dem allgemeinen Preistrend, ohne ihn selbst bestimmen zu wollen oder bestimmen zu können.
Ganz anders in der Marktform des Oligopols. Dort werden die großen Reklameschlachten und Preisfeldzüge unternommen und oftmals bis zum bitteren Ende durchgestanden. Die wenigen Anbieter beobachten einander argwöhnisch. Beim Wettbewerb geht es hier meistens nicht nur um eine gesicherte Existenz, wie beim Polypol, sondern um bestimmte Marktanteile oder gar um Beherrschung des Marktes. Das gewonnene Terrain des einzelnen bedeutet immer entsprechende Verluste für die Konkurrenz, sofern der Markt nicht erweitert werden kann. Auch wenn scheinbar Friede herrscht, ist ihm nicht zu trauen. Unter den wenigen Anbietern befindet sich fast immer einer, dessen Marktposition sich verschlechtert und der eine Entscheidung darüber treffen muß, ob er sich in sein Schicksal ergeben oder den Kampf wagen will, solange er sich noch stark genug fühlt. Bei allen wichtigen Entscheidungen eines oligopolistischen Anbieters sind daher auch die möglichen Reaktionen zu

berücksichtigen, die durch eben jene Entscheidungen bei den Konkurrenten ausgelöst werden können, denn die Konkurrenz wird beständig auf der Hut sein, um notfalls mit Gegenmaßnahmen zu antworten und den Kampf um die Marktanteile und die bisherige Marktstellung aufzunehmen.
Wenigstens wird die Marktform des Oligopols nach der herrschenden Meinung auf diese Weise charakterisiert. Zum Beleg dafür sollen aus der fast unübersehbaren Literatur einige Sätze zitiert werden:
»Den Hintergrund für das Oligopol bildet der Kampf. Aber dieser Kampf tobt natürlich nicht immerzu. Im Gegenteil, die meisten Oligopolisten werden versuchen, diese Kämpfe, die sehr kostspielig sind, möglichst zu vermeiden, und sie werden begreiflicherweise danach trachten, sich hinter einer möglichst sicheren Position zu verschanzen, die ihnen erlaubt zu halten, was sie bereits besitzen, und, falls sich eine gute Gelegenheit bietet, mit einer Offensive in das gegnerische Gebiet einzubrechen. Die Preispolitik wird eine zentrale Rolle in diesem Stellungskrieg spielen. Der Oligopolist wird einen Preis verlangen, der es gestattet, die eigene Position sowohl gegenüber den Verhandelnden und den möglichen Konkurrenten als auch den Verbrauchern zu behaupten. Das bedeutet, daß in normalen Zeiten der Preis weder so niedrig sein darf, daß er Gegenmaßnahmen der Konkurrenz heraufbeschwört, noch so hoch, daß er etwa neue Konkurrenten anzieht, und er muß innerhalb jener Spanne bleiben, die das Wohlwollen der Käufer erhält ... Aus alldem folgt, daß eine Starrheit der Preise zu den wesentlichen Merkmalen der Strategie oligopolistischer Preisbildung gehört.«[20]
Im Gegensatz zu der häufig anzutreffenden Vorstellung, daß die Intensität des Wettbewerbs mit der Zahl der Konkurrenten zunimmt und daß sich die wenigen großen Anbieter meistens untereinander verständigen, um sich nicht weh zu tun, gilt für die beiden Marktformen des Oligopols und des Polypols meistens die Regel, daß der Wettbewerb um so schärfer und gnadenloser geführt wird, je kleiner die Zahl der Konkurrenten auf einem Markte wird. Während im Oligopol, unter wenigen Anbietern, jeder den anderen kennt, beobachtet und dessen Maßnahmen am eigenen Leibe verspürt, kann der Polypolist nicht mehr die Absichten aller Konkurrenten, sondern nur noch

die Entwicklung des Marktes verfolgen. Auf einem polypolistischen Markte verhindert meistens auch die Ohnmacht des einzelnen Anbieters den Ausbruch offener Feindseligkeiten in Gestalt von Preisunterbietungen oder Reklamefeldzügen.

Noch unauffälliger und reibungsloser arbeitet der Wettbewerb schließlich dann, wenn es sich um so viele Konkurrenten handelt, daß der Einzelne überhaupt keine Chance mehr besitzt, das Marktgeschehen zu beeinflussen. Diese noch über das Polypol hinausgehende Marktform bezeichnen wir als *atomistische Konkurrenz*, wobei unterstellt wird, daß jeder einzelne Konkurrent keine Möglichkeit mehr besitzt, den Marktpreis und die auf dem Markte erscheinende Gütermenge in einer nennenswerten Weise zu verändern. Als Beispiel dafür könnte ein von mehreren hundert Besitzern von Volkswagenaktien sich ergebendes Verkaufsangebot an einem bestimmten Tage erwähnt werden, bei dem der einzelne kleine Anbieter den Kurs nicht beeinflussen könnte.

VI. Die Preisbildung

A. Der Gleichgewichtspreis

Ein einfaches Beispiel
Wir haben uns klarzumachen versucht, daß ein Markt der geographische oder gedachte Ort des Zusammentreffens von Angebot und Nachfrage ist und daß sich bei dem Interessenausgleich zwischen Anbietern und Nachfragern die Preise bilden. In dem hier begonnenen Abschnitt wollen wir nun erklären, wie und in welcher Höhe ein Marktpreis zustande kommt. Wiederum müssen wir dabei zunächst auf die Verdienste der klassischen Schule verweisen, die den Prozeß der Preisbildung bereits vor mehr als eineinhalb Jahrhunderten in einer überaus gründlichen Weise analysiert und seine Bedeutung für die Funktionsfähigkeit des Wirtschaftssystems der Marktwirtschaft erkannt hat. Der von den Klassikern entdeckte und eingehend beschriebene Mechanismus und Automatismus eines Marktes, über den mit Hilfe der Preise das Produktionsziel, die Anordnung der Produktionsfaktoren und die Verteilung des Produktionsergebnisses geregelt wird, hat *Adam Smith* zu seinem Vergleich mit der von ihm so bezeichneten ›unsichtbaren Hand‹ inspiriert.
Um den Vorgang und die Wirkungen der Preisbildung kennenzulernen, gehen wir zunächst von einem einfachen Beispiel aus. Die Einfachheit unseres Beispiels beeinträchtigt nicht seine Aussagefähigkeit, weil die für den Prozeß der Preisbildung wesentlichen Merkmale berücksichtigt wurden. Übrigens können Fälle dieser Art täglich an der Börse beobachtet werden.
Nehmen wir an, daß an der Börse u. a. auch Aktien der Aktiengesellschaft Z gehandelt werden und zehn Aktionäre jeweils eine Aktie anbieten, während fünfzehn Interessenten jeweils eine Aktie zu kaufen beabsichtigen, falls der Preis dafür nicht zu hoch ist. Bei den Z-Aktien soll es sich jeweils um gleiche Stücke handeln. Die zehn Aktionäre bieten ihre Aktien zu unterschiedlichen Preisen an, und die einzelnen Käufer besitzen unterschiedliche Vorstellungen über den Preis, den sie zu

zahlen bereit sind. Aus Gründen der Vereinfachung sei weiterhin unterstellt, daß die zehn Verkäufer jeweils bereit sind, äußerstenfalls zu einem Preis von 100, 110, 120, 130 usw. und schließlich zu 180 und 190 zu verkaufen, während die einzelnen Nachfrager im äußersten Falle jeweils beim Preise von 220, 210, 200, 190 usw. und endlich bei 90 und 80 eine Aktie kaufen würden. Unter den Verkäufern befindet sich also jeweils nur einer, der bei einem Preis in Höhe von mindestens 100, der nächste bei mindestens 110, der dritte bei mindestens 120 usw. zu verkaufen bereit ist, während unter den Nachfragern der erste höchstens 80, der zweite höchstens 90, der dritte höchstens 100 und der fünfzehnte höchstens 220 für ein Stück anlegen möchte.

Um die Zusammenhänge in ein System zu bringen, vereinigen wir alle numerischen Tatbestände zweckmäßigerweise in einer Tabelle (vgl. Tabelle 1). In die erste Spalte schreiben wir die

Tabelle 1

Preis	Angebot		Nachfrage
Bei einem Preis in Höhe von ... pro Stück	werden insgesamt ... Stück angeboten		und insgesamt ... Stück nachgefragt
	Beispiel 1	Beispiel 2	
220	10	10	1
210	10	10	2
200	10	10	3
190	10	9	4
180	9	8	5
170	8	7	6
160	7	6	7
150	6	5	8
140	5	4	9
130	4	3	10
120	3	2	11
110	2	1	12
100	1	0	13
90	0	0	14
80	0	0	15

Preise in fallender Reihe, beginnend mit 220, in die zweite Spalte tragen wir die zu den einzelnen Preisen unseres Beispiels gehörenden Angebotsmengen (Beispiel 1) und in eine letzte Spalte die bei den jeweiligen Preisen möglichen Nachfragemengen ein.

In welcher Höhe wird sich der Preis bilden, wenn wir die Bedingungen vollkommener Konkurrenz, d. h. Gleichartigkeit der auf dem Markte gehandelten Güter, vollständige Marktübersicht und keinerlei Präferenzen, unterstellen? Wenn diese Bedingungen erfüllt sind, muß sich ein einheitlicher Preis bilden und sich das bei der Marktformenlehre bereits erkannte Prinzip der Preisunterschiedslosigkeit durchsetzen. Offenbar kann diese Unterschiedslosigkeit nur bei einem Preise erreicht werden, der die verschiedenartigen Interessen und Preisvorstellungen der Anbieter und Nachfrager in möglichst großem Umfange auszugleichen imstande ist. Wie läßt sich das erreichen, wie ist das möglich?

Nehmen wir dafür unsere Tabelle zur Hand. Wir können beobachten, daß in unserem Beispiel ein Ausgleich zwischen den Interessen der Anbieter und Nachfrager nur möglich ist bei einem Preise in Höhe von 160. Zu diesem Preise können nämlich sieben Anbieter verkaufen und sieben Nachfrager kaufen, während jeder andere Preis zu einer geringeren Zahl von Abschlüssen zwingen und entweder verkaufsbereite Anbieter ausschließen oder kaufwillige Nachfrager nicht zum Zuge kommen lassen würde. Nehmen wir z. B. einen Preis in Höhe von 180 an, so wären nach unserer Tabelle neun Anbieter bereit zu verkaufen, aber nur fünf Nachfrager willens zu kaufen. Es könnten also insgesamt nur fünf Aktien den Besitzer wechseln, und von den neun Anbietern würden vier keine Abnehmer finden. Das sich ergebende Überangebot von insgesamt vier Stücken müßte also auch noch, gegenüber der vorigen Lösung, mit einem Rückgang der umgesetzten Menge um zwei Stücke ›erkauft‹ werden. Je höher wir den Preis ansetzen, desto geringer würde die Zahl der Umsätze und desto größer das Überangebot werden. Im umgekehrten Fall, wenn der Preis unterhalb von 160 läge, sagen wir: z. B. bei 150, ergäbe sich die entgegengesetzte Situation. Die Zahl der zu diesem Preis kaufwilligen Nachfrager stiege auf acht, aber nur sechs Anbieter wären bereit zu verkaufen. Es könnten also nicht mehr als sechs

Aktien verkauft werden, und dabei kämen zwei Nachfrager nicht zum Zuge, obwohl sie bereit wären, den geforderten Preis zu bezahlen. Nur der Preis in Höhe von 160 verbürgt einen Ausgleich der gegensätzlichen Interessen zwischen Anbietern und Nachfragern und damit auch die größte Zahl an umsetzbaren Stücken.

Der Leser sei nochmals darauf hingewiesen, daß es hier um die Bestimmung eines einheitlichen Preises für eine Ware auf einem Markte geht. Das Problem unterscheidet sich damit grundsätzlich von der Preisbestimmung bei einer Auktion. Im Falle einer Versteigerung werden nämlich einzelne Gegenstände oder Bündel von Gegenständen jenem Nachfrager zugeschlagen, der den höchsten Preis bietet. Werden mehrere gleiche oder ähnliche Gegenstände nacheinander versteigert, so versucht der Auktionar, die Nachfrage von oben her abzuschöpfen, und im Falle der Werte aus Tabelle 1 erhielte z. B. der kaufkräftigste Nachfrager das erste Stück zum Preis 220, der nächste Nachfrager das zweite Stück zu 210, der dritte sein Stück zu 200 usf., bis das zehnte und letzte Stück bei 130 seinen Abnehmer fände. Durch eine Auktion wird also der Güteraustausch in eine Reihe von individuell verschiedenen Kaufakten mit jeweils neu festgesetzten und abgestuften Preisen für jeden einzelnen Käufer zerlegt. Der Anbieter befindet sich dabei in der Rolle eines Monopolisten, wobei er mit jedem Nachfrager einzeln abschließt, sich dabei aber den Konkurrenzmechanismus unter den Nachfragern zunutze macht. Ein einheitlicher Preis, der für zwei oder eine größere Anzahl von Nachfragern gilt, kommt dabei nicht zustande.

Für alle weiteren Betrachtungen richten wir unsere Aufmerksamkeit wieder auf den Fall der einheitlichen Preisbildung auf einem Markt.

Der Gleichgewichtspreis

Wir haben die Möglichkeit des Ausgleichs zwischen Angebot und Nachfrage einerseits und Situationen eines nicht bestehenden Ausgleichs zwischen Angebot und Nachfrage andererseits kennengelernt und müssen noch klären, welche Lösung sich auf dem Markte tatsächlich einstellen wird und ob es einen Mechanismus gibt, der zu einem Ausgleich zwischen Angebot und Nachfrage, also zu dem Preis bei 160 hinführt. Stellen wir uns zu diesem Zweck vor, daß der Preis, wie an der Börse üblich, durch einen Kursmakler bestimmt wird, der den Auftrag hat, den Kurs, d. h. den Marktpreis für das vorhandene Angebot und die bestehende Nachfrage zu ermitteln. Tatsächlich werden an den Waren- und Wertpapierbörsen täglich auf diese Weise die Kurse oder Preise bei dem jeweiligen Angebot und der jeweiligen Nachfrage festgestellt.

Nehmen wir an, der Kursmakler beginne damit, daß er einen Preis nennt, der für die bisherigen Aktionäre verhältnismäßig günstig liege, etwa den Preis in Höhe von 180. Dann sind, wie wir schon wissen, neun Aktionäre bereit zu verkaufen, aber nur fünf Nachfrager willens zu kaufen. Einem Angebot von neun Aktien steht also eine Nachfrage in Höhe von nur fünf gegenüber. Um auf jeden Fall beim Verkauf zum Zuge zu kommen, werden daher jene Anbieter, die auch noch beim Preise 170, 160, 150 usw., ja sogar beim Preise 100 noch bereit sind zu verkaufen, einen niedrigeren Preis vorschlagen. Die Käufer andererseits möchten die Chance wahrnehmen, zu einem geringeren Preise zu kaufen. Also wird der Kursmakler allmählich mit dem Preise so lange heruntergehen, bis das Angebot soweit zurückgegangen und die Nachfrage um soviel zugenommen hat, daß schließlich bei 160 ein Preis erreicht wird, bei dem Angebot und Nachfrage gleich sind. Diesen Preis nennen wir den *Gleichgewichtspreis*.

Der Gleichgewichtspreis bei vollkommener Konkurrenz zeichnet sich durch folgende vier Eigenschaften aus:

a) Der Gleichgewichtspreis befriedigt alle Anbieter und Nachfrager, die zu diesem Preis zu verkaufen bereit bzw. zu kaufen willens sind, d. h. es gibt zu diesem Preis weder nicht befriedigte Nachfrage noch nicht zum Zuge gekommenes Angebot.

b) Die zu diesem Preis umgesetzte Menge ist die größte, die unter den bestehenden Angebots- und Nachfrageverhältnissen bei einem einheitlichen Preis überhaupt möglich ist. Die absetzbare Menge ist also ein Maximum.

c) Es besteht ein Gleichgewichtszustand derart, daß jede Änderung insgesamt mehr Nachteile als Vorteile bringen würde. Für die am Markte teilnehmende Gesellschaft verbürgt der Gleichgewichtspreis daher die beste Lösung im Vergleich zu anderen möglichen Preisen.[21]

d) In der Regel und in dem vorliegenden Falle handelt es sich bei einem Gleichgewichtspreis um ein stabiles Gleichgewicht, d. h. der Markt löst aus sich heraus Kräfte aus, die zum Gleichgewichtspreis hin tendieren.

Überblicken wir die Bedeutung dieser vier Eigenschaften eines Gleichgewichtspreises bei vollständiger Konkurrenz für den Markt, so läßt sich zusammenfassend sagen, daß sich das Gleichgewicht auf einem Markte durch einen freien Marktpreis in der Regel von selbst und in einer Weise einstellt, welche die beste der dafür möglichen Lösungen erzeugt.

Das Gesetz der Grenzpaare

Die Tatsache, daß bei einem Preis in Höhe von 160 ein Ausgleich zwischen Angebot und Nachfrage zustande kommt, ist allerdings insofern ein Glücksfall, als sich bei einer anders gewählten Zahlenfolge für das Angebot und die Nachfrage vielleicht kein sofort erkennbarer Preisausgleich ergibt. Verschieben wir z. B. die Angebotsskala in unserer Tabelle um eins nach oben (Beispiel 2 in Tabelle 1), so daß beim Preise von 100 keine Aktie (statt bisher eine), beim Preise von 110 ein Stück (statt bisher zwei), beim Preise von 120 zwei (statt bisher drei) usf., beim Preise von 190 nunmehr neun (statt bisher zehn) und beim Preise von 200 zehn Aktien angeboten werden, dann stehen sich beim bisherigen Gleichgewichtspreis 160 nunmehr sechs Anbieter und sieben Nachfrager, bei dem Preis 170 dagegen sieben Anbieter und sechs Nachfrager gegenüber. Wir haben damit eine Obergrenze und eine Untergrenze für einen möglichen Preisausgleich, aber noch nicht den Gleichgewichtspreis selbst gefunden. Obwohl ein einheitlicher Preis hier noch nicht festliegt, hat unser Beispiel den großen Vorzug, das Problem der Preisbestimmung nicht nur im Glücksfall eines zufälligen Ausgleichs darzustellen.

Man bezeichnet die sich bei diesem veränderten zweiten Beispiel ergebende Begrenzung zwischen jeweils sechs und sieben Anbietern oder Nachfragern als das Gesetz der ›Grenzpaare‹. Diese Bezeichnung wurde von dem österreichischen Nationalökonomen *Eugen von Böhm-Bawerk*[22] übernommen, der sich u. a. mit unserem Problem der Preisbildung befaßt hat. Von einem Gesetz im sozialwissenschaftlichen Sinne wird hier deshalb gesprochen, weil sich ein Preisausgleich nur zwischen diesen beiden Angebots- und Nachfragegruppen von sechs bzw. sieben Anbietern und Nachfragern, d. h. bei einem Preise zwischen 160 und 170 einstellen kann.

Da derartige Situationen für das Angebot und die Nachfrage die Regel bilden, wobei der Preis nicht eindeutig, sondern nur innerhalb bestimmter Grenzen festliegt, wollen wir bei unserem Beispiel noch einen Augenblick verweilen. Wir nehmen an, daß es einen Anbieter gibt, der äußerstenfalls noch zu 160, einen weiteren, der äußerstenfalls noch zu 170 zu verkaufen willens ist. Andererseits ist einer der Nachfrager bereit, äußerstenfalls 160 und ein weiterer 170 zu bezahlen. Infolgedessen wird sich der Preis irgendwo zwischen 160 und 170 einstellen und dann eine Gleichgewichts- oder Ruhelage erreichen. Nehmen wir z. B. an, daß sich ein Preis bei 164 ergibt. Dann ist jener Anbieter, der mindestens 170 erzielen wollte, nicht mehr bereit zu verkaufen. Infolgedessen werden insgesamt nur sechs Aktien angeboten. Auf der Seite der Nachfrager wird dagegen jener Käufer, der nicht mehr als 160 zu zahlen bereit war, ausscheiden, so daß auch dort insgesamt nur noch sechs Aktien nachgefragt werden. Die Höhe des Gleichgewichtspreises ist also zwischen verhältnismäßig engen Ober- und Untergrenzen festgelegt, aber innerhalb dieser Grenzen nicht eindeutig bestimmt. Jeder Preis innerhalb der durch das sogenannte Gesetz der Grenzpaare bestimmten Ober- und Untergrenze, in unserem Beispiel zwischen 160 und 170, ermöglicht einen Ausgleich zwischen Angebot und Nachfrage und kann deshalb als ein Gleichgewichtspreis bezeichnet werden.

Die graphische Darstellung
Bisher haben wir ein Beispiel benutzt, das keineswegs alle in der Wirklichkeit vorkommenden Möglichkeiten einschließt, sondern sogar recht gesucht und wenig typisch erscheinen muß — dieser Handel zwischen zehn Aktienverkäufern und fünfzehn Aktienkäufern, wobei jeweils jeder Aktienbesitzer eine Aktie anbietet und jeder Nachfrager nur ein Stück kaufen will. Dennoch können wir, wie sich sogleich zeigen läßt, mit diesem Beispiel die für den allgemeinen Fall der Preisbildung wesentlichen Beziehungen verdeutlichen.

Was in unserem Beispiel künstlich und konstruiert aussieht, sind vor allem die gleichmäßigen Zunahmen oder Abnahmen des Angebots oder der Nachfrage um jeweils ein Stück bei einer Preisdifferenz in Höhe von zehn. Diese Regelmäßigkeiten des Angebots oder der Nachfrage sind jedoch unwichtig für die allgemeinen Eigenschaften und die Bildung eines Gleichgewichtspreises. Wir können uns von der Richtigkeit dieser Aussage am leichtesten überzeugen, indem wir uns die entscheidenden Zusammenhänge anhand einer graphischen Darstellung verdeutlichen.

Der Anschaulichkeit wegen greifen wir auf die in Tabelle 1 zusammengestellten Werte zurück, die sich in eine graphische Darstellung übertragen lassen. Wir verwenden dazu ein Koordinatenkreuz, auf dessen senkrechter Skala die Preise verzeichnet sind und auf dessen waagerechter Skala die Stückzahlen oder die Mengen gemessen werden. Die in der Tabelle enthaltenen Werte tragen wir dann in das Koordinatensystem ein und verbinden die jeweiligen Werte des Angebots miteinander durch eine Linie. In gleicher Weise verfahren wir mit den einzelnen Positionen der Nachfrage (vgl. Figur 2).

Wenn wir so verfahren und die Werte des Angebots aus dem der Darstellung zugrunde liegenden ersten Beispiel aufzeichnen, beginnt das Angebot bei der Menge 1 und beim Preise in Höhe von 100, da bei einem niedrigeren Preise niemand verkaufen würde. Den Anfang der Angebotskurve — bei der Menge 1 und beim Preise 100 — wollen wir mit A_1 bezeichnen. Da die folgenden Werte der Angebotskurve jeweils rechts oberhalb des Punktes A_1 liegen, steigt die Angebotskurve nach rechts oben bis zum Preise 190 und bis zur Menge 10 an. Ein höherer Preis vermag kein zusätzliches Angebot mehr hervorzubringen, und infolgedessen verläuft von hier an die Angebotskurve nicht mehr weiter nach rechts, sondern steigt senkrecht an. Wir wollen den Endpunkt des vom Preis 190 bis zum Preis 220 senkrecht verlaufenden Stücks der Angebotskurve mit A bezeichnen und haben damit eine von links nach rechts ansteigende und schließlich senkrecht verlaufende Angebotskurve A_1A gewonnen.

Für die Nachfrage wenden wir das gleiche Verfahren an und erhalten dann eine Nachfragekurve, die wir mit den Symbolen N_1N festlegen wollen. Der Punkt N_1 wird durch jenen Nachfrager bestimmt, der mit 220 den höchsten Preis zu zahlen bereit ist, und das Ende der Nachfragekurve, der Punkt N,

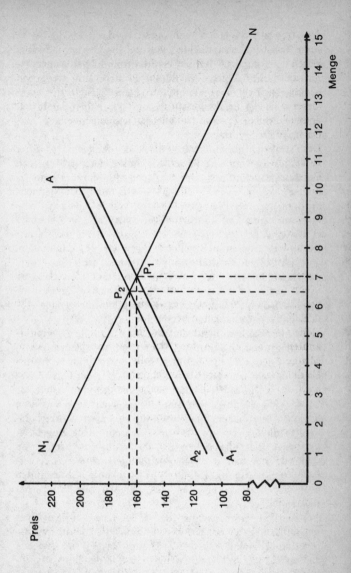

Figur 2

ergibt sich beim Preis in Höhe von 80, wo der letzte der Nachfrager noch zum Kauf bereit wäre und die Gesamtnachfrage sich dadurch auf 15 erhöht. Der Schnittpunkt der Angebots- und der Nachfragekurve im Punkte P_1 stellt sich, wie schon aus unserem Zahlenbeispiel bekannt, beim Preise in Höhe von 160 und bei der Stückzahl sieben ein. Wir haben damit den Gleichgewichtspreis und die Gleichgewichtsmenge auf graphische Weise ermittelt.

Das Verfahren, die einzelnen Punkte des Angebots zu einer Angebotskurve und die einzelnen Punkte der Nachfrage zu einer Nachfragekurve zu verbinden, soll nicht darüber hinwegtäuschen, daß in unserem Beispiel jeweils nur ganze Mengeneinheiten und nur Preise im Abstand von jeweils zehn Einheiten auftreten. Eine kontinuierliche Zunahme oder Abnahme der Mengen oder der Preise, wie sie sich aus der Figur 2 ablesen läßt, tritt in unserem Beispiel und, fügen wir hinzu, normalerweise auch in der Realität nicht auf. Dennoch wird die graphische Darstellung in dieser Art für theoretische Zwecke verwendet, weil es dabei mehr um die prinzipiellen Zusammenhänge zwischen Preisen und Mengen als um die genaue Abbildung von einzelnen Beispielen geht.

Wir können sogleich den Nutzen und die Vorteile der graphischen Interpretation derartiger Zusammenhänge kennenlernen, wenn wir jenes zweite Beispiel für die Preisbildung heranziehen, das wir benutzt haben, um das Gesetz der Grenzpaare zu erklären. Dieses Beispiel unterscheidet sich vom ersten nur dadurch, daß sich die Angebotspreise um jeweils zehn Einheiten nach oben verschieben. Tragen wir die veränderten Angebotswerte in die Figur 2 ein, so ergibt sich eine neue Angebotskurve A_2A, die bedingungsgemäß im vertikalen Abstand von 10 parallel oberhalb der bisherigen Angebotskurve A_1A verläuft. Der Schnittpunkt mit der Nachfragekurve N_1N muß den neuen Gleichgewichtspreis ergeben, den wir hier mit P_2 bezeichnen wollen.

Die Figur läßt sofort erkennen, daß dieser neue Gleichgewichtspreis höher liegt als der bisherige und daß die Gleichgewichtsmenge zurückgeht. Aus der Zeichnung lassen sich für den Gleichgewichtspunkt P_2 die Menge $6^{1}/_{2}$ und der Preis 165 ablesen. Da halbe Mengeneinheiten in unserem Falle ausgeschlossen sind, kann nur die Menge 6 in Frage kommen, und aus den anderen Umständen des Beispiels folgt, daß der Preis über 160 und unterhalb von 170 liegen muß. Wir hatten ja angenommen, daß einer der Anbieter — es war der siebente in unserer Angebotsskala, von unten gezählt — nicht unter 170 verkaufen wollte. Er scheidet daher aus, wenn der Preis niedriger, etwa bei 165 liegt. Und andererseits befand sich unter den Nachfragern einer, der höchstens 160 zu zahlen bereit war — es war ebenfalls der siebente, aber der siebente von oben gezählt —, der nun ebenfalls ausscheiden muß, weil der Preis oberhalb von 160 liegen wird. Es stehen sich daher im neuen Gleichgewicht bei einem Preis zwischen 160 und 170 nur noch sechs Anbieter und sechs Nachfrager gegenüber. Die graphische Darstellung hat uns also sofort und richtig darüber belehrt, daß durch das neue, wenn auch nur in geringem Maße teurere Angebot der Gleichgewichtspreis steigt und die abgesetzte Menge zurückgeht.

Das ›Gesetz von Angebot und Nachfrage‹
Wir müssen nun das anfangs gegebene Versprechen einlösen und zeigen, daß unser Beispiel über den Kauf und Verkauf von Aktien, so ausgefallen es auch sein mag, dennoch wesentliche Zusammenhänge für die Preisbildung enthält. Unsere Neugier und unser Interesse richten sich darauf, wie für eine bestimmte Ware auf einem Markte ein einheitlicher Preis zustande kommen kann. Wenn sich ein einheitlicher Preis bilden soll, schließen wir die Möglichkeit aus, daß sich der Markt in einzelne Teilmärkte oder in voneinander isolierte Tauschakte auflöst, vielmehr müssen voraussetzungsgemäß zu dem einheitlichen Preis alle Käufe und Verkäufe abgewickelt werden. Wenn wir dabei von einem bestimmten, unveränderten Angebot und ebenso von einer gegebenen Nachfrage ausgehen, so verkennen wir keineswegs, daß sich in der Realität die Angebots- und die Nachfragesituation im Zeitverlauf häufig ändern wird. Um jedoch die Wirkungsweise des Marktes zu erkennen, dürfen wir für eine kurze Zeitspanne von einem festen, konstanten Angebot und von einer gegebenen Nachfrage ausgehen.
Unter den soeben gesetzten Voraussetzungen kann die Darstellung der Preisbildung auf einem Markt von dem bisher benutzten Beispiel losgelöst und verallgemeinert werden. Über-

legen wir uns, wie das Angebot für eine beliebige Ware zu einem bestimmten Zeitpunkt beschaffen sein wird, so werden wir stets finden, daß im allgemeinen die angebotenen Mengen bei niedrigeren Preisen kleiner als bei höheren Preisen sein werden. Die alltägliche Beobachtung, daß z. B. Grundstücke in einer angenehmen Wohngegend zwar knapp, aber bei einem entsprechend hohen Gebot durchaus zu erwerben sind, veranschaulicht diesen Zusammenhang mit aller wünschenswerten Deutlichkeit. Äußerstenfalls wird ein höherer Preis vielleicht das Angebot nicht vermehren, aber er wird es unter unseren Annahmen auch nicht verringern, denn im allgemeinen werden die Anbieter zu höheren Preisen eher mehr als weniger zu verkaufen bereit sein.

In Übereinstimmung mit der Erfahrung können wir also davon ausgehen, daß die Abbildung einer Angebotsskala in einem Koordinatensystem einen irgendwie von links unten nach rechts oben ansteigenden Linienzug ergibt. Auch bei der Nachfrage wird uns die Erfahrung helfen, eine gewisse Regelmäßigkeit des Zusammenhangs zwischen der Höhe des Preises und der nachgefragten Menge zu erkennen. Wenn nämlich der Preis einer bestimmten Ware steigt, wird man in der Regel weniger geneigt sein zu kaufen, als wenn sie weniger kostet. Selbst wenn es sich um ein Gut handelt, das dringend benötigt wird, aber nur zu einem hohen Preis zu erwerben ist, z. B. ein Medikament, lohnt sich die Überlegung, ob es nicht durch ein anderes, billigeres Gut ersetzt werden kann. Eine Nachfragekurve wird daher im allgemeinen in einem Preis-Mengen-Diagramm, in einem Koordinatensystem, irgendwie von links oben nach rechts unten verlaufen. Es soll keineswegs ausgeschlossen werden, daß es auch einmal anders sein kann. Die Käufer würden dann nichts davon halten, daß etwas billig ist, sondern kaufen, wenn oder weil etwas teuer ist, und die Nachfragekurve verliefe dann, ähnlich wie eine Angebotskurve, im Diagramm von links unten nach rechts oben. Wir bezeichnen diese Verhaltensweise in der Nationalökonomie als Snobeffekt. Aber nur ein Zyniker wird behaupten wollen, daß diese Art von Marktverhalten bereits eine Art Regel geworden sei. Würden wir diese Behauptung beim Worte nehmen, so ließe sich daraus folgern, daß sich die Unternehmer mit ihren Preisen nicht unter-, sondern gegenseitig überbieten müßten, um sich Konkurrenz zu machen. Offenbar ist bisher diesem unternehmerischen Schlaraffenland noch niemand begegnet.

Wir dürfen deshalb davon ausgehen, daß jede typische Angebots- und Nachfragesituation auf einem Markte in einem Koordinatensystem durch eine von links nach rechts ansteigende Angebotskurve und eine von links nach rechts fallende Nachfragekurve abgebildet werden kann. Im Schnittpunkt beider Linien ergeben sich der Gleichgewichtspreis und die Gleichgewichtsmenge. Den allgemeinen, eher beliebigen Fall einer Angebots- und Nachfragesituation auf einem Markte können wir daher stets darstellen, indem wir in einem Koordinatensystem mit einer senkrechten Preisachse und einer waagerechten Mengenachse eine typische Angebotskurve und ebenso eine typische Nachfragekurve zeichnen. Wir haben diesen Fall in Figur 3 vor uns. Sie zeigt in einem Preis-Mengen-Diagramm, dessen Achsen sich im Punkte O schneiden, auf der senkrechten Achse, der Ordinate, die Preise und auf der waagerechten Achse, der Abszisse, die jeweils zu den Preisen gehörenden Mengen. Eine von links nach rechts allmählich steiler verlaufende Angebotskurve AA' schneidet eine in gleicher Richtung gekrümmte Nachfragekurve NN' im Punkte P, den wir als den Gleichgewichtspunkt bezeichnen können. Ermitteln wir die Werte des Gleichgewichtspunktes auf der Preis- und auf der Mengenachse, d. h. fällen wir vom Punkt P aus das Lot sowohl auf die senkrecht verlaufende Preisachse als auch auf die waagerecht verlaufende Mengenachse und bezeichnen den sich auf der Mengenachse ergebenden Schnittpunkt mit M_p, den sich auf der Preisachse ergebenden Schnittpunkt mit P_0, so können wir den Gleichgewichtspreis als den Preis OP_0 ermitteln und die Gleichgewichtsmenge bei OM_p feststellen.

Jeder Preis, der über dem Gleichgewichtspreis OP_0 liegt, würde verhindern, daß die Menge OM_p abgesetzt werden kann. Wählen wir z. B. einen beliebig höheren Preis OP_1, so würde der Punkt auf der Nachfragekurve, der zu diesem Preis gehört, in Figur 3 der Punkt Q sein. Beim Preise OP_1 würde sich ergeben, daß nur noch die Gütermenge P_1Q oder, wenn wir die nachgefragte Menge auf die Mengenachse (die Abszisse) übertragen, die Menge OM_q nachgefragt wird. Die Preiserhöhung von OP_0 auf OP_1 würde daher einen Rückgang der Nachfrage und der absetzbaren Menge von OM_p auf OM_q, d. h. um den Betrag

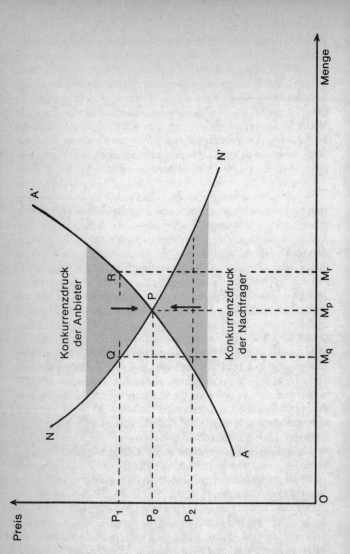

Figur 3

$M_q M_p$ nach sich ziehen. Andererseits hätte aber die Preiserhöhung von OP_0 auf OP_1, das ist um den Betrag $P_0 P_1$, zugleich eine Zunahme des Angebots mit sich gebracht, denn das zum Preis OP_1 gehörende Angebot ergibt sich auf der Angebotskurve AA' im Punkte R. In diesem Punkt beläuft sich die Angebotsmenge auf $P_1 R$ oder, auf die Mengenachse übertragen, auf die Menge OM_r. Beim Preis OP_1 stehen sich also ein Angebot im Ausmaß von OM_r und eine Nachfrage im Umfange von nur OM_q gegenüber. Das bei diesem Preis bestehende Überangebot beläuft sich demnach auf $M_q M_r$. Dieses Überangebot, vielmehr der Umstand, daß beim Preise OP_1 die Gütermenge im Umfange $M_q M_r$ nicht abgesetzt werden kann, würde nun jene Anbieter, die dabei leer ausgehen, nicht ruhen lassen. Da sich unter ihnen viele befinden, die auch zu einem niedrigeren Preise als OP_1 verkaufen würden, werden sie anfangen, niedrigere Preise zu bieten. Dieser Prozeß der Unterbietung muß sich so lange fortsetzen, bis schließlich im Punkte P ein Ausgleich zwischen Angebot und Nachfrage erzielt wird.

Oberhalb des Gleichgewichtspreises muß sich also stets ein Überangebot einstellen, das einzelne Anbieter veranlaßt, zu unterbieten. Der Druck auf die Preise endet erst dann, wenn der Gleichgewichtspreis erreicht ist und keiner der Anbieter mehr Grund dazu hat, einen niedrigeren Preis zu bieten. Die Zone des Preisdrucks der Anbieter liegt daher oberhalb des Gleichgewichtspreises zwischen den beiden Armen der Nachfrage- und der Angebotskurve, in Figur 3 z. B. zwischen den Kurvenstücken NP und PA'. Der Konkurrenzdruck der Anbieter nimmt zu, je höher der Preis über dem Gleichgewichtspreis liegt und je größer dadurch das Überangebot wird. Damit verstärken sich automatisch die zum Gleichgewicht drängenden Kräfte. Jede Entfernung vom Gleichgewicht erzeugt also zugleich jene Energien der Selbstregulierung, die den Ausgleichsmechanismus einleiten.

Das gilt aber nicht nur für die Angebotsseite, sondern auch für die Nachfrage, wenn auch in entgegengesetzter Richtung. Eine Übernachfrage wird sich einstellen, sobald der Preis einmal unterhalb des Gleichgewichtspreises OP_0, sagen wir: bei OP_2, läge. Bei diesem Preis überträfe die Nachfrage das verfügbare Angebot bei weitem, und jene Nachfrage, die leer ausgehen müßten, obwohl sie auch bei einem höheren Preis noch kaufen würden, werden sich Geltung verschaffen, indem sie mehr bieten und die Preise dadurch in die Höhe treiben. Der Friede ist erst dann wiederhergestellt, wenn im Punkt P alle Nachfrager und Anbieter beim Preise OP_0 befriedigt sind. Unterhalb des Gleichgewichtspunktes P befindet sich daher die Zone der Konkurrenz der Nachfrager und des Preisdrucks nach oben, wobei die Übernachfrage und damit die Tendenz der Preiserhöhung zunimmt, je weiter die Preise unter dem Gleichgewichtsniveau liegen (vgl. Figur 3). Das ist, in Kürze, der auf einem Markt wirksame Ausgleichsmechanismus und der Inhalt des sogenannten ›Gesetzes von Angebot und Nachfrage‹.

B. Störungen des Marktgleichgewichts

Änderungen des Angebots und der Nachfrage
Hat sich das Gleichgewicht auf einem Markte einmal eingependelt, so kann sich der Gleichgewichtspreis oder die Gleichgewichtsmenge offenbar nur noch ändern, wenn sich die Nachfrage oder das Angebot ändert. Der Ausdruck ›Änderung der Nachfrage‹ oder ›Änderung des Angebots‹ kann allerdings leicht mißverstanden werden insofern, als er zweierlei bedeuten kann, nämlich einmal eine Bewegung auf einer gegebenen Nachfrage- oder Angebotskurve und zum anderen den Übergang von einer Nachfrage- oder Angebotskurve zu einer anderen. Meint man mit der ›Änderung‹ eine Bewegung entlang einer gegebenen Nachfragekurve oder einer gegebenen Angebotskurve, so geht die Nachfrage zurück und nimmt das Angebot zu, wenn z. B. in Figur 3 der Preis von OP_0 auf OP_1 steigt. Gewöhnlich meinen wir jedoch etwas anderes, wenn wir von einer ›Änderung der Nachfrage‹ oder des Angebots sprechen, nämlich eine Verlagerung der Angebots- oder Nachfragekurve bzw. eine Änderung der Nachfrage- oder Angebotstabelle. Im Interesse einer klaren Terminologie empfiehlt es sich daher, jeweils zu erklären, was man meint, wenn man von einer Zunahme oder Abnahme bzw. von einem Steigen oder Fallen der Nachfrage oder des Angebots spricht. Wir wollen deshalb eine Übereinkunft über den Gebrauch der Bezeichnung ›Änderung des Angebots‹ oder ›Änderung der Nachfrage‹ derart treffen, daß wir sie ausschließlich für eine Verlagerung

der Kurven bzw. eine Verschiebung der Tabellenwerte verwenden.
Bei dem in Tabelle 1 entwickelten Beispiel 2 haben wir das Angebot verändert, um das sogenannte ›Gesetz der Grenzpaare‹ erklären zu können. Die Preise des Angebots wurden dabei jeweils um 10 Einheiten je Stück erhöht. Damit hat sich das Angebot verringert, denn zu den jeweiligen Preisen kann nun nur noch eine geringere Menge als zuvor erworben werden. Ein Rückgang oder eine Verminderung des Angebots bedeutet demnach, daß zu jedem Preis eine geringere Menge als zuvor auf dem Markte erscheint. Wenn wir diesen Sachverhalt in graphischer Weise darstellen wollen, muß die Angebotskurve nach oben verschoben werden,[23] weil dann bei den jeweiligen Preisen geringere Beträge auf der Mengenachse erscheinen. Eine derartige Verschiebung der Angebotskurve nach oben infolge einer Verringerung des Angebots von A_1A nach A_2A haben wir in Figur 2 durch die Variation unseres Marktbeispiels bereits dargestellt.
Machen wir uns indessen den Zusammenhang zwischen den Angebots- und Nachfrageveränderungen einerseits und den resultierenden Änderungen des Gleichgewichtspreises und der Gleichgewichtsmenge andererseits nochmals klar, indem wir eine beliebige, aber typische, d. h. von links nach rechts steigende Angebotskurve und ebenso eine beliebige, gleichfalls typische, d. h. von links nach rechts fallende Nachfragekurve in ein Koordinatensystem zeichnen. Gleichgewichtspreis und Gleichgewichtsmenge lassen sich wiederum durch den Schnittpunkt beider Kurven ermitteln, wie z. B. der Preis OP_0 in Figur 4 a. Ändert sich nun das Angebot, indem einige oder alle Anbieter ihre Preise erhöhen, so verschiebt sich dadurch die Angebotskurve nach oben, in Figur 4 a z. B. von AA' nach A_1A_1'. Das Ergebnis davon muß unter unseren Annahmen zwangsläufig eine Verminderung der absetzbaren Menge von OM_0 auf OM_1 und eine Erhöhung des Gleichgewichtspreises um P_0P_1 sein, wie die graphische Darstellung in Figur 4 a zeigt. Hätte sich das Angebot in der entgegengesetzten Richtung bewegt, d. h. wären die Angebotspreise gegenüber dem Ausgangszustand gefallen, so sagen wir, daß sich das Angebot erhöht hat. Auf graphische Weise läßt sich dieser Sachverhalt durch eine Verschiebung der Angebotskurve nach unten, z. B.

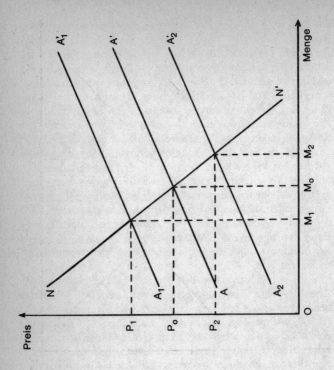

Figur 4a

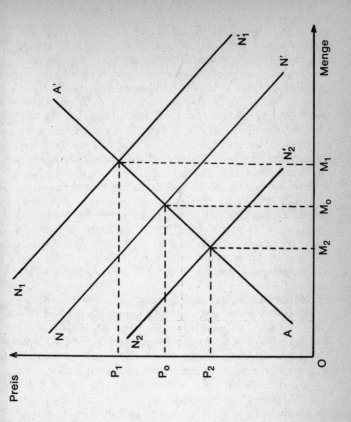

Figur 4b

von AA' nach A_2A_2', veranschaulichen. Bei unveränderter Nachfrage muß dann der Gleichgewichtspreis sinken und die absetzbare Menge zunehmen (vgl. Figur 4 a).

Die gleichen Überlegungen lassen sich auch für die Nachfrage anstellen, indem wir bei unverändertem Angebot die Nachfrage variieren. Erhöht sich die Nachfrage, d. h. verschieben wir die Nachfragekurve nach oben, z. B. in Figur 4 b von NN' nach N_1N_1', so bedeutet das, daß eine bestimmte Gütermenge nur noch zu einem höheren Preise abgesetzt werden kann. Zwangsläufig erhöhen sich dadurch Gleichgewichtspreis und Gleichgewichtsmenge. In Figur 4 b steigt z. B. der Gleichgewichtspreis von OP_0 auf OP_1 und die Gleichgewichtsmenge von OM_0 auf OM_1. Verringert sich dagegen die Nachfrage und muß deshalb die Nachfragekurve nach unten verschoben werden, so kann nur noch eine kleinere Menge bei einem niedrigeren Preise verkauft werden. In Figur 4 b ergibt sich dieser Sachverhalt aus der Änderung der Nachfrage von NN' auf N_2N_2' mit einem entsprechenden Preis- und Mengenrückgang um P_0P_2 bzw. M_0M_2.

Um Mißverständnisse zu vermeiden, müssen wir noch darlegen, warum in den graphischen Darstellungen die Änderungen der Angebots- und Nachfragekurven jeweils als eine Bewegung nach oben oder unten interpretiert wurden, während sich die Verschiebung dieser Kurven ebensogut mit einer Bewegung nach links oder nach rechts erklären ließe. Wir sind bei unseren Überlegungen davon ausgegangen, daß z. B. bei einer Erhöhung der Nachfrage die jeweils gleichen Mengen zu einem höheren Preis als bisher gekauft wurden. Daraus folgt, daß die Nachfragekurve nach oben verschoben werden muß. Die entgegengesetzte Reaktion stellt sich bei einem Rückgang der Nachfrage ein, wenn wir ihn damit erklären, daß die gleichen Mengen künftig nur noch zu einem niedrigeren Preis gekauft werden. In diesem Falle rückt die Nachfragekurve nach unten. Eine Verschiebung der Nachfragekurve (der Angebotskurve) nach oben oder nach unten ergibt sich demnach immer dann, wenn für gleiche Mengen höhere oder niedrigere Preise als zuvor bezahlt (gefordert) werden.

Die Erklärung für die Verschiebung der Kurven läßt sich aber auch anders fassen. Wir gehen dann nicht von jeweils gleichen

Mengen aus und betrachten die unterschiedlichen Preise, sondern wir beginnen die Argumentation diesmal mit den Preisen und beobachten dabei die verschieden großen Mengen. Eine Zunahme der Nachfrage würde dann z. B. bei einem bestimmten Preis zu umfangreicheren Käufen führen, während ein steigendes Angebot bei gegebenen Preisen eine größere Angebotsmenge auf den Markt bringen muß als zuvor. Diese Art der Erklärung für die Änderung des Angebots und der Nachfrage führt dazu, daß in unserem Beispiel die beiden Kurven nach rechts verschoben werden. Eine Verschiebung nach links würde sich in den entgegengesetzten Fällen — bei einer Minderung der Nachfrage und einer Minderung des Angebots — ergeben.

Eine Änderung des Angebots, sagen wir eine Abnahme (Zunahme), läßt sich daher entweder als eine Verschiebung der Angebotskurve nach links (rechts) oder nach oben (unten) erklären und ebenso eine Verminderung (Erhöhung) der Nachfrage entweder als eine Verschiebung der Nachfragekurve nach unten (oben) oder nach links (rechts) erklären. Im allgemeinen, d. h. von Grenzfällen abgesehen, ist es belanglos, welche Erklärungsweise oder welche Richtung für die Änderung der Kurven bevorzugt wird.

Preis- und Mengenwirkungen

Bei der Betrachtung von Änderungen des Angebots oder der Nachfrage gingen wir davon aus, daß bei einer Änderung der Nachfrage das Angebot und bei einer Änderung des Angebots die Nachfrage gleich blieb. Diese isolierte Behandlung von Verschiebungen der Nachfrage- oder Angebotskurve hat das Ergebnis in einer besonderen Weise beeinflußt. Ändert sich nämlich unter den angenommenen Bedingungen die Nachfrage oder das Angebot auf einem Markte, so müssen sich bei normal verlaufenden Angebots- und Nachfragekurven gleichzeitig Preise und Mengen verändern. Eine Preisänderung ohne eine Mengenänderung ist dann nicht möglich, und solange der Gleichgewichtspreis unverändert bleibt, kann sich auch die Gleichgewichtsmenge nicht ändern.

In der Wirklichkeit werden wir diese im elementaren Wortsinne ein-seitigen Änderungen und Wirkungen kaum bestätigt finden. Der Grund dafür ist leicht zu entdecken. Wir haben nämlich unterstellt, daß sich nur eine Seite ändert, während die andere unverändert bleibt, daß z. B. die Nachfrage festliegt, während sich das Angebot ändert, oder daß das Angebot konstant bleibt, während die Nachfrage nach oben oder nach unten verschoben wird. In der wirtschaftlichen Wirklichkeit variieren indessen das Angebot und die Nachfrage häufig gleichzeitig und bewegen sich entweder in gleicher oder aber in entgegengesetzter Richtung. Zum Beispiel kann sich die Nachfrage mit dem Angebot verringern oder vermehren. Aber es kann ebensogut möglich sein, daß die Nachfrage abnimmt (zunimmt), während das Angebot steigt (zurückgeht). Der von einer Nachfragesteigerung ausgelöste Preisauftrieb kann also durch einen Rückgang des Angebots noch verstärkt oder aber auch von einem vergrößerten Angebot aufgefangen, wenn nicht gar in einen Preisfall umgewandelt werden. Die möglichen Kombinationen gleichzeitiger Angebots- und Nachfrageänderungen können hier leider nicht im einzelnen weiterbehandelt werden, weil noch andere wichtige Lehrstücke der Volkswirtschaft auf uns warten. Mit Hilfe des bereits zur Verfügung stehenden Instrumentariums — der Möglichkeit graphischer Darstellung — sollte es dem Leser möglich sein, die vier denkbaren Kombinationen von Angebots- und Nachfrageänderungen auf graphische Weise zu behandeln, nämlich

a) die Zunahme der Nachfrage bei gleichzeitiger Zunahme des Angebots,
b) die Zunahme der Nachfrage bei gleichzeitigem Rückgang des Angebots,
c) die Abnahme der Nachfrage bei gleichzeitiger Zunahme des Angebots,
d) die Abnahme der Nachfrage bei gleichzeitigem Rückgang des Angebots.

Der Leser achte dabei vor allem auf die sich ergebenden Änderungen der Preise und Mengen, wobei es Fälle mit eindeutigen, in jedem Falle eintretenden Preis- und Mengenbewegungen und Fälle mit unbestimmten Preis- und Mengenwirkungen gibt, d. h. Fälle, bei denen es vom Ausmaß der Erhöhung oder Minderung der Nachfrage oder des Angebots abhängt, ob der Preis zunimmt, gleich bleibt oder abnimmt und ebenso ob die Menge zunimmt, gleich bleibt oder abnimmt.

Wir wollen noch einmal die wichtigsten Wirkungen einer isolierten Änderung des Angebots oder der Nachfrage auf den Preis und die Menge betrachten und dabei zugleich die bisher angestellten Überlegungen zusammenfassen. Unsere theoretische Behandlung der Angebots- und Nachfrageänderungen hat zu den folgenden Ergebnissen geführt:

1. Unter den Bedingungen vollkommener Konkurrenz können die Preise nur steigen, wenn das Angebot abnimmt oder wenn die Nachfrage steigt oder wenn beide Ursachen zusammenwirken.
2. Ebenso ist ein Rückgang der Preise nur möglich, wenn das Angebot zunimmt oder die Nachfrage zurückgeht oder wenn beide Ursachen zusammentreffen.
3. Bei einer Änderung des Angebots bewegen sich die Preise und Mengen in entgegengesetzter Richtung, d. h., wenn das Angebot abnimmt, steigt der Preis und die Menge vermindert sich; wenn das Angebot zunimmt, fällt der Preis und die Menge nimmt zu.
4. Bei einer Änderung der Nachfrage bewegen sich die Preise und Mengen jeweils in gleicher Richtung, d. h., wenn die Nachfrage zunimmt, erhöhen sich Preise und Mengen, wenn die Nachfrage abnimmt, verringern sich Preise und Mengen.

Bei diesen Aussagen muß allerdings beachtet werden, daß sie nur unter den Voraussetzungen der vollkommenen Konkurrenz gelten. Auf einem monopolistischen Markt könnten sich die Preise auch unter anderen Bedingungen und mit anderen Konsequenzen bilden als in der hier beschriebenen Weise. Gleichwohl können unsere theoretischen Ergebnisse in vielen Fällen die Ereignisse der wirtschaftlichen Wirklichkeit erklären. Beispielsweise kann es nicht schwerfallen zu erkennen, warum bei einer Preissteigerung von den beiden möglichen Ursachen — Zunahme der Nachfrage und Rückgang des Angebots — ein Rückgang des Angebots sowohl für die Anbieter als auch für die Nachfrager im allgemeinen mit unangenehmeren Folgen verbunden sein wird als eine zunehmende Nachfrage. Bei gestiegener Nachfrage wird der höhere Preis wenigstens durch eine größere Menge entgolten, während er im Falle eines geringeren Angebots auch noch mit einer kleineren Menge in Kauf genommen werden muß. Aufgrund der gleichen Überlegungen wird eine Preissenkung, verursacht durch einen Rückgang der Nachfrage, für eine Volkswirtschaft im allgemeinen weniger wünschenswert sein als ein gleich großer Rückgang der Preise infolge steigenden Angebots. Das steigende Angebot erhöht die abgesetzte Menge, die zurückgegangene Nachfrage verringert sie. Unsere Erklärung läßt sich leicht anhand der folgenden Matrix (vgl. Tabelle 2) oder der Figuren 4 a und 4 b kontrollieren.

Tabelle 2

Wirkung von isolierten Änderungen des Angebots und der Nachfrage auf Preise und Mengen.

Ursache / Wirkung	Preis	Menge
Angebot nimmt zu	Abnahme	Zunahme
Angebot nimmt ab	Zunahme	Abnahme
Nachfrage nimmt zu	Zunahme	Zunahme
Nachfrage nimmt ab	Abnahme	Abnahme

Höchstpreise, Mindestpreise und Festpreise
Bei den zuvor angestellten Überlegungen sind wir davon ausgegangen, daß sich die Nachfrage oder das Angebot ändert, und wir haben nach den sich daraus ergebenden Wirkungen auf die Preise und Mengen gefragt. Es ist indessen nicht weniger berechtigt und im Hinblick auf die wirtschaftspolitische Wirklichkeit nicht weniger sinnvoll, danach zu fragen, was geschieht, wenn Angebot und Nachfrage gleich bleiben, aber vom Gleichgewichtspreis abgewichen wird. Jeder Staat oder jede Wirtschaftsgesellschaft, auch wenn sie am Grundsatz einer marktwirtschaftlichen Ordnung festhält, kann nämlich unter Umständen und aus Gründen, über die noch zu sprechen sein wird, gezwungen sein, die Gesetzmäßigkeiten des Marktes ganz oder zum Teil außer Kraft zu setzen und andere Regeln für den Austausch und die Verteilung der Güter anzuwenden, als der Markt sie verlangt und erzeugt.

In jenem Teil der Darstellung, der von der Wirtschaftsordnung handelte (vgl. Abschnitt III, C), haben wir bereits die beiden grundsätzlich möglichen Wirtschaftssysteme kennengelernt, nämlich die freie Verkehrswirtschaft einerseits und die zentralgeleitete Wirtschaft andererseits. In einer Verkehrswirtschaft werden die drei Grundprobleme jeder Wirtschaftsgesellschaft — die Bestimmung des Produktionsziels, die Anordnung der Produktionsfaktoren und die Verteilung der Güter — bekanntlich über den Markt mit Hilfe der sich dort einstellenden Preise geregelt. Setzt dagegen eine Planbehörde oder der Staat das Produktionsziel fest oder bestimmt er unmittelbar über die Verteilung der Güter, so wird er die Preise nicht sich selbst überlassen können, sondern sie nach seinen Plänen und Zielen vorschreiben. Da in der Wirklichkeit keines der beiden Systeme in einer reinen Form besteht und da auch die Marktwirtschaft gewisse Korrekturen verlangt, muß auch dieses System gelegentlich oder sogar häufiger auf Maßnahmen zurückgreifen, die nicht marktwirtschaftlicher Natur sind, sondern aus dem Zeughaus der Zentralverwaltungswirtschaft stammen. Dazu können u. a. auch staatlich festgesetzte Preise gehören.

Es erweist sich daher als notwendig, zwei grundsätzlich voneinander verschiedene Arten von Preisen zu unterscheiden, nämlich freie Preise oder Marktpreise einerseits und gebundene oder staatlich bzw. gesetzlich festgelegte Preise andererseits. Von einem *freien Preis* oder Marktpreis sprechen wir, solange er ausschließlich das Produkt des Marktprozesses, d. h. allein das Ergebnis von Angebot und Nachfrage ist. Als *gebundenen Preis* bezeichnet man dagegen jeden vom Gesetzgeber oder von einer Behörde festgelegten Preis oder jede Festlegung von Preisgrenzen in der Absicht, die Wirkungen des Marktes zu korrigieren. Derartige Preisgrenzen können als Preisobergrenzen wie auch als Preisuntergrenzen festgelegt werden. Handelt es sich um eine Begrenzung nach oben, um eine Preisobergrenze, so spricht man von einem *Höchstpreis*, während eine Begrenzung nach unten, eine Preisuntergrenze, den *Mindestpreis* charakterisiert, der als Preisgarantie eine besondere Rolle spielen kann.

Überlegen wir, welche Absichten den Staat veranlassen können, gebundene Preise einzuführen, so wird man wahrscheinlich zuerst an die Inflationsbekämpfung denken. Wenn z. B. in einer Volkswirtschaft alle Preise nach oben in Bewegung geraten, glauben viele Menschen, daß es an der Zeit sei, die

Preise auf einem bestimmten Niveau festzuhalten und einen *Preisstopp* für bestimmte Waren oder Leistungen einzuführen oder auch, wenn sämtliche Preise festgehalten werden sollen, einen allgemeinen Preisstopp zu verwirklichen. Ein Preisstopp kann jedoch zweierlei bedeuten. Es kann z. B. gestattet sein, auch zu niedrigeren als den durch den Preisstopp begrenzten Preisen zu verkaufen oder zu kaufen. In diesem Falle möchte der Gesetzgeber nur verhindern, daß die in den Preisstopp einbezogenen Güter teurer werden können. Dann würde der Staat Höchstpreise festsetzen, über die hinaus die Preise für die einzelnen Güter nicht steigen dürfen. Will der Staat dagegen überhaupt keine Abweichungen vom Stopp-Preis zulassen, so spricht man von *Festpreisen* (Fixpreisen). Ein Preisstopp in einer Zeit allgemein steigender Preise kann also sowohl durch das strenge und starre System der Festpreise als auch durch Höchstpreise verwirklicht werden.

Welche Folgen können sich bei einem System von Höchstpreisen oder bei einem Preisstopp einstellen? Offenbar hat es nur Sinn, die Preise nach oben zu begrenzen, wenn sie unterhalb des Standes bleiben sollen, den sie wahrscheinlich sonst erreichen würden oder bereits erreicht haben. Die Marktpreise liegen daher in derartigen Situationen stets über den Stopp- oder Höchstpreisen. Ein Preisstopp kann deshalb zugleich als ein Zustand bezeichnet werden, bei welchem die Preise unterhalb des Gleichgewichtspreises festgehalten werden. Wir haben bereits anhand eines Beispiels und anhand der graphischen Darstellung in Figur 3 überlegt, welche Folgen sich einstellen, wenn der Preis einmal unter dem Gleichgewichtspreis liegt.

Zweckmäßigerweise machen wir uns den Zusammenhang wieder mit Hilfe eines Preis-Mengen-Diagramms klar. Wir zeichnen eine typische Angebots- und ebenso eine typische Nachfragekurve in ein Koordinatensystem ein und bestimmen die Achsenabschnitte des Gleichgewichtspunktes auf der senkrechten Preisachse bei P_0 und auf der waagerechten Mengenachse bei M_0 (vgl. Figur 5 a). Der Preis sei indessen unterhalb des Preises OP_0, sagen wir: bei OP_h, gesetzlich festgelegt worden. Bei diesem Höchstpreis OP_h wurde die Angebotskurve in B, die Nachfragekurve in C geschnitten. Wenn wir die Punkte B und C auf die Mengenachse übertragen und dem Schnittpunkt B den Punkt M_b und dem Schnittpunkt C den Punkt M_c zu-

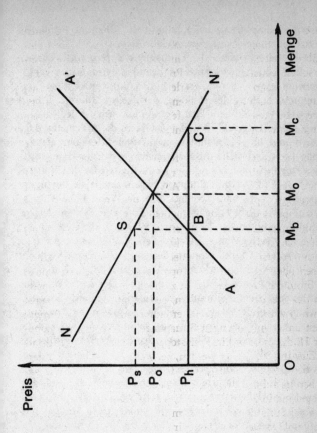

Figur 5 a

ordnen, so ergibt sich beim Stopp-Preis OP_h eine nicht zum Zuge gekommene Nachfrage in Höhe $M_b M_c$.

Jeder Preisstopp oder jeder Höchstpreis, sofern er sich unterhalb des Gleichgewichtspreises befindet, wird also zwangsläufig zu einer Übernachfrage und damit zunächst zu Verknappungen und Lieferungsschwierigkeiten führen. Dauert dieser Zustand längere Zeit, so werden sich schließlich diejenigen Nachfrager nicht mehr gedulden, die nicht zum Zuge kamen und unter Umständen wahrscheinlich mehr als den Stopp-Preis und vielleicht sogar mehr als den Gleichgewichtspreis zu zahlen bereit sind. Sie werden entweder den Verkäufern besondere Vergünstigungen bieten, damit sie bevorzugt beliefert werden, oder aber auf illegale Weise höhere Preise bieten. Diese Erfahrungen mußten fast alle der am letzten Kriege beteiligten Länder machen. Wer z. B. die Zeit um die Mitte der vierziger Jahre in Deutschland erlebt hat, wird sich an den Schwarzen Markt erinnern, dessen Preise wesentlich höher als die alten Gleichgewichtspreise lagen, also höher als in unserem Falle der Preis OP_o (vgl. Figur 5 a). Der Leser versuche, sich anhand einer Zeichnung zu erklären, wie sich Schwarzmarktpreise bilden, d. h. auf welche Weise sich die Angebotskurve oberhalb des Höchstpreises verändert und warum der Schwarzmarktpreis den Gleichgewichtspreis meistens erheblich übertrifft.

Bei Stopp-Preisen und Übernachfrage wird allerdings der Staat in der Regel nicht untätig bleiben, sondern versuchen, mit dem Problem der Übernachfrage fertig zu werden. Es gibt, wenn man die Preise nicht freigeben will, sondern den Mangel einigermaßen gerecht oder gleichmäßig verteilen möchte, nur zwei Möglichkeiten, den Folgen der Übernachfrage oder der Knappheit zu begegnen, nämlich durch ein Prioritätssystem oder durch Rationierung. Beim *Prioritätssystem* wird nach irgendwelchen Regeln eine Reihenfolge festgelegt, in der die Nachfrager zum Zuge kommen. Eine sehr einfache Art der Priorität läßt sich z. B. nach der Reihenfolge der Anmeldungen, also nach dem Prinzip ›Wer zuerst kommt, mahlt zuerst‹ festlegen. Man kann diese Ordnung auch als das System des Schlangestehens charakterisieren. Wir kennen diese Erscheinung, die bekanntlich in London an den Omnibushaltestellen recht alltäglich ist, auch bei uns, wenn es beispielsweise zu einem bestimmten Preis nicht genügend Eintrittskarten für ein Konzert oder für eine Opernaufführung gibt. Wahrscheinlich werden sich die meisten unter uns aber auch daran erinnern, daß der Mietstopp, der zu einer ziemlich großen Übernachfrage nach billigen Wohnungen geführt hat, auf eine ganz ähnliche Weise reguliert wurde, indem sich die Wohnungssuchenden in eine Warteliste eintragen lassen mußten. Dabei wurden aber auch die persönlichen Umstände, etwa die Kinderzahl, die vorherige Unterbringung und anderes mehr, berücksichtigt und auf diese Weise ein etwas komplizierteres Prioritätssystem verwirklicht als beim Schlangestehen.

Die zweite Möglichkeit, die *Rationierung*, kann nur dann angewendet werden, wenn es sich um leicht teilbare Güter handelt, die sich nach Zahl, Maß oder Gewicht unterteilen lassen. Wiederum werden sich die Älteren unter uns daran erinnern, daß im Kriege in fast allen europäischen Ländern die Nachfrage nach Lebensmitteln, z. B. nach Mehl, Zucker, Fett, Fleisch, Kartoffeln usf., rationiert war. Jeder einzelne Bürger konnte seine Nachfrage nur in einem gesetzlich begrenzten Umfange ausüben und erhielt nur ein bestimmtes Quantum jener Waren. Die Übernachfrage führte in diesen Fällen nicht dazu, daß von den Nachfragern nur einzelne befriedigt wurden, während die übrigen leer ausgingen, sondern daß alle zum Zuge kamen. Dafür konnten sie jedoch ihre Nachfrage jeweils nur in einem vorbestimmten Umfange ausüben.

Unsere einfachen preistheoretischen Überlegungen haben uns die Einsicht verschafft, daß durch Höchstpreise oder einen Preisstopp zwar die Güter verbilligt werden können, daß diese Verbilligung aber zwangsläufig zu Knappheiten führen muß und, wenn sie länger dauert, schließlich in ein System der Bewirtschaftung einmünden wird. Wer die Inflation durch einen allgemeinen Preis- und Lohnstopp bekämpfen möchte, der sollte sich wenigstens diese unumgänglichen Folgen vor Augen halten. Nur ein freier Preis vermag auf die Dauer Angebot und Nachfrage miteinander in Übereinstimmung zu bringen.

Bisher behandelten wir Abweichungen vom Gleichgewichtspreis nach unten, nämlich Höchstpreise oder Stopp-Preise und Festpreise. Auch behördlich angeordnete Abweichungen nach oben sind keine Seltenheit. Wir kennen derartige Regelungen als Preisgarantien für bestimmte Produkte, z. B. in der Land-

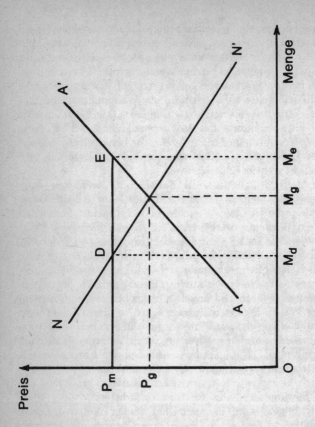

Figur 5 b

wirtschaft oder auch auf dem Arbeitsmarkt für die Löhne. Allerdings überbietet bei uns der Markt in der Regel die verbindlichen Mindestlohnsätze, so daß es sich hier nicht mehr um eine wirksame Bindung des Preises oberhalb des Gleichgewichtspreises handelt. Wenn dagegen der Preis tatsächlich oberhalb des Gleichgewichts festgesetzt wird, so muß sich ein Überangebot einstellen, wie wir anhand eines einfachen Preis-Mengen-Diagramms wiederum leicht erkennen können (vgl. Figur 5 b). Die Nachfrage kann dann jeweils nur einen Teil der zum Mindestpreis auf dem Markt erscheinenden Menge aufnehmen. Die nicht absetzbaren Mengen erhöhen zunächst die Lagerbestände der Erzeuger. Diese Gesetzmäßigkeit des Marktes begegnet uns in der Gegenwart in einer recht drastischen Weise durch die Preisstützung für Kohle. Wachsende Haldenbestände waren und sind weiterhin die notwendige Folge eines künstlich hochgehaltenen Preises. Auch auf dem Gebiet der landwirtschaftlichen Erzeugung kennen wir diese Erscheinung. Hier erwirbt allerdings z. T. auch der Staat die jeweils nicht absetzbaren Mengen und bietet sie später wieder an, wenn sich der Marktpreis dem Mindestpreis nähert oder ihn gar übertrifft. Regelungen dieser Art kennen wir u. a. für Getreide, Zuckerrüben, Rindfleisch. Recht bekannt und bedeutsam wurde diese Art der Agrarpreisstützung, verbunden mit der Verpflichtung des Staates, die nicht absetzbaren Mengen aufzukaufen und einzulagern, für die USA. Die Stützung des Weizenpreises hat dort zu riesigen Vorräten an Getreide geführt.
Wiederum müssen wir erkennen, daß durch eine Preisgarantie, wenn sie die Preise auf einem Niveau über dem Marktpreis stabilisieren will, der Markt nicht wirklich stabilisiert werden kann, sondern in einem Zustand dauernden Ungleichgewichts gehalten wird mit dem Ergebnis, daß sich entweder die Lager der Produzenten oder des Handels in einem schließlich nicht mehr durchzuhaltenden Ausmaß erhöhen oder daß der Staat einspringen und die nicht benötigten Vorräte aufkaufen muß.

Schwarzmarktpreise
Im vorigen Abschnitt (s. S. 126) wurde der Leser dazu aufgefordert, sich anhand eines Preis-Mengen-Diagramms zu erklären, wie sich die Schwarzmarktpreise bilden und warum sie meistens wesentlich höher liegen als ein freier Preis. Wir schulden

nun eine kurze Erklärung dazu. Zweckmäßigerweise benutzen wir dafür wieder die Figur 5 a, mit deren Hilfe die Folgen von Stopp-Preisen oder Höchstpreisen erklärt worden sind. Bei der dort dargestellten Angebots- und Nachfragesituation soll der Preis bedingungsgemäß unterhalb des Gleichgewichtspreises festgehalten sein. Anstelle des Gleichgewichtspreises, der durch den Schnittpunkt der Angebots- und Nachfragekurve auf der Preisachse im Punkte P_o in Höhe von OP_o zustande gekommen wäre, wird ein niedrigerer Preis beim Punkt P_h in Höhe von OP_h durch die Preisbehörde angeordnet. Die Angebotsmenge geht dadurch von OM_o ouf OM_b zurück.

Da die Preisbehörde darüber wacht, daß ihre Vorschriften eingehalten werden, und da sie Verstöße dagegen mit Strafen belegt, werden viele Anbieter nicht bereit sein, das Risiko der Bestrafung einzugehen. Aus diesem Grunde wird es nicht zu einem Angebot kommen, das über die Menge OM_b hinausreicht. Wenn jedoch ein Anbieter das Risiko der Bestrafung eingeht, so ist er aufgrund der Marktsituation in der Lage, einen Preis zu fordern, der weit über dem Gleichgewichtspreis liegt, wie Figur 5 a erkennen läßt. Wir können daraus entnehmen, daß z. B. jeder Preis möglich erscheint, dem auf der Nachfragekurve Mengen zwischen den Punkten O und M_b zugeordnet sind, sofern die Nachfrager bei den bestehenden Risiken diesen Preis zu zahlen bereit sind. Beispielsweise könnte die gesamte Angebotsmenge OM_b auch zu dem Preise OP_s abgesetzt werden, der dem senkrecht oberhalb des Punktes M_b auf der Nachfragekurve liegenden Punkt S entspricht. Wenn es möglich ist, die gesamte Menge OM_b zu einem über dem Gleichgewichtsniveau liegenden Preise OP_s abzusetzen, muß für die vergleichsweise wesentlich kleinere Menge eines illegalen Angebots ein noch wesentlich höherer Preis erzielt werden können.

Der Tatsache, daß Schwarzmarktpreise im allgemeinen weit über den sich an einem freien Markte bildenden Gleichgewichtspreisen liegen, können wir noch eine wichtige Folgerung hinzufügen, die sich wiederum aus der Figur 5 a ablesen läßt. Wenn der Staat auf irgendeinem Gebiet die Preise für längere Zeit und in fühlbarer Weise unter dem Gleichgewichtsniveau festhält und sich infolgedessen ein schwarzer Markt bildet, wird eine Freigabe der Preise zwar zu einem allgemeinen Preisanstieg führen, aber auch die Schwarzmarktpreise beseitigen. Meistens liegen die sich frei nach Angebot und Nachfrage bildenden Preise, wie sich aus unseren Überlegungen ergibt, viel weiter unterhalb des Niveaus der früheren Schwarzmarktpreise als oberhalb der Stopp-Preise. Die Freigabe der Preise nach der Währungsreform des Jahres 1948 oder die seit drei Jahren im Gange befindliche Aufhebung des Mietstopps hat bekanntlich zu weit weniger beängstigenden Preiserhöhungen geführt, als aufgrund der Schwarzmarktpreise zu befürchten gewesen wäre.

C. Das Mass für die Preis-Mengen-Beziehungen: die Elastizität

Kurz-, mittel- und langfristige Angebots- und Nachfragekurven

Bisher haben wir uns damit begnügt, die Höhe des Gleichgewichtspreises und Abweichungen vom Gleichgewicht nach oben oder nach unten zu erkennen und die Richtungen der davon ausgelösten Mengenänderung zu beobachten. Den Nationalökonomen interessiert jedoch nicht nur die Richtung der Veränderung, sondern vor allem auch das Ausmaß und damit der Zusammenhang zwischen Preisänderungen einerseits und Mengenänderungen andererseits.

Zweckmäßigerweise benutzen wir zunächst wieder ein alltägliches Beispiel, um uns das Problem klarzumachen. Wenn auf einem Markte, sagen wir auf einem Wochenmarkt, die Nachfrage nach Blumenkohl gegenüber dem vorigen Markttage zurückgegangen ist, werden die Anbieter, sobald sie merken, daß sie im Hinblick auf den erzielbaren Preis zu viel Ware mitgebracht haben, vor der Überlegung stehen, ob sie den Preis senken sollen, um ihre Waren loszuwerden. Die Situation entspricht ungefähr der in Figur 4b durch die Nachfrageverschiebung von NN' nach N_2N_2' dargestellten Änderung. Wahrscheinlich wird irgendeiner der Anbieter den Anfang machen und den Preis herabsetzen. Die übrigen Anbieter werden dadurch gezwungen, entweder seinem Beispiel zu folgen oder aber an diesem Markttage auf ihrer Ware sitzenzubleiben und sie wieder mit nach Hause nehmen zu müssen. In der Regel entschließt sich eine ganze Reihe der Anbieter dazu, ebenfalls zu einem niedrigeren Preise loszuschlagen, um nicht den größten Teil ihres Angebots wieder abtransportieren und einlagern zu müssen. Die Hausfrauen werden entdecken, daß an diesem Markttage Blumenkohl besonders billig ist, und viele von ihnen werden deshalb ihre Haushaltspläne ändern und Blumenkohl anstatt, wie vielleicht ursprünglich beabsichtigt, Bohnen kaufen. Bei einem zwar verringerten Preise wird deshalb die abgesetzte Menge nicht merklich zurückgehen.

Einige Anbieter werden sich aber auf den nächsten Markttag vertrösten und lieber einen größeren Teil ihrer Waren mit nach Hause nehmen in der Hoffnung, sie am folgenden Markttage besser verkaufen zu können. Wenn sich jedoch ihre Hoffnung nicht erfüllt, müssen auch sie wohl oder übel zu niedrigeren Preisen anbieten, weil der Blumenkohl sonst verdirbt und überhaupt nicht mehr verkauft werden kann. Durch die Erfahrungen des vorausgegangenen schlechten Markttages gewitzt, werden sie außerdem kaum neugeernteten Blumenkohl mit auf den Markt bringen. Das Angebot wird sich daher am zweiten Markttage verringern, und die Marktlage ähnelt dadurch der in Figur 4a dargestellten Änderung des Angebots von AA' nach A_1A_1', die auf die bereits am Vortage verringerte Nachfrage trifft. Bei ungefähr gleichem Preis wie am vorausgegangenen Markttage würde also eine kleinere Menge als zuvor abgesetzt. Bessern sich die Zeiten für die Anbieter auch über Wochen und Monate hin nicht, so wird schließlich der Anbau im nächsten Jahr eingeschränkt und das Angebot dadurch weiter verringert.

Der hier geschilderte Zusammenhang läßt sich in einer grundsätzlicheren Weise, nämlich wiederum anhand einer graphischen Darstellung behandeln. Wir erkennen dabei rascher und deutlicher die für unsere Überlegungen wichtig erscheinenden Beziehungen zwischen Preisen und Mengen. Es kommt uns vor allem darauf an, die Änderungen des Angebots an den ersten beiden und den folgenden Markttagen darzustellen.

Wir sagten, daß am ersten Tage die meisten der Anbieter ihre Ware loswerden möchten, auch wenn der Preis weiterhin niedrig bleibt. Infolgedessen muß die Angebotskurve verhältnismäßig steil verlaufen, denn bei einem Preisfall geht die angebotene und abgesetzte Menge nur wenig zurück. Umgekehrt würde bei einer Preiserhöhung die Angebotsmenge nicht viel

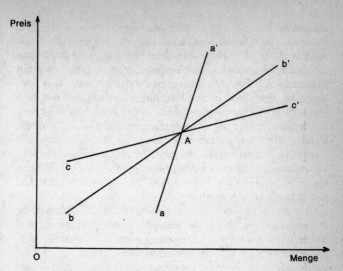

Figur 6a

zunehmen können, weil die auf dem Markte vorhandenen Anbieter an einem Markttage innerhalb von einigen Stunden die Angebotsmengen kaum vermehren können. Dieser Zusammenhang läßt sich verallgemeinern, denn auf den meisten Märkten kann die Angebotsmenge innerhalb eines Tages oder innerhalb eines verhältnismäßig kurzen Zeitraumes meistens nur in engen Grenzen schwanken. Trotz unterschiedlich hoher Preise kann daher die Angebotsmenge nicht viel variieren. Daraus folgt, daß die für eine kurze Zeit geltende Kurve des Angebots in einem Preis-Mengen-Diagramm verhältnismäßig steil von links unten nach rechts oben verläuft. Wir bezeichnen diesen Sachverhalt als das *kurzfristige Angebot* (vgl. die Angebotskurve aa' in Figur 6 a).

Aus unserem Beispiel ergab sich ferner, daß die Anbieter die Angebotsmengen den jeweiligen Marktverhältnissen in größerem Umfange anpassen können, je mehr Zeit ihnen zur Verfügung steht, um sich darauf einzurichten. Schon am zweiten Markttage war die Angebotsmenge nach dem Preisfall des Vortages verringert worden, indem die Ernte und die Anlieferung neuer Ware vielfach zurückgestellt wurde. Zu einem niedrigeren Preise wurden daher jeweils kleinere Mengen als zuvor auf den Markt gebracht. Umgekehrt wäre es bei einer Preiserhöhung gewesen. Die Lieferanten hätten sich beeilt, bei höheren Preisen einen größeren Teil ihrer Ernte auf den Markt zu bringen, um dadurch die Gunst der Marktlage zu nutzen und das Angebot zu erhöhen. Bei einer etwas längeren Anpassungszeit kann deshalb die Angebotsmenge empfindlicher auf die Preise reagieren als innerhalb einer kurzen Frist. Die Kurve für das *mittelfristige Angebot* verläuft daher nicht so steil wie die kurzfristige Angebotskurve (in Figur 6 a entspricht die mittelfristige Angebotskurve der Linie bb').

Dehnt man den Zeitraum der Betrachtung noch mehr aus und legt man ihm etwa die Dauer eines Jahres zugrunde, so würden in unserem Beispiel niedrigere Preise mit einem noch größeren Rückgang des Angebots, nämlich mit einer Verminderung des Anbaus beantwortet werden. Die Angebotsmengen auf dem Markte würden daher noch weiter zurückgehen. Bei einer Preiserhöhung hätte dagegen die Anbaufläche ausgedehnt und die Bodenbearbeitung und Pflege des Gemüses noch intensiviert werden können. Infolgedessen wird das *langfristige Angebot*

gegenüber den Preisen noch reagibler sein als das mittelfristige Angebot, d. h. die Kurve wird noch weniger steil bzw. bereits recht flach verlaufen (vgl. die Kurve cc' in Figur 6 a).
Selbstverständlich kann es sich bei diesen Zusammenhängen um nicht mehr als eine Tendenz handeln, die wir im Regelfalle auf einem Markte antreffen und für dessen kurz-, mittel- und langfristiges Angebot konstatieren können. Bei den einzelnen Gütern werden die abgeleiteten Regelmäßigkeiten in unterschiedlicher Intensität auftreten. Beispielsweise müssen verderbliche Produkte rascher abgesetzt werden als andere Güter. Sie weisen daher bei einem kurzfristigen Angebot einen viel steileren Verlauf auf und sind insofern weit größeren Preisstürzen ausgesetzt als dauerhaftere Güter. Eine große Ernte an Kirschen, Pflaumen oder Erdbeeren setzt z. B. diese Erzeugnisse, trotz der ausgleichend wirkenden Einkaufspolitik der Konservenindustrie, im allgemeinen einem viel mächtigeren Preisdruck aus, als das bei den mehr lager- oder stapelfähigen Produkten, z. B. beim Wein oder beim Getreide oder auch schon bei Kartoffeln oder Äpfeln, der Fall ist.
Diese Überlegungen zur Reagibilität von Preisen und Mengen bei kurz-, mittel- und langfristiger Reaktion gelten jedoch keineswegs nur für landwirtschaftliche Produkte, sondern häufig auch für andere Güter, insbesondere für industrielle und handwerkliche Erzeugnisse. Allerdings kann es durchaus auch umgekehrt sein. Beispielsweise werden bei einem plötzlichen Nachfragestoß viele Geschäftsleute zunächst noch zu den gewohnten Preisen verkaufen und erst dann, wenn die Lagerbestände zur Neige gehen, die Preise erhöhen. In diesem Falle würde die kurzfristige Angebotskurve flacher und das mittel- oder langfristige Angebot vergleichsweise steiler verlaufen.
Für die Nachfrage dagegen gilt fast ausschließlich der zuerst geschilderte Zusammenhang, d. h. bei kurzfristiger Betrachtung verläuft die Nachfragekurve in der Regel steiler als bei mittel- oder gar bei langfristiger Betrachtung. Wenn die Hausfrau am Samstag mittag entdeckt, daß sie beim Einkauf ein ihr wichtig erscheinendes Gut vergessen hat, z. B. Brot für die nächsten zwei Tage oder Mehl für den Sonntagskuchen, wird sie wahrscheinlich bereit sein, etwas mehr als sonst dafür anzulegen, und vielleicht noch rasch in den am nächsten gelegenen Laden eilen, den sie sonst meidet, weil er ihr zu teuer

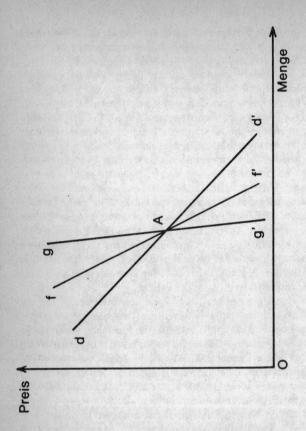

Figur 6b

ist. Wenn sie dagegen auf etwas längere Sicht planen kann und mehr Zeit für ihre Einkäufe hat, spielen die Preise eine wichtigere Rolle als am Samstag mittag vor Ladenschluß.
Je mehr Zeit den Konsumenten oder den Nachfragern zur Verfügung steht, um den Einkauf einer bestimmten Ware zu planen, desto preisempfindlicher werden sie im allgemeinen sein. Die kurzfristige Nachfragekurve, die steil von links nach rechts fallend verläuft (vgl. in Figur 6 b die Linie gg'), beschreibt also eine verhältnismäßig unempfindliche, starre Nachfrage, bei der eine bestimmte, als erforderlich erachtete Menge dominiert, auf die der Preis keinen großen Einfluß ausübt. Handelt es sich dagegen um eine etwas längere Zeit der Planung für die Bedarfsdeckung, so beginnen die Preise eine wichtigere Rolle zu spielen. Je länger die zur Verfügung stehende Periode der Planung für Bedarfsdeckung und Einkauf währt, desto aufmerksamer werden Preisunterschiede beachtet und mit entsprechenden Mengenreaktionen beantwortet (vgl. die mittel- und langfristigen Nachfragekurven ff' und dd' in Figur 6 b).

Die Elastizität
Bei unseren Überlegungen ergab sich, daß bei steil verlaufenden Angebots- oder Nachfragekurven schon kleine Mengenänderungen erhebliche Preisänderungen verursachen. Eine verhältnismäßig flacher liegende Angebots- oder Nachfragekurve verbindet dagegen größere Mengenbewegungen mit verhältnismäßig geringen Änderungen des Preises. Um die Abhängigkeit zwischen Preis- und Mengenänderungen für eine Nachfragekurve oder eine Angebotskurve messen zu können, hat der englische Nationalökonom *Alfred Marshall*[24] den Begriff und das Maß der Elastizität eingeführt. Mit Hilfe des von ihm entwickelten Maßes der Elastizität läßt sich ausdrücken, wie groß die von einer Preisänderung ausgelöste Mengenänderung ist. Allerdings konnten dabei nicht die absoluten Änderungen der Mengen und Preise miteinander in Beziehung gesetzt werden, weil eine derartige Relation nicht viel aussagen kann über die Preis- und Mengenempfindlichkeit von Angebot und Nachfrage. Beispielsweise würde es nicht viel besagen, wenn man erfährt, daß die Erhöhung des Preises um eine Mark je Flasche für eine bestimmte Sektmarke zu einem Mengenrückgang um 100 Flaschen geführt hat. Die absoluten Veränderungen be-

sagen nicht viel, wenn man nicht weiß, welche relative Bedeutung sie besitzen, mit anderen Worten, man muß wissen, ob der Ausgangspreis hoch oder niedrig gewesen ist, ob er etwa bei 15, 10 oder 5 Mark stand, und ob der Mengenrückgang verhältnismäßig groß oder klein war, d.h., ob z.B. der Absatz zuvor bei 1000, 10 000, 100 000 oder bei einer Million Flaschen lag.

Marshall hat daher nicht die absoluten, sondern die relativen Veränderungen von Mengen und Preisen miteinander in Beziehung gesetzt. Die von ihm entwickelte Formel für die Messung der *Elastizität* e kann daher

$$e = \frac{\text{relative Mengenänderung}}{\text{relative Preisänderung}}$$

geschrieben werden. Bezeichnen wir die Ausgangsmenge mit m und die Mengenänderung mit dm und entsprechend den Ausgangspreis mit p und die Preisänderung mit dp, so können wir die Formel auch durch

$$e = \frac{dm}{m} : \frac{dp}{p}$$

ausdrücken oder sie in die übliche Schreibweise

$$e = \frac{dm}{dp} \cdot \frac{p}{m}$$

umformen.

Der Inhalt der Formel läßt sich annäherungsweise auch als die prozentuale Änderung jener Menge ausdrücken, die von einer einprozentigen Änderung des Preises ausgelöst wird.[25] Wenn z. B. die Angebotselastizität für eine Ware 1,5 beträgt, so muß die angebotene Menge um 1,5 Prozent zunehmen (abnehmen), wenn der Preis dieser Ware um 1 Prozent steigt (fällt). Die Elastizität der Nachfrage ist dagegen im Regelfalle negativ, weil dabei eine Zunahme des Preises mit einer Abnahme der Nachfrage oder ein Rückgang des Preises mit einer Steigerung der Nachfrage verbunden ist. Es ist jedoch üblich, für die Nachfrageelastizität das Minuszeichen wegzulassen und nur die absolute Zahl zu nennen. Wir werden daher im folgenden jeweils nur die absoluten Werte, d. h. nicht das Vorzeichen plus oder minus benutzen. Beispielsweise würde eine Nachfrageelastizität in Höhe von 0,8 bedeuten, daß bei einer Preissteigerung (Preissenkung) um 1 Prozent die nachgefragte Menge um 0,8 Prozent zurückgeht (zunimmt).

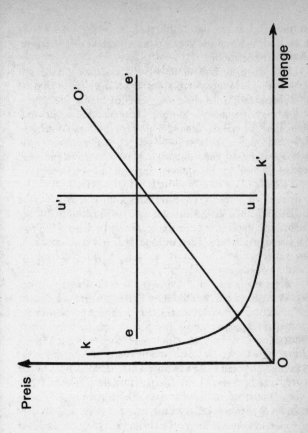

Figur 6c

Die numerischen Werte der Elastizität können theoretisch zwischen Null und Unendlich liegen. Man unterteilt diese Spanne in folgende fünf Bereiche:

a) Den Bereich vollständiger oder vollkommener Elastizität. Der numerische Wert der Elastizität beläuft sich in diesem Falle auf unendlich, d. h. eine unendlich kleine Preisänderung würde eine unendlich große Mengenänderung hervorrufen. Eine unendlich elastische Nachfrage- oder Angebotskurve muß daher in einem Preis-Mengen-Diagramm vollständig horizontal verlaufen, d. h. bei einem unveränderten Preis große und kleine Mengen zugleich aufweisen (vgl. in Figur 6c die Linie ee'). Innerhalb eines begrenzten Bereichs ist dieser Fall keineswegs so unrealistisch, wie es vielleicht zunächst scheinen mag, denn wir sind es gewohnt, daß z. B. eine bestimmte Zigarettensorte bei einem bestehenden Preis in nahezu jeder beliebigen Menge bezogen werden kann. Das Angebot aller Markenartikel ist innerhalb eines weiten Bereichs vollständig elastisch.

b) Den Bereich elastischer Nachfrage oder elastischen Angebots. Wir bezeichnen damit einen Bereich, innerhalb dessen eine prozentuale Preisänderung eine mehr als proportionale Mengenänderung verursacht, wo also beispielsweise eine Preisänderung um 1 v. H. eine Mengenänderung um mehr als 1 v. H. bewirkt. Der numerische Wert für eine elastische Nachfrage oder ein elastisches Angebot ist also stets höher als eins und liegt jeweils zwischen den Werten Eins und Unendlich. Meistens treffen diese Elastizitätswerte für die in einem Preis-Mengen-Diagramm flach nach oben (unten) verlaufenden Angebotskurven (Nachfragekurven) zu, und wir können daher sagen, daß es sich meistens bei langfristigen Angebots- oder Nachfragekurven, z. B. bei der Kurve cc' in Figur 6a und dd' in Figur 6b, um eine elastische Angebots- bzw. Nachfragekurve handelt. Eine elastische Nachfrage läßt sich in der Regel bei Luxusgütern, aber auch bei Autos, Campingausrüstungen, Ferienreisen und anderen nicht lebensnotwendigen Gütern beobachten, die häufig auch als Güter des sogenannten elastischen Bedarfs bezeichnet werden.

c) Die Elastizität eins. Sie bildet die Grenze zwischen dem elastischen und dem unelastischen Bereich. In diesem nicht besonders häufigen Fall führt jede prozentuale Änderung des Preises zu einer gleich großen prozentualen Änderung der Menge. Die graphische Darstellung für eine Angebotskurve mit der Elastizität eins stellt eine vom Ursprung der Achsenabschnitte ansteigende Gerade dar (vgl. die Linie OO' in Figur 6 c). Eine Nachfragekurve mit der Elastizität eins wird dagegen durch eine gleichseitige Hyperbel abgebildet (vgl. dazu in Figur 6c die Kurve kk').

d) Den unelastischen Bereich. Sowohl die Nachfrage als auch das Angebot werden als unelastisch bezeichnet, wenn eine prozentuale Preisändererung in bestimmter Höhe (z. B. eine Preisänderung in Höhe von 1 Prozent) zu einer geringeren prozentualen Mengenänderung führt (z. B. zu einer Mengenänderung von 0,6 Prozent). Der numerische Wert für den unelastischen Bereich liegt daher stets zwischen null und eins, und die graphische Darstellung für eine derartige Angebots- oder Nachfragekurve zeigt einen verhältnismäßig steilen Verlauf. Das kurzfristige Angebot aa' in Figur 6a und die kurzfristige Nachfrage gg' in Figur 6b bilden derartige Elastizitätsbeziehungen ab. Charakteristisch für ein unelastisches Angebot ist z. B. die Situation, die sich an der Kapazitätsgrenze bei der Personenbeförderung durch die Straßenbahn- oder Omnibuslinien in einer Stadt ergibt. Als Beispiel für eine verhältnismäßig unelastische Nachfrage läßt sich auch die Nachfrage nach Transportmöglichkeiten durch die Straßenbahn benutzen.

e) Die vollständige oder vollkommene Unelastizität. In diesem Bereich ist der numerische Wert der Elastizität des Angebots oder der Nachfrage gleich null und die graphische Darstellung ergibt eine vertikale Gerade (z. B. in Figur 6c den Linienzug uu'). Eine vollkommen unelastische Nachfrage innerhalb gewisser Grenzen läßt sich z. B. für Medikamente oder für jede Art einer dringenden Nachfrage beobachten. Einem absolut unelastischen Angebot begegnen wir dagegen dann, wenn die Kapazitätsgrenze einer wirtschaftlichen Leistung erreicht ist, z. B. bei vollständiger Besetzung aller Plätze in einem Flugzeug.

Wir haben den Grad der Elastizität innerhalb der erwähnten fünf Bereiche z. T. mit Hilfe des Anstiegs der Angebots- oder Nachfragekurven erklärt. Es ist jedoch wichtig, sich klarzumachen, daß die Elastizität, mit Ausnahme eines vollkommen unelastischen, vertikalen Verlaufs oder eines vollständig elastischen, horizontalen Verlaufs, nicht ohne weiteres aus dem Grad des Anstiegs einer Kurve abgelesen werden kann. Da es sich bei der *Marshall*schen Elastizität jeweils um relative Änderungen von Preisen und Mengen handelt, für welche die Ausgangspreise und die Ausgangsmengen von entscheidender Bedeutung sind, erhöht sich z. B. auf einer Nachfragekurve die Elastizität beständig, wenn wir uns auf ihr von rechts unten nach links oben bewegen. Der Leser mache sich damit vertraut, daß eine beliebige von der Preisachse zur Mengenachse verlaufende Nachfragekurve die Elastizitätswerte unendlich bis null durchwandert. In Figur 6 d sind z. B. die oben erwähnten fünf Elastizitätsbereiche für eine lineare Nachfragekurve bezeichnet worden. Im Schnittpunkt der Kurve mit der Abszisse, im Punkt B, beträgt die Elastizität null, im Schnittpunkt mit der Ordinate, im Punkt A, dagegen unendlich. Auf der Hälfte der Strecke AB muß die Elastizität den Wert eins annehmen. Oberhalb davon, bis zum Punkt A, liegen dann die Elastizitätswerte zwischen eins und unendlich, unterhalb des Halbierungspunktes, bis zum Punkt B, hingegen die Elastizitätswerte von null bis eins.

Betrachten wir jedoch wieder beliebige, d. h. vor allem nichtlineare Angebots- und Nachfragekurven, so lassen sich die fünf Elastizitätsbereiche nicht mehr so leicht auf graphische Weise bestimmen wie im Falle der Figur 6 d.

Befinden wir uns z. B. innerhalb eines Preis-Mengen-Diagramms in einem bestimmten Punkte A, etwa im Schnittpunkt der Linien aa', bb', cc' in Figur 6 a, so läßt sich mit Sicherheit sagen, daß die Elastizität des Angebots im Punkte A um so geringer ist, je steiler die Kurve verläuft. Die Elastizität nimmt also oberhalb des Punktes A entgegengesetzt der Drehung des Uhrzeigers ab. Die gleiche Überlegung läßt sich für die Nachfrage verwenden. Wählen wir in einem Preis-Mengen-Diagramm einen beliebigen Punkt A', z. B. in Figur 6 b den Schnittpunkt der Geraden dd', ff', gg', so nimmt die Elastizität im Punkte A' ab, je steiler die durch diesen Punkt gehenden Kurven sind. Die Elastizität nimmt daher oberhalb von A' im Sinne der Drehung des Uhrzeigers ab.

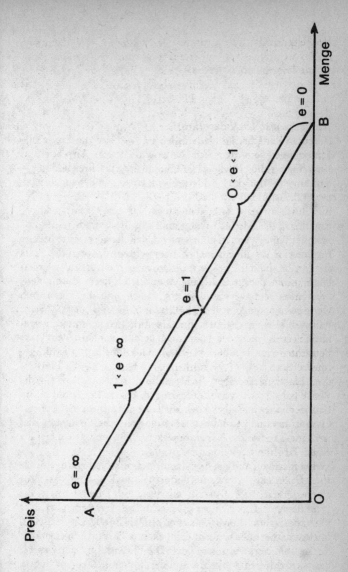

Figur 6 d

VII. Die Nachfrage

A. Die Theorie des Nutzens

Die Begründer der Nutzentheorie
Nachdem zunächst erklärt worden ist, wie sich die Preise bilden, nämlich aus dem Zusammenwirken von Angebot und Nachfrage, sollen die beiden Komponenten der Preisbildung — das Angebot und die Nachfrage — im einzelnen behandelt werden. Wir beginnen mit der Nachfrage.
Bisher haben wir stets angenommen, daß eine Nachfragekurve in einem Preis-Mengen-Diagramm von links nach rechts fallend verläuft. Es schien einleuchtend, daß die absetzbare Menge für ein Gut im allgemeinen kleiner sein wird, wenn der Preis steigt, und daß eine größere Gütermenge nur verkauft werden kann, wenn der Preis herabgesetzt wird. Dieser Zusammenhang mag selbstverständlich erscheinen, und die klassischen Nationalökonomen von *A. Smith* bis *J. St. Mill* und *K. Marx* haben sich wahrscheinlich deshalb nicht weiter mit den speziellen Problemen der Nachfrage befaßt, sondern den Wert und den Preis der Güter auf die Produktionskosten zurückgeführt. Die Klassiker versuchten zwar vor allem, die Preisbildung zu erklären, aber die Bedeutung der Nachfrage für die Preise wurde nicht von ihnen, sondern erst später entdeckt. Im Grunde haben sie übersehen, daß die Nachfrage ein eigenes Leben führt und besonderen Gesetzen gehorcht. So kam es, daß wir eine Theorie des Verbraucherverhaltens erst seit ungefähr einem Jahrhundert kennen.
Wenn man von einigen Aufsätzen des französischen Ingenieurs *Jules Dupuit* absieht, war es der preußische Regierungsassessor *Hermann Heinrich Gossen*, ein begabter Dilettant, der die grundlegende Theorie über die Nachfrage geschrieben hat. Das Buch, das er um die Mitte des vorigen Jahrhunderts verfaßt hat, blieb zunächst unbeachtet und unbekannt. Es trägt den umständlichen und merkwürdigen Titel ›Die Entwicklung der Gesetze des menschlichen Verkehrs und der daraus fließenden Regeln für menschliches Handeln‹. Erst als rund zwei Jahrzehnte spä-

ter gleich drei Gelehrte, nämlich der Engländer *W. St. Jevons* in Manchester, der Österreicher *Carl Menger* in Wien und der geborene Franzose *Léon Walras* in Lausanne, fast zur selben Zeit und unabhängig voneinander die Grundlagen der Theorie des Nutzens entwarfen und damit die subjektivistische Wertlehre begründeten, haben *Jevons* und *Walras* die Schrift von *Gossen* wieder entdeckt und die Priorität seiner Ideen anerkannt. *Jevons* schrieb später darüber an *Walras:* »Die Sache wird immer verwickelter durch die Entdeckung einer 1854 in Braunschweig veröffentlichten Arbeit, die mehrere Hauptpunkte unserer Theorie in klarer Erläuterung enthält. Sie stammt von Hermann Heinrich Gossen und ist ungefähr wie folgt betitelt: Entwicklung der Gesetze des menschlichen Verkehrs. Das Buch scheint sogar in Deutschland völlig unbekannt zu sein.«[26]

Diese Theoretiker, die Begründer der subjektivistischen Wertlehre, ließen sich von der Vorstellung leiten, daß der Wert eines Gutes nicht vom Preis oder von den Kosten abhängt, sondern von seiner Eignung, menschliche Wünsche und Bedürfnisse zu befriedigen. Offenbar bleiben aber diese Wünsche und Bedürfnisse nicht unveränderlich, sondern wechseln nach Tag und Stunde, nach Ort und Umständen. Deshalb wird sich auch der Nutzen, den ein Gut stiftet, ständig ändern, denn die Größe des Nutzens hängt davon ab, ob ein Gut mehr oder weniger dringend gebraucht wird. Der Nutzen entspringt aus den Bedürfnissen der Menschen, und offenbar verringert sich die Intensität eines Bedürfnisses, etwa des Bedürfnisses, Kirschtorte zu essen oder Kognak zu trinken, je mehr wir dieses Bedürfnis befriedigen. Die Wertschätzung eines Gutes hängt deshalb u. a. auch davon ab, welche Mengen dieses Gutes bereits konsumiert worden sind. Das erste Stück Torte oder das erste Glas Kognak ist uns, jedenfalls im Augenblick des Konsums, fast immer mehr wert als das zweite oder gar das dritte oder vierte. Jede einzelne Einheit eines Gutes wird daher weniger wert, je mehr davon vorhanden ist oder konsumiert wird. Man braucht nicht das Beispiel eines in der Wüste Verdurstenden zu bemühen, um einzusehen, daß das erste nach Tagen zur Verfügung stehende Glas Wasser einen schier unermeßlichen Wert besitzt und daß danach jede weitere Mengeneinheit an Wert verliert, bis dieses lebensnotwendige Gut Wasser schließ-

lich, wenn es in großen Mengen und zu einem billigen Preis zur Verfügung steht, dazu benutzt wird, im Sommer die staubigen Straßen zu besprengen, und scheinbar nahezu wertlos wird.
Mit Hilfe dieser Betrachtung wird es möglich, jene berühmte Paradoxie aufzulösen, für die *A. Smith* vergebens eine Erklärung gesucht hat, als er frug, warum das lebenspendende, außerordentlich nützliche Wasser wahrhaft spottbillig ist, aber die verhältnismäßig unnützen Diamanten so unbegreiflich teuer sein können.[27] Die Antwort auf dieses Wertparadoxon lautet: Die Belieferung mit Wasser kostet meistens nur wenig, und es können daher so große Mengen geliefert und gekauft werden, daß dieses Gut im Überfluß vorhanden ist und verschwendet werden kann. Der Seltenheitsgrad der Diamanten erfordert dagegen bei ihrer Gewinnung einen hohen Aufwand, und nur Menschen mit beträchtlichem Einkommen oder großem Vermögen sind in der Lage, nach der Befriedigung aller lebensnotwendigen Bedürfnisse einen Teil ihres Geldes auch noch für Diamanten auszugeben.
Die Nutzentheorie geht also davon aus, daß jeder Mensch seine eigenen Wertvorstellungen besitzt und die Güter nach seinen individuellen Bedürfnissen schätzt. Aber diese Bedürfnisse bleiben nicht gleich, sondern es liegt in der menschlichen Natur begründet, daß sie an Dringlichkeit verlieren, je mehr ihnen Genüge getan wird. Faust ist bereit, sogar seine Seele zu verkaufen, wenn er jenen Zustand, jenen Augenblick erreicht, den er nicht mehr ändern möchte und zu dem er sagen kann »Verweile doch, Du bist so schön«. Aber obwohl ihm der Teufel alle Wünsche erfüllt, braucht Faust den Preis nicht zu bezahlen. Nichts in dieser und nichts in der vergangenen Welt irdischer Ideale konnte ihm mit den erfüllten Wünschen ein dauerhaftes Glück bescheren.
Vielleicht verstehen wir nun leichter, warum der verkannte *Gossen* geglaubt hatte, mit seinen Gesetzen eine für die Menschheit ebenso bedeutsame Entdeckung gemacht zu haben wie *Kopernikus*, und warum *Walras* sich verpflichtet fühlte, der Welt die Bedeutung der von *Gossen* beschriebenen Gesetzmäßigkeiten vor Augen zu führen, indem er schrieb: »Gossen beanspruchte den Ruhm eines Kopernikus, der ihm wegen seiner Konzeption des mathematischen Gleichgewichts auf öko-

nomischem Gebiet zustehe. Nach meiner Ansicht gebührt ihm dank seiner Lösung der sozialen Frage nicht nur dieser, sondern auch der Ruhm Newtons. Besser kann ich meine Meinung für seine Verdienste nicht zum Ausdruck bringen.«[28]

Das erste Gossensche Gesetz

Die erste der von *Gossen* beschriebenen Gesetzmäßigkeiten geht von der Annahme aus, daß jede Person zwar ihre eigenen Nutzen- und Wertvorstellungen von den Gütern besitzt, daß aber dennoch für alle Menschen und für alle Güter gilt, daß der Nutzen einer zweiten oder dritten Einheit eines Gutes geringer ist als der Nutzen der ersten Einheit. Wir können die Verallgemeinerung dieses Gedankens folgendermaßen formulieren und sie als das *erste Gossensche Gesetz* bezeichnen: Mit zunehmender Menge eines Gutes nimmt der Nutzen für jede weitere Mengeneinheit ab.

Gossens eigene Formulierung lautet folgendermaßen: »Die Größe eines und desselben Genusses nimmt, wenn wir mit Bereitung des Genusses ununterbrochen fortfahren, fortwährend ab, bis zuletzt Sättigung eintritt.«[29] Dieses Gesetz wird daher oft auch als das Sättigungsgesetz bezeichnet, obwohl für seinen Inhalt nicht so sehr die Tatsache der endlich eintretenden Sättigung als der abnehmende Nutzenzuwachs jeder zusätzlichen Einheit eines Gutes wesentlich erscheint. Den Nutzenzuwachs durch die jeweils zuletzt hinzutretende Einheit eines Gutes bezeichnet man als den *Grenznutzen* dieses Gutes. Der Inhalt des ersten *Gossen*schen Gesetzes bedeutet daher, daß der Grenznutzen einer bestimmten Güterart mit zunehmender Menge dieses Gutes beständig abnimmt. Man kann diesen Zusammenhang wiederum formalisieren und graphisch veranschaulichen, indem man in einem Koordinatensystem auf der senkrechten Achse den Grenznutzen, d. h. den Nutzen der jeweils letzten Einheit eines Gutes, mißt und auf der waagerechten Achse die Mengen der betreffenden Güterart nach der Reihenfolge ihrer Verfügbarkeit abträgt. Ist die betrachtete Güterart in unendlich kleine Einheiten teilbar, so muß die Kurve des Grenznutzens kontinuierlich von links oben nach rechts unten führen (vgl. Figur 7). Es ist dabei zunächst unwichtig, ob die Kurve erst rascher und dann langsamer fällt (Linienzug aa'), oder ob der Grenznutzen zunächst langsamer und dann rascher

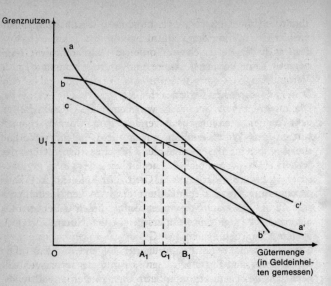

Figur 7

abnimmt (Linienzug bb'), oder ob sich ein gleichmäßig abnehmender Grenznutzen ergibt (Linienzug cc').
Außer den hier beschriebenen Formen der Abnahme des Grenznutzens sind auch noch andere Verlaufstypen denkbar, z. B. Verbindungen zwischen den Kurventypen aa', bb' und cc' oder auch ganz unregelmäßig verlaufenden Kurven. Die einzige Bedingung, die erfüllt sein muß, wenn das erste *Gossen*sche Gesetz Gültigkeit behalten soll, verlangt in unserem Diagramm nur einen irgendwie von links nach rechts fallenden Verlauf der Kurve, d. h. einen sinkenden Grenznutzen der Güter für jeweils zusätzliche Einheiten eines Gutes.
»Die Fallgeschwindigkeit des Grenznutzens« (Röpke) kann demnach bei den einzelnen Gütern durchaus verschieden sein, und oftmals ist sie bei den lebensnotwendigen Gütern größer als bei den weniger dringlich erscheinenden Gütern. Zum Beispiel wird in unserer heutigen Gesellschaft gewöhnlich ein bestimmtes, nicht eben großes Quantum an Brot und Kartoffeln als notwendig, aber eine wesentlich darüber hinausgehende Menge als höchst überflüssig betrachtet. In diesem Fall würde der Grenznutzenverlauf dem Typ der Kurve bb' ähneln, d. h. zuerst langsamer, dann aber sehr rasch fallen, während der Nutzen weit weniger dringlich erscheinender Güter wie etwa bei Kaffee oder Wein pro zusätzlicher Einheit weniger rasch fällt und daher dem Typus der Kurven aa' oder cc' nahekommt.

Das zweite Gossensche Gesetz
Die zweite wichtige Erklärung, welche *Gossen* geliefert und aus seinem ersten Gesetz abgeleitet hat, gibt eine Lösung für das Problem der Einkommensverwendung. Er lieferte damit eine Antwort auf die Frage, wie ein Haushalt über seine Mittel verfügen soll. Das Problem besteht darin, die vorhandenen Mittel so einzuteilen, daß mit den erworbenen Güterarten und Gütermengen die bestehenden Bedürfnisse in einem möglichst großen Umfange befriedigt werden können. Die Lösung, die *Gossen* dafür gegeben hat, wird als das *zweite Gossensche Gesetz* bezeichnet. Man kann seinen Inhalt folgendermaßen fassen: Soll mit gegebenen Mitteln ein Maximum an Nutzen erreicht werden, so sind die verfügbaren Güter jeweils derart zu verwenden, daß der Grenznutzen je Geldeinheit bei allen Gütern gleich groß ist.

Diesen nicht ganz leicht zu beschreibenden Sachverhalt hat *Wilhelm Röpke* in einer ebenso einfachen wie anschaulichen Weise mit den folgenden Worten erklärt: »Wir sehen den Vorgang in voller Deutlichkeit bei einem so trivialen Anlaß wie dem des Kofferpackens für eine Reise. Da wir nicht unsere ganze Habe mitnehmen können, überlegen wir uns zunächst, welche Dinge wir am dringendsten brauchen ...; zugleich aber wägen wir ein Mehr an Hemden gegen ein Weniger an Schuhen, ein Mehr an Büchern gegen ein Weniger an Anzügen so gegeneinander ab, daß alles in einem vernünftigen Verhältnis zueinander steht ... Es klingt ein wenig komisch, aber es ist tatsächlich so, daß der Koffer dann ideal gepackt ist, wenn das Niveau des Grenznutzens für die Anzüge, Hemden, Socken, Taschentücher, Schuhe und Bücher gleich hoch und höher als der Nutzen der zurückgelassenen Gegenstände ist.«[30] Der zur Verfügung stehende Kofferraum entspricht in diesem Beispiel dem Einkommen, über das verfügt werden kann, und die Dinge, die mitgenommen und hineingepackt werden sollen, sind die Güter, die mit dem Einkommen erworben werden. Der Kofferraum ist ebenso begrenzt wie das Einkommen, und der Disposition über den knappen Raum entspricht die Überlegung, welche Güter wir mit unserem Einkommen zu erwerben beabsichtigen.

Das hier aufgeworfene Problem ist uns bereits früher als eine Version des ökonomischen Prinzips begegnet. Auf seinen elementaren Inhalt zurückgeführt, verlangt seine Anwendung, mit gegebenen Mitteln ein Maximum an Nutzen zu erzielen. Der Inhalt des zweiten *Gossen*schen Gesetzes liefert daher zugleich eine allgemeine, wenn auch zunächst nur formale Lösung für das Wirtschaftsproblem eines Haushalts, d. h. für die Verwendung des Einkommens innerhalb einer Konsumgemeinschaft.

Wir können uns die Lösung dieses Problems erleichtern und seinen Inhalt besser kennenlernen, wenn wir uns den Zusammenhang wieder anhand einer graphischen Darstellung verdeutlichen. Wir gehen zu diesem Zweck von den Nutzenschätzungen einer Person oder eines Haushalts für drei verschiedene Güter A, B und C aus und nehmen der Einfachheit halber an, daß für die betrachtete Person keine anderen Güter von Bedeutung seien. Der Grenznutzen der Güter A, B und C sei durch die schon erwähnten Kurven aa', bb' und cc' in Figur 7 dargestellt. Jenes Gut, von dem die ersten Einheiten nach der Wertschätzung der betrachteten Person den höchsten Nutzen stiften, ist das Gut A. Die Grenznutzenkurve für dieses Gut, die Kurve aa', weist deshalb die höchsten Anfangswerte auf. Würde der Haushalt über ein sehr geringes Einkommen verfügen, so müßte er deshalb zunächst nur Einheiten des Gutes A erwerben, und zwar so lange, bis der Grenznutzen dieses Gutes so weit gesunken ist, daß eine Einheit des Gutes B den gleichen Nutzen wie die letzte Einheit des Gutes A stiftet. Erlaubt das Einkommen, weitere Güter zu erwerben, so werden nun Einheiten des Gutes A und des Gutes B gleichzeitig verwendet, und zwar in dem Maße, daß jede Geldeinheit, jede Mark, die für Gut A und für Gut B verwendet wird, den gleichen Nutzen stiftet. Das geht so lange, bis auch der Grenznutzen der ersten Einheit des Gutes C in Reichweite kommt und die letzte für A oder B ausgegebene Mark genausoviel an Nutzen stiftet wie eine zusätzliche, für das Gut C verwendete Mark. Erlaubt das Einkommen weitere Einkäufe, so wird es nach dem Prinzip der Nutzenmaximierung weiterhin so zum Erwerb der drei Güter ausgegeben, daß jede zusätzliche Mark auf jenes Gut verwendet wird, dessen letzte Einheit den höchsten Nutzen einbringt. Würde das verfügbare Einkommen in dieser Weise ausgegeben, so wäre ein Maximum an Nutzen z. B. dann erreicht, wenn der Betrag OA_1 für Gut A, der Betrag OB_1 für Gut B und der Betrag OC_1 für Gut C ausgegeben würde (vgl. Figur 7). Das zum Kauf verfügbare Gesamteinkommen beträgt demnach $OA_1 + OB_1 + OC_1$.

Über Gossen hinaus

Wenn ein Haushalt die für ihn beste Kombination von Gütern gewählt, d. h. mit den vorhandenen Mitteln ein Maximum an Nutzen erreicht, bezeichnet man dies als das *Gleichgewicht eines Haushalts*. Die Gleichgewichtslage ist demnach stets erreicht, wenn die Bedingungen des zweiten *Gossen*schen Gesetzes erfüllt sind, wenn also die aus der Verwendung der letzten ausgegebenen Geldeinheit erzielte Hinzufügung an Nutzen bei allen Verwendungsmöglichkeiten gleich groß ist. Würden z. B. die letzten für Milch ausgegebenen Pfennige eine größere Befriedigung gewähren als jene, die für Brot ausgegeben werden, so wäre es besser, mehr Geld für Milch und weniger für Brot zu verwenden, und zwar so lange, bis es sich nicht mehr lohnt, auf Brot zu verzichten, um dafür mehr Milch zu kaufen, d. h. bis eine Gleichgewichtslage der Verwendung des Geldes für Milch und Brot erreicht ist. Die Gleichgewichtslage eines Haushalts kann deshalb auch dadurch charakterisiert werden, daß der Grenznutzen des Geldes für alle Verwendungsarten gleich groß ist und die Versorgungslage des Haushalts durch eine andere Verwendung der Mittel nicht mehr verbessert werden kann.

Diese Lösung des Problems — die Bestimmung der Einkommensverwendung eines Haushalts bei rationalem Verhalten, d. h. bei Maximierung des Nutzens — wurde später von dem Nachfolger *Walras'* in Lausanne, von *Vilfredo Pareto* in einer wesentlich verbesserten, eleganteren und mit weniger einengenden Bedingungen versehenen Form präsentiert, als sie hier nach den Vorstellungen von *Gossen* nachgezeichnet wurde. Es würde jedoch zu weit führen, hier noch die vollkommenere, anspruchsvollere, von *Pareto* entwickelte Theorie der Wahlhandlungen zu beschreiben. Im Grunde wurden durch die modernere Version der Nachfragetheorie die Überlegungen *Gossens* zur Maximierung des Nutzens nicht widerlegt, sondern in einer allgemeineren Form bestätigt.

Mit der vom Grenznutzen der Güter ausgehenden Theorie wurde das Lehrgebäude der Nationalökonomie auf neue Fundamente gestellt und die subjektivistische Wertlehre, d. h. die Wertlehre der Grenznutzenschule — so wird die Gruppe der zuvor erwähnten Theoretiker und ihrer Anhänger bezeichnet — begründet. Die Grenznutzenschule hat die bis dahin fast allein das Feld beherrschende Wert- und Preislehre der klassischen Nationalökonomie abgelöst und die Werke von *A. Smith* bis *J. St. Mill* und *K. Marx* in die älteren Abteilungen der Bibliotheken verwiesen. Nur die überzeugten Marxisten haben diese Entwicklung nicht mitgemacht.

Aufgrund der von *Pareto* vervollkommneten Nutzentheorie und der von ihm entwickelten theoretischen Darstellungsweise wurde es möglich, aus den Nutzenschätzungen unmittelbar Nachfragekurven nach einzelnen Gütern abzuleiten. Die auf diese Weise gewonnenen Nachfragekurven für einzelne Personen- oder Personengruppen lassen sich dann zu einer Kurve der Gesamtnachfrage nach einem Gute addieren (vgl. Figur 8).

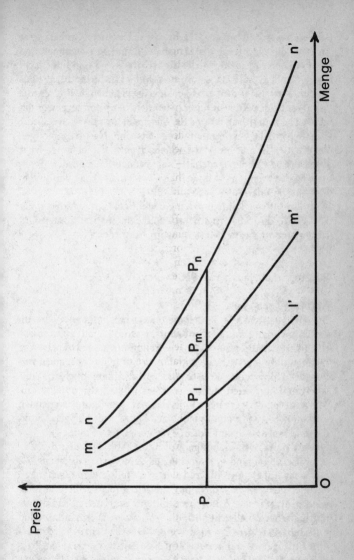

Figur 8

Nehmen wir z. B. an, die Nachfrage nach einem Gute X setze sich aus der Nachfrage der Haushalte L und M zusammen und ll' sei die Nachfragekurve des Haushalts L und mm' die Nachfrage des Haushalts M, so ergibt sich die Gesamtnachfrage aus beiden Kurven, indem bei den jeweils gegebenen Preisen die Mengen beider Kurven addiert werden. Auf der so gewonnenen Gesamtnachfragekurve nn' liegen dann alle Mengen, die sich bei einem bestimmten Preis aus den Nachfragemengen der Kurven ll' und mm' zusammensetzen. Beispielsweise fragt beim Preise OP der Haushalt L die Menge PP_l und der Haushalt M die Menge PP_m nach. Die Gesamtnachfrage bei diesem Preis beträgt dann $PP_l + PP_m = PP_n$.

Auf diese Weise kann aus den einzelnen Nachfragekurven der Haushalte die Gesamtnachfrage nach einem bestimmten Gut für einen bestimmten Markt gewonnen werden.

B. Nachfrage, Preise und Einkommen

Nachfrage und Preise

Bisher haben wir die Nachfrage eines Haushalts entweder im Zusammenhang mit seinen Bedürfnissen oder im Zusammenhang mit den Preisen für das betreffende Gut betrachtet. Die mengenmäßige Nachfrage nach einem Gut hängt aber nicht nur von der Höhe seines Preises und von den persönlichen Wünschen und Nutzenvorstellungen eines Wirtschaftssubjektes ab, sondern ebenso von der Höhe des zur Verfügung stehenden Einkommens und von der Höhe der Preise aller übrigen Güter, die ein Haushalt beim Kauf in Erwägung ziehen muß.

Diese Kreuzpreisbeziehungen, d. h. die Abhängigkeit der Güterpreise voneinander, sind uns aus dem wirtschaftlichen Alltag nicht unbekannt, obwohl wir uns vielleicht nie Gedanken darüber gemacht haben. Wenn z. B. der Preis für Benzin fällt, wird nicht nur das Autofahren billiger und mehr Benzin verpufft, sondern vielleicht auch die Nachfrage nach Automobilen und Reifen steigen. Ein niedrigerer Preis für Benzin wird allerdings nicht notwendigerweise auch zu einem niedrigeren Preis für Autos oder Reifen führen. Eher tritt vielleicht die gegenteilige Wirkung ein. Denn wenn die Nachfrage nach Autos infolge des niedrigen Benzinpreises steigt, werden auch mehr

Reifen als zuvor gekauft. Vielleicht steigen dadurch die Auto- und Reifenpreise infolge des gesunkenen Benzinpreises und der dadurch gestiegenen Automobilnachfrage. Man nennt diese Beziehung zwischen zusammengehörenden Gütern eine verbundene Nachfrage und bezeichnet Waren, die ausschließlich oder fast nur zusammen mit anderen Gütern verwendet werden, als *komplementäre Güter*. Eine enge Komplementarität besteht z. B. zwischen Autos und Benzin, Reifen und Felgen, Kaffee und Sahne, Tee und Zucker, Tabak und Pfeife, Briefumschlägen und Briefpapier.

Aber es gibt zwischen Waren nicht nur diese freundschaftliche Verbundenheit, sondern auch Konkurrenzbeziehungen. Wenn z. B. der Preis für Butter fällt, bekommt es gewöhnlich auch die Margarineindustrie zu spüren. Manche Hausfrau streicht dann die Brote für ihre Familie lieber mit Butter als mit einem pflanzlichen Fett. Oder wenn der Preis für Rindfleisch steigt, beginnen auch bessere Zeiten für Geflügel und andere Fleischarten. Hier teilen sich die Preise einander mit, weil ein Gut durch das andere ersetzt oder substituiert werden kann. Die auf diese Weise miteinander verbundenen Güter bezeichnet man in der Volkswirtschaftstheorie als *Substitutionsgüter*. Unter den zahllosen Beispielen für typische Substitutionsgüter seien nur die folgenden erwähnt: Wein und Sekt, Fleisch und Fisch, Öl und Kohle, Kartoffeln und Brot, Äpfel und Apfelsinen. Darüber hinaus sind fast alle Lebensmittel untereinander in einem gewissen Grade substituierbar.

Nachfrage und Einkommen
Kartoffeln können noch in einem anderen Zusammenhang als bemerkenswertes Beispiel für die Beziehungen zwischen der Höhe des Einkommens und der Nachfrage nach einem Gute dienen. Gewöhnlich wird man annehmen dürfen, daß mit steigendem Einkommen auch die Nachfrage nach den bisher von einem Haushalt bezogenen Gütern zunimmt. Diese Regelmäßigkeit wird durchbrochen von einigen Ausnahmen, bei denen sich der umgekehrte Zusammenhang herausstellt. Bei Gütern, die gewöhnlich von den Beziehern niedriger Einkommen verbraucht werden, geht die mengenmäßige Nachfrage häufig zurück, wenn das Einkommen steigt. Die Erklärung ist einfach: Man kann es sich nun leisten, zu besseren

Tabelle 3
Verbrauch ausgewählter Güter bei steigendem Einkommen
(Angaben für die Bundesrepublik Deutschland) [1]

Jahr	Verfügbares Einkommen	Verbrauch an		Bestand an		Verbrauch an Schaumwein
		Brot[2]	Kartoffeln	Motorrädern	Pkw[4]	
				am 1. Juli		
	Mrd. DM	kg/Haushalt[3]/Monat		Mio. Stück		Mio. Liter
1950	64,5	23,2	41,7	0,9	0,5	5,0
1951	74,8	23,5	39,6	1,2	0,7	5,7
1952	83,6	22,8	37,3	1,6	0,9	9,4
1953	91,5	21,6	36,4	2,0	1,1	12,9
1954	99,0	20,8	35,0	2,3	1,4	15,4
1955	110,3	20,2	37,8	2,5	1,7	20,5
1956	122,1	19,8	36,6	2,5	2,1	25,7
1957	136,7	18,9	33,0	2,4	2,5	31,0
1958	147,7	18,3	29,8	2,2	3,0	36,2
1959	158,3	17,4	28,7	2,0	3,6	42,9
1960	185,4	16,9	29,6	1,9	4,5	50,6
1961	204,2	15,5	26,7	1,7	5,3	56,0
1962	223,0	15,0	26,6	1,5	6,3	66,2
1963	238,8	14,9	26,4	1,2	7,3	73,4
1964	261,1	14,4	23,8	0,9	8,3	91,7
1965	289,8p	13,7	20,9	0,7	9,3	111,6p

1 Vgl. die Anmerkungen in der jeweiligen Quellenangabe
2 Roggen-, Grau-, Misch- und Schwarzbrot
3 4-Personen-Arbeitnehmerhaushalte der mittleren Verbrauchergruppe, ab 1962: 4-Personen-Arbeitnehmerhaushalte mit mittlerem Einkommen des Haushaltsvorstandes
4 Personenkraftwagen einschließlich Kranken- und Kombinationskraftwagen, ab 1955 ohne Krankenkraftwagen
p Vorläufiges Ergebnis

Quellen:
Verfügbares Einkommen:
Monatsberichte der Deutschen Bundesbank
10. Jg., Jan. 1958, S. 52
11. Jg., Febr. 1959, S. 8
15. Jg., Febr. 1963, S. 11
16. Jg., Febr. 1964, S. 6
17. Jg., Sept. 1965, S. 8
19. Jg., Febr. 1967, S. 13
Verbrauch an Schaumwein, Brot und Kartoffeln:
Statistisches Jahrbuch für die Bundesrepublik Deutschland,
1954, S. 511, 514–515
1958, S. 465, 468–469
1961, S. 522, 526–527
1963, S. 518–519
1965, S. 527, 530–531
1966, S. 522, 526
Bestand an Motorrädern und Personenkraftwagen:
Wirtschaft und Statistik, Heft 11, 1959, S. 632
Statistisches Jahrbuch für die Bundesrepublik Deutschland,
1961, S. 358
1966, S. 364

Erzeugnissen überzugehen. Beispielsweise ging in der Bundesrepublik in den fünfziger Jahren der Absatz an Brot zurück (vgl. Tabelle 3), weil die Verbraucher nach den Jahren des Hungerns mit ihren gestiegenen Einkommen nun weniger Brot und Teigwaren, dafür aber mehr Fleisch, Butter, Obst und Gemüse kauften. Für die Teigwaren- und Mühlenindustrie begannen daher schwere Zeiten, als für fast alle übrigen Gewerbezweige eine Ära beispiellosen Aufschwungs begann.
Etliche Jahre später erlitten andere Industriezweige aus den nämlichen Gründen ein ähnliches Schicksal. Besonders kraß verlief die Entwicklung in der Zweiradindustrie, die zunächst zu jenen Bereichen gehörte, die mit den größten Wachstumsraten aufwarten konnten und in den Anfangsjahren des sogenannten Wirtschaftswunders durch die Einkommensentwicklung besonders begünstigt schienen. In der ersten Phase des Wiederaufstiegs erwarben viele Bundesbürger zunächst ein Fahrrad, aber schon ein oder zwei Jahre später kauften sie sich dazu einen Hilfsmotor. Nicht lange danach erlaubte das weiter gestiegene Einkommen, ein richtiges Motorrad oder einen Motorroller zu erwerben. Deutschland stand schon in der ersten Hälfte des vorigen Jahrzehnts mit der Zahl seiner Motorräder in der Welt an der Spitze. Als aber die Einkommen weiter wuchsen, stiegen schließlich die Bundesbürger auf ein Auto um und stellten nicht nur die Motorräder beiseite, sondern brachten auch in wenigen Jahren jene Industrie in große Schwierigkeiten, die sie zuvor durch eine besonders hohe Nachfrage begünstigt hatten. Sieht man von der Automobilnachfrage ab, so ging in jedem dieser Fälle die mengenmäßige Nachfrage mit dem Steigen des Einkommens absolut zurück (vgl. Tabelle 3). Wir bezeichnen Güter dieser Art als *inferiore Güter*. Als inferior, d. h. mit höherem Einkommen weniger begehrt, gelten im allgemeinen z. B. Kartoffeln, Brot, Kunsthonig, Margarine und mit weiter steigendem Einkommen auch Fahrräder und sogar Motorräder usf.
Nicht ganz so schlimm wie den inferioren Gütern ergeht es den übrigen lebensnotwendigen Gütern, wenn das Einkommen steigt. Der Statistiker *Ernst Engel* fand schon vor einem Jahrhundert, daß der für Lebensmittel ausgegebene Anteil des Einkommens zurückgeht, wenn das Einkommen wächst. Nach ihm nennt man diesen von ihm entdeckten Zusammenhang, der

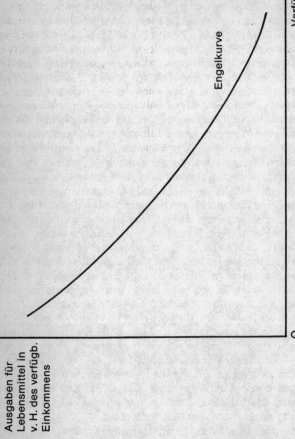

Figur 9

inzwischen in vielen Ländern bestätigt worden ist, das *Engelsche Gesetz*, und die graphische Darstellung dieser Beziehung eine *Engelkurve*. Sie zeigt in einem Diagramm, in dem auf der Abszisse die Höhe des Einkommens und auf der Ordinate der Prozentsatz gemessen wird, der von diesem Einkommen für Lebensmittel aufgewendet wird, einen von links oben nach rechts unten fallenden Verlauf (vgl. Figur 9). Dieser von *Engel* beschriebene Zusammenhang läßt sich in eindrucksvoller Weise auch für die Jahre 1950 bis 1965 in der Bundesrepublik belegen. Der Prozentsatz der Ausgaben für Lebensmittel an den ausgabefähigen Einnahmen eines repräsentativen vierköpfigen Arbeitnehmerhaushalts ging von 1950 bis 1965 fast kontinuierlich von rd. 49 auf rd. 35 % zurück, und die graphische Darstellung dieser Ziffern ergibt eine fast gradlinig von links oben nach rechts unten fallende Linie (vgl. Figur 10).

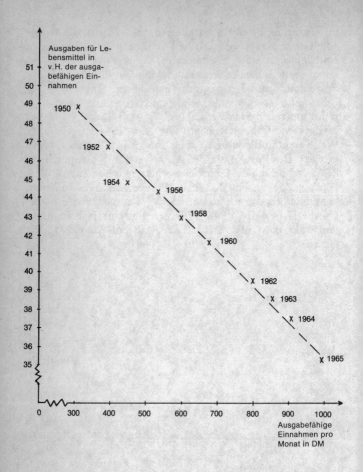

Figur 10: *Anteil der Ausgaben für Lebensmittel an den ausgabefähigen Einnahmen bei 4köpfigen Arbeitnehmerhaushaltungen (mittlere Verbrauchergruppe) in der Bundesrepublik Deutschland*
Quellen: *Statistisches Jahrbuch für die Bundesrepublik Deutschland 1954, S. 513; 1958, S. 467; 1962, S. 543; 1963, S. 517; 1964, S. 523; 1965, S. 529; 1966, S. 524.*

VIII. Das Angebot

A. Das Ertragsgesetz

Gesetzmäßigkeiten des Bodenertrages
Was für die Theorie der Nachfrage gewisse Gesetzmäßigkeiten des Verbrauchs bedeuten, das müssen für die Theorie des Angebots die Gesetze der Produktion leisten. Die älteste und bekannteste ökonomische Gesetzmäßigkeit für die Produktion hat nach unserer Kenntnis der französische Physiokrat *A. R. J. Turgot* vor beinahe 200 Jahren für die Landwirtschaft formuliert. *Turgot* war nicht nur einer der glänzendsten, sondern auch der eigenwilligste, nicht immer ganz linientreue Vertreter der physiokratischen Schule, der als Finanzminister des unglückseligen *Ludwig XVI.* die sich zusammenbrauenden revolutionären Spannungen erahnte und die der Krone drohenden Gefahren voraussah und ihnen mit weitgehenden Reformen der Verfassung, des Finanzwesens und der Wirtschaft entgegentreten wollte, damit aber kein Gehör fand und schließlich am Hofe in Ungnade fiel und entlassen wurde.

Turgot hat sich als Physiokrat und aus Passion für die Erforschung der Gesetze der Erzeugung in der Landwirtschaft insbesondere mit dem Studium der Getreidepreise beschäftigt. Er fand, daß der auf einem Stück Boden erzielbare Ertragszuwachs je Arbeitskraft von einem bestimmten Punkte an allmählich abnimmt und immer kleiner wird, je mehr Arbeitskräfte auf dem gleichen Stück Boden sich mühen. Zwar kann bei den zuerst aufgewendeten Arbeitsmengen zunächst vielleicht ein steigender Ertragszuwachs erzielt werden, aber mit weiter zunehmendem Arbeitsaufwand wird der Ertrag je zusätzlicher Arbeitsmenge stets kleiner werden. Diese Betrachtung orientiert sich – der Leser beachte das wohl – am Ertragszuwachs je zusätzlicher Arbeitseinheit, d. h. an jener Zunahme des Ertrags, die durch eine zusätzliche Menge Arbeit erzeugt worden ist.

Diese Gesetzmäßigkeit des Bodenertrages entschied damals auch in Europa über die wirtschaftlichen und physischen Lebensmöglichkeiten der Bevölkerung. Man konnte davon ausgehen, daß sich die Menschheit bereits in einem Maße vermehrt hatte, welches sie zwang, den Ertrag des Bodens immer weiter zu steigern. Die Phase des abnehmenden Ertragszuwachses war daher längst erreicht und überschritten und mußte, so schien es, für das weitere Schicksal der Menschheit eine verhängnisvolle Rolle spielen. Der schottische Pfarrer und Nationalökonom *Thomas Robert Malthus*, ein Zeitgenosse *Ricardos*, prophezeite daher, daß es der menschlichen Gesellschaft nicht vergönnt sei, Hunger und Armut zu überwinden, weil die Menschen dazu neigen, sich in geometrischer Progression zu vermehren — 1, 2, 4, 8 usw. —, während die Nahrungsmittelproduktion dem Gesetz des abnehmenden Ertragszuwachses unterliege und trotz der rasch steigenden Zahl von Händen höchstens in einer arithmetischen Reihe — 1, 2, 3, 4 usw. — gesteigert werden könne. Ungefähr ein Jahrhundert lang wurden die Gesetzmäßigkeiten des Bodenertrages fast nur noch in diesem, wie es schien, für die Menschheit verhängnisvollen Zusammenhang gesehen. Wissenschaft und technischer Fortschritt erlaubten es jedoch jenem Drittel der Erdbevölkerung, das heute in den wirtschaftlich entwickelten Ländern lebt, sich aus den Zangen des Ertragsgesetzes und der Armut zu befreien. Der größere Teil der Menschheit muß dagegen weiterhin unter den düsteren malthusianischen Prophetien in äußerster, unüberwindlich scheinender Armut leben.

Die Gültigkeit des *Gesetzes des abnehmenden Bodenertrages*, das zutreffender als ein Gesetz des abnehmenden Ertragszuwachses des Bodens bezeichnet werden sollte, konnte zunächst aufgrund empirischer Beobachtungen als erwiesen angesehen werden, zumal auch noch andere namhafte Nationalökonomen, unter ihnen *D. Richardo* und *J. H. von Thünen*, die gleiche Gesetzmäßigkeit entdeckt und formuliert haben. Freilich wurde der ursprünglich für den Zusammenhang zwischen der Zahl der Arbeitskräfte auf einem gegebenen Stück Land und dem darauf zu erzielenden Ertrag geltende Sachverhalt später verallgemeinert und als Gesetz des abnehmenden Ertragszuwachses des Bodens auch auf die anderen zur landwirtschaftlichen Erzeugung erforderlichen Produktionsfaktoren übertragen. In seiner allgemeineren Form besagt es daher, daß auf einem Stück Land von gegebener Größe und Bodenbeschaffenheit der

Ertragszuwachs je zusätzlich verwendeter Produktionsmitteleinheit zwar zunächst zunehmen kann, aber von einem bestimmten Punkt an abnimmt, wenn die Produktion nur mit Hilfe eines einzigen Produktionsmittels (Arbeit, Maschinen, Düngemittel usw.) ausgedehnt wird.

Wir wollen uns den Zusammenhang anhand eines einfachen Beispiels veranschaulichen und dabei untersuchen, welche Beziehungen zwischen der aufgewendeten Menge an Arbeit und dem erzielbaren Ertrag bestehen. Wir entnehmen die numerischen Angaben einem eigens dafür konstruierten Beispiel, das die aus zahllosen empirischen Untersuchungen gewonnenen und für unsere Betrachtung wesentlich erscheinenden Eigenschaften enthält.

Auf einem Stück Gartenland von gegebener Größe, beispielsweise in der Größe eines Ars, kann der Anbau einer bestimmten Gemüseart durch eine kleinere oder größere Zahl von Arbeitsstunden bei einer gegebenen Ausstattung mit Gartengeräten, Düngemitteln und jungen Pflanzen vorgenommen werden. Der Ertrag aus dem Grundstück läßt sich durch ver-

Tabelle 4

Arbeitsstunden	Ertrag	Grenzertrag	Durchschnittsertrag
M	E	E'	$\frac{E}{M}$
1	2	3	4
1	3	3	3
2	9	6	4,5
3	17	8	5,6
4	26	9	6,5
5	34	8	6,8
6	40	6	6,6
7	44	4	6,2
8	46,5	2,5	5,7
9	47,5	1	5,3
10	47,5	0	4,8

mehrte (verringerte) Arbeitsleistung steigern (vermindern). Tabelle 4 enthält ein Beispiel für die Höhe der Erträge und die jeweils aufgewendeten Arbeitsstunden. In der ersten Spalte wurde die Anzahl der Arbeitsstunden M, in der zweiten Spalte das jeweilige Ergebnis des Gesamtertrages E eingetragen, das sich bei einem Arbeitsaufwand von eins bis zehn Stunden erzielen läßt. Die dritte Spalte enthält die Ertragsänderungen, d. h. den Grenzertrag E'. Als *Grenzertrag* bezeichnen wir die mit einer zusätzlichen Einheit eines Produktionsmittels erzielte Ertragsänderung. Dieser Grenzertrag — in unserem Beispiel die Ertragsänderung pro zusätzliche Arbeitsstunde — läßt sich als Differenz zwischen den jeweiligen Werten des bei 0, 1, 2, 3 usw. Arbeitsstunden erzielten Gesamtertrages ermitteln. Schließlich läßt sich aus der vierten Spalte der Durchschnittsertrag E/M entnehmen.

Das Beispiel, das wir hier benutzen, ist so angelegt, daß es die aus der wirtschaftlichen Wirklichkeit gewonnenen Erfahrungen berücksichtigt und den Beginn und die Wirksamkeit des Ertragsgesetzes hervorhebt. Wir haben dabei angenommen, daß der Grenzertrag zunächst, bis zur vierten Arbeitsstunde, zunimmt, dann aber wieder zurückgeht. Der beispielsweise durch die erste Stunde mit drei Einheiten erzielte Ertrag wird durch das zusätzliche Arbeitsergebnis der zweiten Stunde in Höhe von sechs Ertragseinheiten um drei Einheiten übertroffen; durch die dritte Arbeitsstunde werden sogar acht, durch die vierte schließlich neun zusätzliche Einheiten erzeugt. Dann aber, schon von der fünften Stunde an, wird trotz gleichen Fleißes und gleicher Geschicklichkeit das Ergebnis einer weiteren Arbeitsstunde auf acht Einheiten, für die sechste Stunde auf sechs Einheiten, für die siebte auf vier usw. zurückgehen, und schließlich wird die zehnte Arbeitsstunde überhaupt keinen Mehrertrag liefern. Der höchste Ertragszuwachs, der beste Grenzertrag, wird also in der vierten Arbeitsstunde erreicht. Von da an bringt zwar jede zusätzliche Stunde zunächst noch eine Ertragszunahme, aber der Zuwachs pro Arbeitsstunde verringert sich ständig. Wir beobachten dabei, daß von der fünften Arbeitsstunde an das sog. Ertragsgesetz als ein Gesetz des abnehmenden Ertragszuwachses zu wirken beginnt.

Obwohl unser Beispiel von fiktiven Zahlen ausgeht, können wir getrost unterstellen, daß sich der Grenzertrag des Bodens

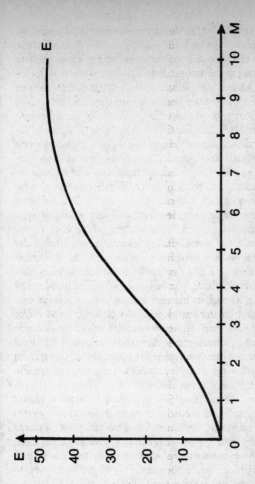

Figur 11 a

auch in der Wirklichkeit von einem bestimmten Punkte an nicht mehr steigern läßt und daß von hier an das Ertragsgesetz wirksam wird. Das Gesetz des abnehmenden Ertragszuwachses des Bodens ist auch im technischen Zeitalter noch eine handfeste Realität, sozusagen die notwendige wirtschaftliche Konsequenz der Vertreibung des Menschen aus dem Paradiese.

Die Technik der Marginalanalyse
Wenn wir uns die Zusammenhänge und Folgen dieses ehernen Gesetzes in einer allgemeineren Weise vergegenwärtigen wollen, empfiehlt es sich wieder, eine graphische Darstellung zu wählen. Wir können dazu die numerischen Angaben unseres Beispiels verwenden und zunächst die Werte des Gesamtertrags in Abhängigkeit von der verwendeten Arbeitsmenge, den Arbeitsstunden, in ein Koordinatensystem übertragen, wobei der Ertrag auf der Ordinate, der jeweils erforderliche Arbeitsaufwand auf der Abszisse gemessen wird. Werden die Werte aus Tabelle 4 in das Koordinatenkreuz eingezeichnet und die ermittelten Punkte durch eine Linie verbunden, so ergibt sich eine Kurve, welche die für das Ertragsgesetz entscheidenden Zusammenhänge darstellt (vgl. Figur 11 a).[31] Die Kurve verläuft zwischen den Mengen null und vier Arbeitsstunden zunächst zunehmend steiler, aber dann läßt der Aufschwung nach, und die Kurve verläuft allmählich flacher, bis sich schließlich bei zehn Arbeitsstunden kein Ertragszuwachs mehr ergibt.

Noch deutlicher läßt sich der für uns wichtige Zusammenhang zwischen Ertragszuwachs und verwendeter Faktormenge erkennen, wenn wir nicht die Kurve des Gesamtertrags, sondern die Kurve des Grenzertrags aufzeichnen. Diese Kurve zeigt einen bis zur Menge von vier Arbeitsstunden steigenden und danach fallenden Verlauf, denn der von jeweils einer weiteren Arbeitsstunde bewirkte Ertragszuwachs nimmt zunächst bis zur Menge vier zu und danach ab (vgl. Figur 11 b).[31] Die Wirksamkeit des Ertragsgesetzes — genauer: des Gesetzes vom abnehmenden Ertragszuwachs — zeigt sich also bei einer graphischen Darstellung in einem fallenden Verlauf der Grenzertragskurve.

Diese Art der Betrachtung, d. h. die Betrachtung nicht nur der absoluten Werte, sondern der Veränderung der absoluten

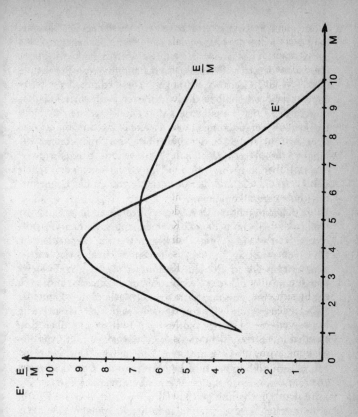

Figur 11 b

Werte, der sog. Grenzwerte, haben wir bereits bei der Behandlung der Theorie des Nutzens kennengelernt. Sie begegnete uns dort in Gestalt des Grenznutzens. Die Wirtschaftstheorie kennt noch viele derartige Beispiele der Behandlung von Problemen mit Hilfe der Grenzbetrachtungen. Die Technik der Grenzanalyse gehört deshalb zu den wichtigsten methodischen Hilfsmitteln der Wirtschaftstheorie. Man bezeichnet diese Art des Denkens in Veränderungen und das dabei zweckmäßigerweise angewendete Verfahren der Ermittlung von Grenz- oder Marginalwerten als *Marginalanalyse*. Sie wurde bereits von *D. Ricardo*, aber auch von *J. H. von Thünen* verwendet und später von *H. H. Gossen* und den übrigen Vertretern der Grenznutzenschule vervollkommnet.

Es ist daher nützlich, sich in dieser Technik zu üben, und wir wollen deshalb noch den Zusammenhang zwischen Gesamtertrag, Grenzertrag und Durchschnittsertrag kennenlernen. Da der Grenzertrag für die Arbeitsmengen eins bis vier jeweils zunimmt, muß auch der Durchschnittsertrag steigen. Er steigt jedoch langsamer als der Grenzertrag, da er zunächst auch noch die niedrigeren Anfangswerte enthält. Allerdings kann der Durchschnittsertrag noch zunehmen, wenn der Grenzertrag bereits wieder abnimmt, sofern der Grenzertrag über dem Durchschnittsertrag liegt und diesen zu erhöhen hilft. Aus diesem Grunde wächst in unserem Beispiel der Durchschnittsertrag auch noch in der fünften Arbeitsstunde trotz des bereits rückläufigen Grenzertrages. Wenn allerdings der Grenzertrag unter den Durchschnittsertrag fällt, muß sich dies im Durchschnittsertrag ausdrücken und auch ihn zur Abnahme zwingen. Diese Situation ergibt sich in unserem Beispiel von der sechsten Arbeitsstunde an. Bei jeder weiteren Arbeitsmenge eilt der rascher abnehmende Grenzertrag dem dann ebenfalls fallenden Durchschnittsertrag voraus und zwingt diesen zu weiterem Rückgang.

Wir können daher stets davon ausgehen, daß der zunehmende Teil der Grenzertragskurve über der Kurve des Durchschnittsertrags liegt und daß deshalb auch die Kurve des Durchschnittsertrages steigt. Fällt dagegen die Grenzertragskurve, so wird das erst dann zum Rückgang des Durchschnittsertrages führen, wenn die Werte des Grenzertrages unter den Durchschnittsertrag sinken.

Das Ertragsgesetz in der Industrie

Das Gesetz des abnehmenden Bodenertrags wäre nicht so bedeutsam geworden, wenn es nicht schließlich auch noch eine gewisse Bedeutung gewonnen hätte über den Bereich der landwirtschaftlichen Produktion hinaus. Zwar können die Produktionsbedingungen in einer Fabrik nicht ohne weiteres mit den Produktionsverhältnissen in der Landwirtschaft verglichen werden, zumal die industrielle Produktion weniger durch natürliche Grenzen gehemmt wird als jene der Landwirtschaft. Dennoch kennt auch die industrielle Ertragslehre die Wirksamkeit des *Ertragsgesetzes*. In seiner allgemeinsten Fassung kann es in der folgenden Weise formuliert werden: Wird bei einer beliebigen Art der Gütererzeugung und ausgehend von einer gegebenen Ausstattung mit Produktionsmitteln die Produktion dadurch gesteigert, daß ein bestimmtes Produktionsmittel bei Konstanz aller übrigen vermehrt wird, so nimmt der Ertragszuwachs von einer bestimmten Ausbringungsmenge an beständig ab.

Wenn sich z. B. in einer Unternehmung die Bestellungen häufen, so kann natürlich daran gedacht werden, die Produktionsmöglichkeiten auszubauen. Aber die Vergrößerung einer Fabrik dauert vom Augenblick der Planung bis zur Einweihung häufig zwei oder drei Jahre, so lange will oder kann man nicht immer warten. Deshalb wird man versuchen, die vorhandenen Maschinen und Produktionsmöglichkeiten in einem höheren Grade als bisher auszunutzen und z. B. Überstunden einzuschieben oder gar in einer weiteren Schicht die Produktion zu verdoppeln. Aber damit läßt sich z. B. nicht auch zugleich die Leistung des Fertigwarenlagers, des Büros oder der Auslieferung verdoppeln. Die Ertragsfähigkeit wird also dadurch begrenzt, daß ein Teil der Produktionsausstattung nur noch in verhältnismäßig engen Grenzen vermehrt werden kann und sich als Engpaß erweist. Irgendwann oder irgendwo wird daher jede Mehrausnutzung vorhandener Produktionsmöglichkeiten auf derartige Engpässe treffen und damit auf Grenzen stoßen.

In der Regel werden wir dabei beobachten können, daß Engpässe nicht plötzlich auftreten, sondern sich allmählich bemerkbar machen, und zwar um so stärker, je mehr man sich der absoluten Grenze der Ausnutzungsmöglichkeiten nähert. Kurzum, sobald sich irgendeiner der benötigten Produktionsfaktoren oder irgendein Produktionsmittel nicht mehr beliebig weiter vermehren läßt oder nicht mehr für die Kombination mit zusätzlichen anderen Produktionselementen zur Verfügung steht, trifft die wichtigste Voraussetzung des Ertragsgesetzes zu und erzwingt sich seine Wirkungsmöglichkeit. Zwar verlangt diese Voraussetzung in ihrer strengen Form, daß nur ein Faktor beliebig vermehrt werden kann, während die übrige Produktionsausstattung unverändert bleibt. Sobald aber auch nur ein einziges Produktionselement nicht mehr beliebig vermehrt werden kann oder nicht mehr in beliebiger Menge weiter zur Verfügung steht, wird sich sein Fehlen bemerkbar machen und die Wirksamkeit des Ertragsgesetzes zur Geltung bringen, d. h. zu sinkendem Ertragszuwachs führen. Diese Wirkung kann zwar durch eine Erweiterung der Produktionsanlagen oder eine neue und bessere technische Ausstattung später wieder überwunden werden, aber auf kurze oder mittlere Frist können die Auswirkungen des Ertragsgesetzes bei zunehmender Anspannung der Produktionskräfte kaum vermieden werden. Fast immer wird ein bestimmtes Produktionselement besonders knapp sein und die weitere Steigerung der Produktion in Grenzen halten oder sogar ganz vereiteln.

Obwohl also das Ertragsgesetz innerhalb eines verhältnismäßig großen Bereiches der industriellen Produktion zunächst ohne Einfluß sein mag, ist seine Wirksamkeit keineswegs unbekannt oder gar bedeutungslos, wenn die Ausnutzung vorhandener Produktionsmöglichkeiten an ihre Grenzen stößt oder in die Nähe dieser Grenzen gerät. Das Ertragsgesetz gilt daher nicht nur in der Landwirtschaft, sondern in einem viel allgemeineren Sinne meistens auch in der Industrie und in anderen Gewerbezweigen, wenn die Produktion bis an die absoluten Grenzen der Möglichkeiten getrieben wird. Allerdings müssen folgende vier Voraussetzungen des Ertragsgesetzes beachtet werden, wenn seine Gültigkeit verbürgt werden soll:

1. Es muß von einem gegebenen Stande der Technik, d. h. von einem unveränderten technischen Wissen und dessen Anwendung ausgegangen werden.
2. Nur ein einziges Produktionselement oder auch eine gleichbleibende Kombination von Produktionsfaktoren wird vermehrt.

3. Die Menge der übrigen Produktionsmittel bleibt unverändert.
4. Die Wirksamkeit des Gesetzes darf nicht schon bei den ersten Einheiten der zu variierenden Faktormenge oder der zu variierenden Faktorkombination erwartet werden, d. h. die Abnahme der Grenzerträge zeigt sich erst jenseits des Punktes optimaler Kombination der Produktionsfaktoren.

Das Gesetz der Massenproduktion
In der Geschichte der wirtschaftlichen Entwicklung der Industrieländer werden wir gewöhnlich wenig von der Wirksamkeit des Ertragsgesetzes entdecken, weil einige der zuvor erwähnten Voraussetzungen nicht oder nicht immer erfüllt sind. Vor allem gilt das für die erste und dritte Voraussetzung, d. h. für die unterstellte Konstanz des technischen Wissens und die Unveränderlichkeit eines Teils der Produktionsausstattung. Bei langfristiger Betrachtung sind diese Voraussetzungen in der Regel nicht mehr erfüllt, und die tatsächliche Ertragsentwicklung einzelner Wirtschaftszweige läßt daher meistens eine Abnahme des Ertragszuwachses pro Faktoreneinheit nicht erkennen.
Es kommt daher nicht von ungefähr, wenn die Gültigkeit des Ertragsgesetzes, vor allem für die Industrie, immer wieder bestritten worden ist. Im Unterschied zur Landwirtschaft, die den Produktionsfaktor Boden meistens nicht mehr weiter vermehren kann, ist es der Industrie auf lange Sicht möglich, durch zusätzliche Fabrikanlagen bisheriger Art oder durch neue technische Verfahren, die durch einzelne knappe Produktionsfaktoren drohende Begrenzung der Erzeugung zu verhindern und die Wirksamkeit des Ertragsgesetzes immer weiter hinauszuschieben. Freilich hat auch die Landwirtschaft großen Nutzen aus der Technisierung gezogen und die Produktivität des Bodens oder die Produktivität der Arbeit, d. h. den Ertrag je Einheit der Bodenfläche oder den Ertrag je aufgewendeter Arbeitsmenge in den meisten Industrieländern kontinuierlich steigern können. Die Arbeitsproduktivität in der Landwirtschaft stieg z. B. in der Bundesrepublik in den letzten fünfzehn Jahren sogar rascher als in der Industrie. Aber man wird kaum annehmen dürfen, daß die Landwirtschaft dabei auf die Dauer wird Schritt halten können, denn die z. T. unveränderlichen

natürlichen Produktionsfaktoren spielen für die Agrarproduktion eine weit größere Rolle als für die Industrie.
Die der Industrie offenstehenden langfristigen Möglichkeiten, dem Ertragsgesetz durch erweiterte Produktionsanlagen oder durch eine neue, überlegene Technik entgegenzuwirken, hat dazu geführt, eine Art Anti-Ertragsgesetz zu formulieren und von einem *Gesetz der Massenproduktion* zu sprechen, das kurz nach Beginn dieses Jahrhunderts durch den in Leipzig lehrenden Nationalökonomen *Karl Bücher* aufgestellt wurde. Es beruht auf der Überlegung, daß es bei sehr großen Produktionsmengen möglich wird, Produktionsanlagen zu verwenden, die zwar sehr teuer sind, deren Kosten aber auf so riesige Stückzahlen verteilt werden können, daß die Durchschnitts- oder Stückkosten schließlich niedriger werden als bei kleinen, billigen Produktionsanlagen. Diese Zusammenhänge sind heute allgemein bekannt, und auch der Laie weiß, daß z. B. der Automobilbau in Einzelfertigung teurer kommt als z. B. der Bau eines VW 1300 im Volkswagenwerk, obwohl die Produktionsanlagen dafür mehrere hundert Millionen DM gekostet haben.
In einer industrialisierten Welt wird sich auf längere Sicht fast immer die Wirkung des Gesetzes der Massenproduktion durchsetzen. Auf kurze Sicht, bei gegebener, unveränderter Produktionstechnik wird sich dagegen an der sog. *Kapazitätsgrenze*, wenn alle Produktionsmöglichkeiten ausgeschöpft sind, die Wirksamkeit des Ertragsgesetzes durch steigende Grenzkosten bemerkbar machen, obwohl zunächst die Gesamtkosten über einen weiten Bereich geradlinig, d. h. mit konstanten Grenzkosten ansteigen können.

B. Die Kosten der Produktion

Von der Ertrags- zur Kostenkurve

Würde es sich bei den Überlegungen, ob und inwieweit das Ertragsgesetz in der Industrie von Bedeutung ist, nur um einen Professorenstreit handeln, so hätten wir ihn hier nicht zu erwähnen brauchen. Tatsächlich ist jedoch der Verlauf der Ertragskurve nicht bloß im Hinblick auf die erzeugten Mengen wichtig, sondern auch wegen der darin eingeschlossenen Kosten für die Produktion. Die Kurve des Gesamtertrages läßt sich nämlich ohne große Schwierigkeiten in eine Kostenkurve überführen.

Freilich sind es nicht die Erträge, die zu Kosten werden, sondern die für die Erträge jeweils erforderlichen Aufwendungen an Arbeit und Produktionsmitteln sächlicher Art. Unter den *Kosten* verstehen wir also die in Geld bewerteten Produktionsmittel, die bei der Gütererzeugung verwendet werden, während wir als *Aufwand* die gleichen Produktionsmittel in ihren realen Erscheinungsformen bezeichnen. In unserem Beispiel (vgl. Tabelle 4) kann die jeweils erforderliche Arbeitsmenge, die Zahl an Arbeitsstunden, als Aufwand angesehen werden. Würden wir dagegen von den Kosten der Produktion sprechen, so würde es sich um die dafür zu zahlenden Löhne, Sozialversicherungsbeiträge und andere, möglicherweise damit verbundene Zahlungen handeln.

Ganz ähnlich verhält es sich übrigens mit den beiden Begriffen Ertrag und Erlös. Unter dem *Ertrag* verstehen wir die durch die Produktion erzeugten Güter in ihrer naturalen Form. Bewerten wir das abgesetzte Produktionsergebnis in Geldeinheiten, d. h. multiplizieren wir die erzeugten Mengen mit dem beim Verkauf erzielten Preise, so nennen wir den bei der Veräußerung des Produktionsergebnisses gewonnenen Geldbetrag den *Erlös*.

Bei Aufwand und Ertrag handelt es sich also um Kategorien, die in Realgrößen zu begreifen und zu messen sind, bei Kosten und Erlös dagegen um Kategorien, die in Nominalgrößen erfaßt werden. Es muß daher möglich sein, Aufwand und Ertrag jeweils umzusetzen in Kosten und Erlös. Da die Ertragskurve eine numerische Beziehung zwischen Aufwand und Ertrag abbildet, kann z. B., wenn die Preise für die Produktionsmittel bekannt sind, auch eine Beziehung zwischen den erzeugten Mengen und den dafür entstandenen Kosten daraus gewonnen werden; wir brauchen dazu nur die Aufwendungen in Geldeinheiten auszudrücken.

Um dies zu zeigen, greifen wir zweckmäßigerweise zunächst noch einmal auf das Beispiel zurück, anhand dessen das Ertragsgesetz erklärt wurde und dessen Werte in Tabelle 4 zusammengestellt sind. Es wurden dort nach einer Arbeitsstunde drei Einheiten erzeugt, nach zwei Arbeitsstunden insgesamt neun Einheiten, nach drei Arbeitsstunden insgesamt 17 Einheiten usw. Nehmen wir der Einfachheit halber an, die Arbeitsstunde koste eine D-Mark, dann wurden mit der ersten aufgewendeten Mark drei Einheiten erzeugt, und die Gesamtkosten an Arbeit für diese ersten drei Einheiten beliefen sich also auf eine Mark. Für die zweite Arbeitsstunde, die ebenfalls wieder eine Mark kosten soll, konnten weitere sechs Stücke erzeugt werden, die Gesamtproduktion stieg also auf insgesamt neun Einheiten, und die dafür angefallenen Arbeitskosten beliefen sich auf insgesamt zwei D-Mark. Auf ähnliche Weise lassen sich nun für alle weiteren Ertragsmengen unseres Beispiels die Kosten ausrechnen, indem die jeweils aufgewendeten Arbeitsstunden mit dem Lohnsatz multipliziert werden. Wir können daher die waagerechte Achse der graphischen Abbildung der Ertragskurve (vgl. Figur 11a), auf der die Zahl der Arbeitsstunden abgetragen wurde, zugleich als eine Skala für die Höhe der Kosten benutzen, wenn wir anstatt der Zahl der Arbeitsstunden die dafür erforderlichen Geldbeträge einsetzen. In unserem Beispiel, d. h. bei einem Arbeitslohn in Höhe von einer Mark je Stunde, gibt die Zahl der Arbeitsstunden zugleich die Höhe der Kosten, gemessen in D-Mark, an, wobei wir allerdings aus Gründen der Vereinfachung unterstellen wollen, daß nur der Arbeitsaufwand vergütet werden muß und andere Kosten daher nicht anfallen. Die Ertragskurve stellt dann zugleich eine Kostenkurve für die Gesamtproduktion dar, wobei auf der senkrechten Achse die erzeugten Mengen und auf der waagerechten Achse die dafür erforderlichen Arbeitskosten gemessen werden.

Wir haben uns anhand dieses einfachen Beispiels davon überzeugen können, daß eine Ertragskurve in eine Kostenkurve umgesetzt werden kann, wenn die Preise für die jeweils erforderlichen Produktionsmittelmengen bekannt sind. Tatsächlich wird in den Lehrbüchern über Preis- und Kostentheorie häufig von einem Kostenverlauf ausgegangen, der dem hier abgebildeten Typus entspricht. Allerdings ist es bei der Darstellung von Kostenkurven üblich, die Achsen zu vertauschen und die Kosten nicht auf der Abszisse, sondern auf der Ordinate zu messen und die mit diesen Kosten erzeugten Mengen auf der Abszisse zu registrieren. Schon bei der Behandlung des Gleichgewichtspreises haben wir ja diese Art der Darstellung kennengelernt und die waagerechte Achse jeweils als Mengenachse verwendet. Außer der Änderung der Achsen sind es aber noch zwei andere Umstände, die beim Verlauf einer Kostenkurve berücksichtigt werden müssen, wenn ihre Gültigkeit über unser aus der Landwirtschaft gewonnenes Beispiel hinaus von allgemeinerer Bedeutung sein soll.

Erstens haben wir bei unserem vorigen Beispiel nicht alle Kosten, sondern nur die für den Produktionsfaktor Arbeit entstandenen berücksichtigt. Wir haben, von den Voraussetzungen des Ertragsgesetzes ausgehend, eine gegebene Ausstattung mit Boden, Arbeitsgeräten und Pflanzen unterstellt und darüber hinaus nur Veränderungen der Arbeitsdauer betrachtet. Nur die Kosten für den zu variierenden Faktor wurden berücksichtigt und berechnet. Die Gesamtkosten der Produktion bestehen aber nicht nur aus den Kosten des veränderlichen Produktionsmittels, sondern sie müssen auch die Kosten aller übrigen an der Erzeugung beteiligten Produktionsmittel enthalten, in unserem Beispiel etwa die Pacht oder einen Anteil am Kaufpreis für den Boden, die Kosten für die Nutzung der Gartengeräte, die Ausgaben für Pflanzen und noch andere mit der Produktion vielleicht verbundene Kosten.

Zweitens kann gegen eine Verallgemeinerung der aus unserem Beispiel abgeleiteten Ertragskurve eingewendet werden, daß zur Ausdehnung der Erzeugung und zur Steigerung des Ertrags in der Realität nicht nur ein einziges Produktionsmittel in immer größerem Umfange zur Verfügung steht und variiert werden kann. Mit anderen Worten, wenn mehr produziert werden soll, geht es nicht darum, die Gültigkeit des Ertragsgesetzes zu beweisen, indem nur ein einziges Produktionselement variiert wird, sondern die Produzenten werden versuchen, der Wirksamkeit des Ertragsgesetzes zu entgehen, und daher möglichst alle erforderlichen Produktionsmittel zugleich in größeren Mengen benutzen. Freilich werden sie dennoch, bei aller Anstrengung, dem Gesetz des abnehmenden Ertragszuwachses und der steigenden Kosten auf kurze Frist meistens nicht ganz entgehen können. Wir hatten bereits bei der Betrachtung der Wirkungen des Ertragsgesetzes in der Industrie davon gesprochen, daß auch dort auf kurze Sicht nicht immer alle Produktionselemente in gleichen Faktorkombinationen vermehrt werden können, sondern daß schließlich irgendwo die Produktionserweiterung wegen eines besonders knappen Produktionsmittels auf Grenzen stößt, d. h. der Ertragszuwachs sich verringert und die Kosten zusätzlicher Produktion in die Höhe getrieben werden. Die Kurve des Ertrags wird daher in den meisten Fällen schließlich doch wieder den durch das Ertragsgesetz vorgeschriebenen Verlauf nehmen und zunächst vielleicht einen steigenden Ertragszuwachs aufweisen, aber von einem gewissen Optimum an jede weitere Produktion nur noch mit einem abnehmenden Zuwachs an Ertrag gestatten. Die Gesamtkostenkurve muß unter diesen Voraussetzungen zunächst mit einem sich verringernden, später jedoch, d. h. bei zunehmenden Erzeugungsmengen, mit einem beschleunigten Kostenanstieg verlaufen.

Die Produktionskosten einer Einprodukt-Unternehmung
Um uns die Zusammenhänge wiederum an einem Beispiel verdeutlichen zu können, gehen wir von den fiktiven Werten in Tabelle 5 aus, in der die Produktionskosten und alternative Mengen der Erzeugung einander gegenübergestellt wurden. Wiederum sind, wie bei unserem letzten Beispiel, die Zahlen so gewählt worden, daß die für unsere Überlegungen wichtigen Zusammenhänge in ihnen enthalten sind. Es handelt sich dabei um die Produktionskosten für die Erzeugung alternativer Mengen M eines einzigen, homogenen Gutes, z. B. Zement. Wir haben in unserem Beispiel unterstellt, daß die für die bloße Erhaltung der Produktionsanlagen, d. i. bei der Produktionsmenge null, notwendigen Kosten zwölf Geldeinheiten erfordern. Diese von der produzierten Menge unabhängigen und daher in jedem Falle, also auch bei ruhender Produktion anfallenden Kosten K_f für die Erhaltung der Produktionsanlagen und der Produktionsmöglichkeiten werden in der Volks- und Betriebswirtschaftslehre als *Fixkosten* bezeichnet (vgl. Spalte 2 der Tabelle 5). Zu diesem Block der Fixkosten kommen nun jene Kosten hinzu, die mit der zu produzierenden Menge variieren, d. h. zunehmen, wenn mehr Güter erzeugt werden, und sich verringern, wenn weniger Güter hergestellt werden. Man nennt diese sich mit der zu produzierenden Menge verändernden Kosten K_v die *variablen Kosten* (vgl. Spalte 3 der Tabelle 5). Die Fixkosten K_f und die variablen Kosten K_v zusammen ergeben die *Gesamtkosten* K (vgl. Spalte 4 der Tabelle 5).

Tabelle 5

Produktions-menge	Fixkosten	Variable Kosten	Gesamt-kosten	Durch-schnitts-kosten	Grenzkosten	Durchschn. variable Kosten	Erlös	Gewinn
M	K_f	K_v	K	K_d	K_g	K_a	E	G
1	2	3	4	5	6	7	8	9
0	12	0	12	.	.	.	.	−12
1	12	15	27	27,0	15	15,0	15	−12
2	12	25	37	18,5	10	12,5	30	− 7
3	12	32	44	14,7	7	10,7	45	1
4	12	37	49	12,3	5	9,3	60	11
5	12	41	53	10,6	4	8,2	75	22
6	12	46	58	9,7	5	7,7	90	32
7	12	53	65	9,3	7	7,6	105	40
8	12	63	75	9,4	10	7,9	120	45
9	12	78	90	10,0	15	8,7	135	45
10	12	98	110	11,0	20	10,0	150	38
11	12	123	135	12,3	25	11,2	165	30
12	12	153	165	13,8	30	12,8	180	15

Als weitere Begriffe kommen in unserem Beispiel noch die Grenzkosten K_g, die Durchschnittskosten K_d und die durchschnittlichen variablen Kosten K_a vor, die für uns aus noch zu erklärenden kostenanalytischen Gründen von Bedeutung sind. Die *Durchschnittskosten* (vgl. Spalte 5 der Tabelle 5) geben die durchschnittlichen Erzeugungskosten einer Mengeneinheit an. Sie lassen sich als Quotient K/M aus Gesamtkosten K (Spalte 4) und erzeugter Menge M (Spalte 1) errechnen. Die *Grenzkosten* (vgl. Spalte 6 der Tabelle 5) sind die für eine zusätzlich erzeugte Gütereinheit entstehenden Kosten. Sie ergeben sich als Differenz zwischen zwei Gesamtkostenbeträgen, wenn die Produktionsmenge um eine Einheit zunimmt. Beispielsweise nehmen die Gesamtkosten von 37 auf 44 zu, wenn die Produktion von zwei auf drei Mengeneinheiten erhöht wird, und die Grenzkosten für die dritte Mengeneinheit belaufen sich dabei auf sieben Geldeinheiten. Die *durchschnittlichen variablen Kosten* (vgl. Spalte 7 der Tabelle 5) endlich lassen sich als

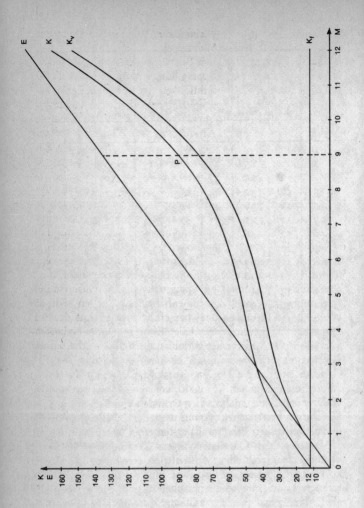

Figur 12 a

Quotient K_v/M aus den variablen Kosten (Spalte 3) und der erzeugten Menge (Spalte 1) ermitteln.

Abermals können die in dem Beispiel enthaltenen Zusammenhänge in eine graphische Darstellung übertragen und die Beziehungen zwischen Produktionsmenge und den dafür entstandenen Kosten in einer allgemeineren Weise behandelt werden (vgl. Figur 12 a).[31] Dabei werden die Produktionsmengen auf der Abszisse und die Produktionskosten auf der Ordinate registriert. Verbindet man die aus den Werten der Spalten 2 bis 4 der Tabelle 5 gewonnenen Punkte des Diagramms jeweils durch eine Linie, so erhält man die Kurve der Fixkosten K_f, der variablen Kosten K_v und der Gesamtkosten K. Da sich die Fixkosten K_f entsprechend ihrer Natur nicht ändern und von der erzeugten Menge unabhängig sind, verläuft die Fixkostenkurve in der in unserem Beispiel angenommenen Höhe von zwölf Einheiten parallel zur Mengenachse (vgl. die Kurve K_f in Figur 12 a). Die Kurve der variablen Kosten K_v steigt dagegen vom Koordinatenursprung O an mit zunächst abnehmender, dann aber zunehmender Steigung, entsprechend den in unserem Beispiel angenommenen Zusammenhängen, in denen sich die Wirkung des Ertragsgesetzes bemerkbar macht. Aus der Addition beider Kurven in vertikaler Richtung – der Fixkostenkurve K_f und der Kurve der variablen Kosten K_v – erhalten wir die Gesamtkostenkurve K als eine um den Betrag der Fixkosten nach oben verschobene Kurve der variablen Kosten. In der Gesamtkostenkurve muß sich daher ebenfalls der vom Ertragsgesetz diktierte Verlauf bemerkbar machen.

Die für die folgenden Untersuchungen wichtigen Zusammenhänge lassen sich noch deutlicher aus den vom Verlauf der Gesamtkosten abgeleiteten Grenz- und Durchschnittskosten erkennen. Die in Tabelle 5 enthaltenen Angaben über Grenzkosten, Durchschnittskosten und durchschnittliche variable Kosten (vgl. Spalte 5–7 der Tabelle 5) sind in Figur 12 b[31] abgebildet. Verfolgen wir zunächst dem Verlauf der Grenzkostenkurve K_g. Da die Gesamtkostenkurve bei den ersten fünf zu erzeugenden Einheiten ihren Anstieg verlangsamt, d. h., da die Zunahme der Kosten pro zusätzlich erzeugter Einheit zunächst mit jedem weiteren Stück geringer wird, fällt die Grenzkostenkurve zwischen den Mengen eins und fünf gemäß unserem Beispiel (vgl. Spalte 6 der Tabelle 5) von 15 bis auf

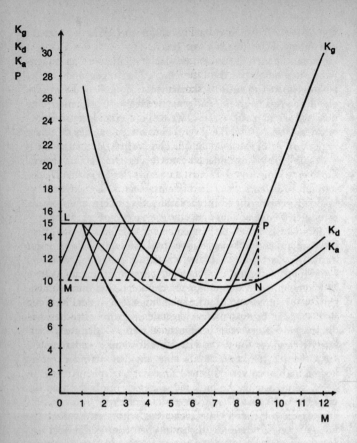

Figur 12 b

vier Geldeinheiten. Von der Produktionsmenge sechs an steigt jedoch die Grenzkostenkurve unablässig, weil die Gesamtkostenkurve ihre Richtung geändert hat und nun in zunehmendem Maße steiler verläuft.

Die Kurve der Durchschnittskosten kann anhand der Werte der Spalte 5 der Tabelle 5 gezeichnet werden. Wir erhalten eine zunächst weit oberhalb der Grenzkostenkurve K_g beginnende, aber gleichfalls fallende Kurve, die in der Figur 12 b mit dem Symbol K_d bezeichnet wurde. Die Durchschnittskosten nehmen noch ab, während die Grenzkosten bereits wieder zunehmen. Aber diese Gegenläufigkeit ist nur so lange möglich, wie die Grenzkosten unter den Durchschnittskosten liegen. Denn sobald eine zusätzliche erzeugte Produkteinheit mehr kostet als der Durchschnitt der bisher erzeugten Mengen, müssen dadurch die Durchschnittskosten zunehmen. Allerdings steigt die Durchschnittskostenkurve K_d meistens nur langsam wieder an. Die Durchschnittskosten enthalten nämlich auch die Fixkosten, die sich mit zunehmender Erzeugung auf immer mehr Gütereinheiten verteilen und daher pro Stück beständig abnehmen. Die Durchschnittskostenkurve setzt sich daher in der Phase der steigenden Grenzkosten aus steigenden durchschnittlichen variablen Kosten und aus abnehmenden durchschnittlichen fixen Kosten zusammen und verläuft daher in ihrem wieder ansteigenden Teil weniger steil nach oben als die Kurve der durchschnittlichen variablen Kosten. Die Kurve der durchschnittlichen variablen Kosten K_a, die keinerlei Fixkosten enthält, wird stets unterhalb der Kurve der gesamten durchschnittlichen Kosten K_d verlaufen. Dabei muß sich der Abstand der Kurve der gesamten durchschnittlichen Kosten K_d von der Kurve der durchschnittlichen variablen Kosten K_a mit zunehmender Menge verringern, weil der in den gesamten durchschnittlichen Kosten enthaltene Betrag der durchschnittlichen Fixkosten mit zunehmender Produktionsmenge beständig kleiner wird.

Wozu das alles, wozu diese Mühen und Exerzitien bei der Erörterung eines erfundenen, nicht einmal in der Wirklichkeit erprobten Falles? Gewiß, der Zusammenhang zwischen Produktionsmenge und Kosten hat sich vielleicht niemals so in der Wirklichkeit ereignet. Dennoch ist unser Beispiel von weit größerer Bedeutung, als es aufgrund der fiktiven Angaben zu sein scheint. Wenn wir nämlich davon ausgehen können, daß die Wirksamkeit des Ertragsgesetzes bei einer Ausdehnung der Produktion wenigstens auf kurze Frist zu verspüren ist, werden alle Kostenkurven die hier beschriebenen Verlaufsrichtungen aufweisen und vom Typus der in Figur 12 a und 12 b abgebildeten Kurven sein. Eine durch das Ertragsgesetz bestimmte Gesamtkostenkurve wird, wenn die Produktion zunächst mit steigenden und dann sinkenden Grenzerträgen aufwartet, stets zuerst sinkende und später wieder zunehmende Grenzkosten aufweisen. Eine Gesamtkostenkurve wird in einem Kostendiagramm unter diesen Voraussetzungen als eine zunächst langsamer, dann aber rascher ansteigende Kurve erscheinen und damit dem in Figur 12 a gezeigten Verlaufstyp einer Gesamtkostenkurve entsprechen. Damit ist zugleich auch der Verlauf der Grenzkostenkurve, der Durchschnittskostenkurve und der Kurve der durchschnittlichen variablen Kosten dem Typus nach festgelegt. Unter der Voraussetzung, daß sich die Wirkung des Ertragsgesetzes bei der Produktion irgendeines Gutes bemerkbar macht, kann unsere Darstellung der Beziehungen zwischen Produktionsmenge und dafür entstehenden Kosten in allgemeiner Weise verwendet werden.

C. Gewinn und Verlust

Erlös, Gewinn, Verlust
Die Kosten der Produktion, die anhand unseres Beispiels (vgl. Tabelle 5) und dann in einer allgemeinen Form mit Hilfe der graphischen Interpretation (Figur 12 a u. 12 b) behandelt wurden, sind für sich genommen wichtig genug, um sich damit eingehend zu beschäftigen. Aber sie sind nicht das einzige ökonomische Problem einer Unternehmung, sondern sie bilden nur eine Seite bei der Ermittlung des wirtschaftlichen Erfolges. Die andere Seite wird durch den Erlös bestimmt. Dieser Erfolg wird gewöhnlich gemessen am Gewinn, den eine Firma erzielt. Um den Erfolg bzw. den Gewinn ermitteln zu können, benötigen wir nicht nur die Kosten, sondern auch den Erlös der Produktion. Erst die Differenz beider Größen, d. i. der Erlös abzüglich der Kosten, ergibt den *Gewinn*. Als Gewinn bezeichnen wir allerdings nur eine positive Differenz, d. i., wenn der Erlös die

Kosten übertrifft. Bei einer negativen Differenz, wenn die Kosten den Erlös übersteigen, sprechen wir von einem *Verlust*. Bei der Fortsetzung unserer theoretischen Überlegungen müssen wir deshalb Kosten und Erlös gleichzeitig betrachten in der Absicht, die Abhängigkeit des Gewinns oder des Verlustes von Kosten und Erlös einerseits und der Menge des erzeugten und zu verkaufenden Produktes andererseits unter bestimmten, noch zu erläuternden Produktions- und Marktbedingungen kennenzulernen.

Wir haben uns zuvor deshalb so eingehend mit dem Ertragsgesetz und den Kosten der Produktion befaßt, weil sich damit einige Überlegungen verbanden, die für den Verlauf einer typischen Gesamtkostenkurve kurzfristiger Art den Ausschlag geben. Wir kamen dabei zu dem Ergebnis, daß dieser Typ einer Gesamtkostenkurve, wie wir ihn mit der Kurve K in Figur 12a vor uns haben, jeweils für eine gegebene Produktionsanlage gilt, die kurzfristig nicht wesentlich erweitert werden kann. In diesem Falle werden die Gesamtkosten bei den ersten zu erzeugenden Einheiten allmählich langsamer steigen, bis schließlich die Kurve dort, wo die Grenzkosten am niedrigsten sind, ihre Richtung ändert und allmählich wieder steiler verläuft. Wird nämlich die Produktion über das Minimum der Grenzkosten hinaus ausgedehnt, so erfordert jede zusätzlich produzierte Einheit höhere Kosten als die vorausgegangene. Die Kurve der Gesamtkosten beginnt deshalb vom Minimum der Grenzkosten an wieder steiler zu verlaufen.

Zu dieser Kurve der Gesamtkosten kann nun noch die Kurve des Erlöses hinzugefügt werden. Dabei soll für unser Beispiel unterstellt werden, daß es sich um eine Produktion unter polypolistischer oder auch vollständiger Konkurrenz handelt, wobei die von unserem Anbieter gelieferte jeweilige Gütermenge nicht selbst wieder das Gesamtangebot auf dem Markte in nennenswertem Umfange verändert. Da unser Produzent nur verhältnismäßig wenig zu dem auf dem Markte befindlichen Gesamtangebot hinzufügt, ist er auch nicht in der Lage, mit seinem eigenen Angebot den sich auf dem Markte einstellenden Preis zu beeinflussen. In der Fachsprache der Nationalökonomie heißt das, der Preis für den betreffenden Anbieter sei ein *Datum* und damit unverrückbar, unveränderlich.

In unserem Beispiel sei weiterhin unterstellt, daß der Preis pro erzeugter Mengeneinheit, etwa der Preis pro Stück, 15 Geldeinheiten beträgt. Betrachten wir dazu wieder die graphische Darstellung unseres Beispiels in Figur 12 a. Da mit jedem produzierten und veräußerten Stück beim Preise von 15 Geldeinheiten der Erlös stets um 15 Geldeinheiten zunimmt, liegen die Punkte des Erlöses, wenn wir sie in ein Diagramm einzeichnen, auf einer Geraden. In der Figur 12 a liegen diese Punkte auf der Geraden E, die im Koordinatenursprung O beginnt und zunächst unterhalb der Gesamtkostenkurve K, später aber oberhalb dieser Kurve verläuft. Die Differenz zwischen Erlös und Kosten, d. h. der in vertikaler Richtung gemessene Abstand zwischen der Geraden E und der Kurve K ergibt dann den Gewinn oder den Verlust bei einer bestimmten Produktionsmenge. Die für unser Beispiel gewählten Zahlen für die Erlöskurve und den jeweiligen Verlust oder Gewinn entnehmen wir den Spalten 8 und 9 der Tabelle 5. Der höchste Gewinn stellt sich in Höhe von 45 Geldeinheiten, und zwar sowohl bei der Produktionsmenge acht als auch bei der Menge neun ein. Dieses Ergebnis ist insofern nicht gerade typisch, als das Gewinnmaximum hier nicht eindeutig bestimmt ist, d. h. nicht bei einer eindeutig fixierten Menge liegt, sondern sowohl bei der Menge acht als auch bei der Menge neun erzielt werden kann.

Gewinnmaximierung und Gleichgewicht
Dieses Beispiel und in ihm namentlich das Resultat für das Gewinnmaximum wäre belanglos, wenn es nicht geeignet wäre, Zusammenhänge zu verdeutlichen, die sonst in einer viel abstrakteren Form behandelt werden müßten. Beispiele, so sagten wir in Abschnitt I, können nicht als Beweis für einen bestimmten Tatbestand, sondern nur zur Veranschaulichung eines erklärungsbedürftigen Zusammenhangs dienen.
Wir wollen also zunächst eine möglichst realistische und genaue Vorstellung von den Zusammenhängen zwischen den Kosten einerseits und dem Erlös andererseits gewinnen, um danach die allgemeine, d. h. in jedem Falle gültige Bedingung für den höchsten Gewinn zu ermitteln. Die Behandlung dieses Problems ist von besonderer Wichtigkeit, weil normalerweise unterstellt werden kann, daß für die Unternehmungen eine Orientierung am Gewinn von größter Bedeutung für ihre

Produktion ist. Vielleicht geht es zwar den Unternehmern nicht immer nur darum, ein Maximum an Gewinn zu erzielen, vielleicht streben sie z. B. auch nach einem größeren Marktanteil, einer gewissen Beständigkeit der Produktion, einer Vergrößerung des Umsatzes usf. Aber Marktanteil, Beständigkeit der Produktion und Höhe des Umsatzes können offenbar nicht allein die unternehmerischen Ziele sein, weil die Ausdehnung des Marktanteils, eine gleichmäßigere Produktion oder die Vergrößerung des Umsatzes auf die Dauer ohne Gewinn nicht möglich erscheinen und diese vorgeschobenen Ziele meistens doch nur dem Zweck dienen, auf längere Sicht den Gewinn zu steigern. Über jene Unternehmer, die allzu naiv eine Steigerung des Umsatzes schon als einen Erfolg betrachten, wird oft gewitzelt, daß sie zwar bei jedem verkauften Stück zehn Pfennig draufzahlen, der hohe Umsatz aber für alles entschädige. Letztlich wird doch immer wieder der Gewinn das wichtigste Ziel einer Unternehmung sein und den Umfang der Produktion oder des Angebots bestimmen. Die uns hier interessierende Frage lautet deshalb: Bei welcher Angebotsmenge ergibt sich der höchste Gewinn, wenn der Preis ein Datum, d. h. eine vorgegebene Größe ist? Läßt sich eine allgemeine Lösung des Problems, eine in jedem Falle gültige Erklärung geben? Die Antwort ist verhältnismäßig einfach. Offenbar lohnt es, die Produktion so lange auszudehnen, wie die Kosten der zuletzt erzeugten Einheit gerade noch unterhalb des erzielbaren Preises liegen. Die Kosten der zuletzt erzeugten Einheit nennen wir bekanntlich die Grenzkosten. Sie sind für die Analyse unseres Problems von entscheidender Bedeutung. Wenn die Grenzkosten unterhalb des Verkaufspreises liegen, lohnt es, die Produktion weiter auszudehnen, da mit jedem zusätzlichen Stück oder mit jeder weiteren Mengeneinheit mehr erlöst werden kann, als sie gekostet hat. Solange mit jeder zusätzlichen Mengeneinheit noch ein Gewinn erzielt und der Gesamtgewinn dadurch gesteigert werden kann, wäre es töricht, die Produktion nicht weiter auszudehnen. Produktion und Gewinn lassen sich demnach so lange steigern, bis die Grenzkosten an den Marktpreis heranreichen, d. h., bis der zunächst noch mit jedem zusätzlich erzeugten Stück verbundene Gewinn aufhört.

Die Bedingung für das Gewinnmaximum einer Unternehmung, die ein einziges Produkt herstellt und den Verkaufspreis dieses

Produkts als ein Datum betrachtet, lautet also: Die Produktionsmenge wird so weit ausgedehnt, bis die Grenzkosten in ihrem ansteigenden Teil gleich dem Preis sind. Jede andere Produktionsmenge würde die Unternehmensleitung veranlassen, wenn sie nach dem Gewinnmaximum strebt, die erzeugte Menge so lange zu ändern, wie es unter den gegebenen Umständen noch sinnvoll erscheint. Die Ruhelage, das Gleichgewicht, ist erreicht, wenn eine Änderung nicht mehr lohnt, weil der höchste mögliche Gewinn erzielt wird. Dieser Zustand ist erreicht, wenn die Bedingung Grenzkosten gleich Preis erfüllt wird und eine Unternehmung dadurch ihr Gewinnmaximum erreicht. Wir bezeichnen diese Lage als das *Gleichgewicht einer Unternehmung*.

Betrachten wir dazu noch einmal unser Zahlenbeispiel und insbesondere jene Produktmenge, bei der Grenzkosten und Preis gleich sind. Die Grenzkosten (in Spalte 6 der Tabelle 5) erreichen die Höhe des Preises — der Preis beträgt bekanntlich 15 Geldeinheiten — bei der Menge neun. Da in diesem Falle die Kosten des letzten, neunten Stückes in Höhe von 15 Geldeinheiten durch den Preis gerade gedeckt werden, entsteht durch Erzeugung und Verkauf dieses neunten Stückes weder ein zusätzlicher Gewinn noch ein Verlust. Daher ändert sich an dem bereits bei der Menge acht erzielten Resultat nichts mehr, d. h. der Gewinn ist bei der Menge acht ebenso hoch wie bei der Menge neun. Jedenfalls finden wir die Richtigkeit unserer Überlegung bestätigt, daß ein Gewinnmaximum erreicht wird, wenn die Grenzkosten dem Preis gleich sind.

Das numerische Ergebnis der Tabelle kann aber auch anhand der graphischen Darstellung in Figur 12 b nochmals durchdacht werden. Da der Preis vom Markte vorgegeben ist und für jedes Stück 15 Geldeinheiten beträgt, verläuft die Preislinie beim Werte 15 in horizontaler Richtung (Linie LP in Figur 12 b). Die Gleichgewichtsbedingung, d. h. die Gleichheit zwischen Grenzkosten und Preis, wird im Punkte P, d. i. im Schnittpunkt der Grenzkostenkurve K_g mit der Preisgeraden LP erfüllt. Die zum Gleichgewichtspunkte P gehörende Produktionsmenge beträgt neun Einheiten. Jede über neun hinausgehende Menge würde Grenzkosten in einer Höhe verursachen, die durch den Preis nicht mehr gedeckt werden und deshalb den Gesamtgewinn schmälern.

Wir können nun weiterhin den sich ergebenden Gesamtgewinn als Produkt aus abgesetzter Menge mal durchschnittlichem Gewinn pro Stück bzw. pro Mengeneinheit ermitteln. Da sich die abgesetzte Menge auf neun Einheiten beläuft (Strecke MN in Figur 12 b), brauchen wir nur noch den Durchschnittsgewinn zu bestimmen. Den Gewinn definierten wir am Anfang dieses Abschnitts als Differenz zwischen Erlös und Kosten. Der Gewinn pro Stück ergibt sich dann als Differenz zwischen dem Erlös pro Stück — dem Preis — einerseits und den Durchschnitts- oder Stückkosten andererseits. In Figur 12 b stellt die Strecke NP den Stückgewinn, d. i. die Differenz zwischen dem Preis und den Durchschnittskosten, dar. Wird dieser Stückgewinn NP mit der zugehörigen Menge MN multipliziert, so erhalten wir als graphische Darstellung des Gesamtgewinns, MN · NP, den Inhalt der schraffierten Fläche LMNP.

Die Höhe des Gewinns und die gewinnmaximale Produktionsmenge können auch aus Figur 12 a entnommen werden. Da der Gewinn als Differenz zwischen Erlös und Kosten ermittelt wird, befindet sich das Gewinnmaximum dort, wo der vertikale Abstand zwischen der Erlösgeraden E und der Kurve der Gesamtkosten K den größten Wert erreicht, d. h. dort, wo die Parallele zur Erlösgeraden E das unterhalb dieser Geraden verlaufende Stück der Gesamtkostenkurve K gerade noch berührt.[32] In Figur 12 a ergibt sich dieser Tangentialpunkt P bei der Produktmenge neun. Die bereits oben definierte Gleichgewichtsposition ist damit erneut bestätigt.

Preisuntergrenze des Angebots auf lange Sicht

Die graphische Darstellung in Figur 12 b kann uns auch noch bei der Erklärung eines weiteren wichtigen Zusammenhangs nützlich sein. Zunächst gilt es zu bedenken, daß die Produktion ja nicht bei jedem Preise lohnt. Fragen wir deshalb, bei welchem äußersten Preis es für die in unserem Beispiel betrachtete Firma noch sinnvoll sein kann anzubieten und bei welchem Preis der Gewinn aufhört.

Ein Gewinn kann offenbar nur so lange entstehen, wie die Durchschnittskosten niedriger sind als der Preis, solange also in unserer graphischen Darstellung (vgl. Figur 12 b) die Durchschnittskostenkurve K_d unter der Preislinie LP bleibt. Die kritische, entscheidende Zone ist offenbar dort, wo ein Gewinn nicht mehr und ein Verlust noch nicht entsteht, d. i., wo der Gewinn null beträgt. In diesem äußersten Fall könnte der Preis bis zum niedrigsten Punkt der Durchschnittskostenkurve sinken, wo die Grenzkostenkurve K_g die Durchschnittskostenkurve K_d schneidet. Beim niedrigsten Wert, im sogenannten Minimum der Durchschnittskosten, erreichen sie ungefähr den Wert 9,3, wie sich aus Figur 12 b und aus Spalte 5 in Tabelle 5 ablesen läßt. Äußerstenfalls könnte also der Preis bis auf 9,3 Geldeinheiten sinken, wenn ein Verlust vermieden werden soll.

Würde der Preis unter 9,3 Geldeinheiten sinken und müßte die Firma damit rechnen, daß sich diese Situation auch langfristig nicht ändert, so wäre es kaum sinnvoll, Produktion und Angebot aufrechtzuerhalten, da in der voraussehbaren Zeitspanne nur Verluste entstünden. Wir können aus diesen Überlegungen einen weiteren wichtigen Satz der Preistheorie ableiten, der eine allgemeine Erklärung für die absolute Preisuntergrenze des Angebots auf längere Sicht gibt. Dieser Satz lautet: Unter den angenommenen Voraussetzungen wird die absolute Preisuntergrenze für das Angebot einer Unternehmung auf lange Sicht durch den tiefsten Punkt der Durchschnittskostenkurve festgelegt.

Preisuntergrenze auf kurze Sicht

Daß die Preisuntergrenze auf lange Sicht dort liegt, wo der Gewinn einer Unternehmung endet, d. h., wo die Stückkosten gleich dem Preis sind, hätten wir vielleicht auch ohne großartige theoretische Begründung herausgefunden. Nicht ganz so einfach sind jedoch die Überlegungen, was zu tun ist, wenn die Preise nur vorübergehend die Durchschnittskosten nicht mehr decken und eine gewisse Zeitspanne überstanden werden muß, in der Verluste unvermeidlich sind. Fast alle Saisonbetriebe müssen sich regelmäßig mit diesem Problem und mit derartigen Überlegungen befassen, beispielsweise die Badeanstalten, die Strandhotels, die Skischulen und das Baugewerbe. Aber auch andere Bereiche der Wirtschaft, die nicht als typische Saisonunternehmungen gelten, sehen sich häufig vor das gleiche Problem gestellt, so z. B. die Bekleidungsindustrie und die Automobilindustrie, deren Absatz gleichfalls nicht kontinuierlich erfolgt, sondern Monate mit größerer und kleinerer

Nachfrage kennt. Die Leitung derartiger Unternehmungen muß jeweils entscheiden, ob der Betrieb vorübergehend stillgelegt oder ob weiter produziert werden soll und welche Mengen unter diesen Umständen zu erzeugen und abzusetzen sind. Mit anderen Worten, während auf lange Sicht eine Produktion mit Verlusten, d. h. mit Durchschnittskosten, die über dem Preis liegen, nicht lohnt, kann es auf kurze Frist durchaus möglich sein, die Produktion auch mit Verlusten weiterzuführen, wenn es sich um eine vorübergehende, zu überstehende Phase handelt.

Da nach unseren Annahmen in diesen Fällen während einer vorübergehenden Frist ein Gewinn nicht erzielt werden kann und ein Verlust unumgänglich erscheint, besteht das unternehmerische Ziel nicht mehr darin, den höchsten Gewinn zu erzielen, sondern den Verlust möglichst gering ausfallen zu lassen. An die Stelle des Ziels der Gewinnmaximierung tritt daher der Grundsatz der Verlustminimierung. Die Kriterien der Entscheidung darüber, ob es sich lohnt, die Produktion aufzunehmen oder die laufende Produktion weiterzuführen, wenn Verluste nicht mehr zu vermeiden sind, lassen sich verhältnismäßig leicht finden. Wird nämlich der Betrieb stillgelegt, so entstehen auf jeden Fall Kosten für die Schließung und die Wiederinstandsetzung und außerdem noch die sogenannten Fixkosten, d. h. die auch bei ruhendem Betrieb anfallenden Kosten. Wenn der auf diese Weise bei einer vorübergehenden Schließung der Unternehmung unumgängliche Verlust größer ist als jener, der sich bei einer Weiterführung des Betriebs ergibt, wird es vorzuziehen sein, den Betrieb aufrechtzuerhalten. Unsere Überlegungen müssen sich deshalb darauf konzentrieren, herauszufinden, unter welchen Bedingungen die Stillstandskosten größer oder kleiner als ein Verlust bei weiterlaufendem Betrieb sind.

Wir können diese Überlegung etwas vereinfachen, indem wir von den besonderen Kosten der Schließung und der Wiederingangsetzung eines Betriebes oder einer Unternehmung absehen und als Stillstandskosten lediglich die fixen Kosten betrachten. Wenn es darum geht, den Verlust möglichst klein zu halten, dann darf die Produktion nur aufgenommen oder weitergeführt werden, wenn der der Unternehmung durch Fixkosten, eventuell vermehrt um die Schließungs- und Anlaufkosten, drohende Verlust durch Produktion und Erlös verringert werden kann. Die auf jeden Fall zu tragende Bürde der Fixkosten kann nur dann erleichtert werden, wenn der Erlös aus der Produktion nicht nur die variablen Kosten vollständig deckt, sondern darüber hinaus noch etwas zur Bestreitung der Fixkosten übrigläßt. Werden die unmittelbar von der produzierten Menge hervorgerufenen Kosten, d. s. die variablen Kosten, vollständig durch den Erlös gedeckt, so bedeutet das, daß die durchschnittlichen variablen Kosten kleiner oder äußerstenfalls gleich dem Preis sein müssen. Der Punkt, von dem an die Aufnahme oder die Weiterführung der Produktion lohnt, liegt also dort, wo die Kurve der durchschnittlichen variablen Kosten unter die Preislinie fällt. Würde der Preis — in Figur 12 b festgelegt durch die Preislinie LP — so niedrig liegen, daß er von der Kurve der durchschnittlichen variablen Kosten nicht mehr erreicht wird, dann wäre es empfehlenswert, den Betrieb zu schließen und das Angebot einzustellen.

Die Angebotsuntergrenze auf kurze Sicht liegt also bei jenem Preis und jener Menge, die durch das Minimum der durchschnittlichen variablen Kosten bestimmt werden. Damit haben wir einen dritten wichtigen Satz der Preistheorie gewonnen, zu dessen Voraussetzungen allerdings wieder die zuvor erwähnten fünf Bedingungen gehören. Der erarbeitete Satz über die Aufnahme der Produktion lautet: Auf kurze Sicht liegt die Untergrenze des Angebots einer Firma bei jenem Preis, der dem Minimum der durchschnittlichen variablen Kosten entspricht, wobei wir allerdings von besonderen Kosten der Schließung und Wiedereingangsetzung absehen. Das bedeutet, daß es sich in einer vorübergehenden Phase des Verlustes nur dann lohnt, die Produktion einzustellen, wenn die durchschnittlichen variablen Kosten in keinem Falle mit dem erzielbaren Preis des Produkts gedeckt werden können.

Betrachten wir zur Veranschaulichung wieder unser Beispiel. Aus Tabelle 5 läßt sich entnehmen, daß sich schon mit dem zweiten produzierten und veräußerten Stück der Gesamtverlust verringert. Bei einer Stillegung würde ein Verlust in Höhe von zwölf Geldeinheiten entstehen, hervorgerufen durch die Fixkosten (vgl. Spalte 2 und 9 der Tabelle 5). Während sich bei der Produktion von einer Einheit in unserem Beispiel der Verlust noch nicht ändert, wird durch die Produktion von zwei Einheiten der Verlust von zwölf auf sieben Geldeinheiten verringert werden, weil die Kosten für das zweite Stück nur zehn Geldeinheiten erfordern, denen ein Erlös in Höhe von 15 gegenübersteht. Der ursprüngliche Verlust in Höhe von zwölf kann dadurch um fünf Geldeinheiten verringert werden. Der gleiche Zusammenhang kann auch aus Figur 12 b unmittelbar abgelesen werden, da die Kurve der durchschnittlichen variablen Kosten K_a schon bei der zweiten Produkteinheit unter dem Erlös für diese Einheit, d. h. unter der Preislinie LP verläuft.

Fundamentalsätze der Preistheorie und ihre Voraussetzungen
Auf den vorausgegangenen Seiten haben wir die Bedingung für das Gewinnmaximum sowie die Preisuntergrenze für das Angebot auf kurze und lange Sicht kennengelernt. Es handelte sich dabei jeweils um logisch zwingende Folgerungen, die sich aus bestimmten Annahmen ableiten lassen, so wie der Satz des *Pythagoras* abgeleitet werden kann, sobald ein Dreieck einen rechten Winkel besitzt. Mit Hilfe des Satzes des *Pythagoras* lassen sich bekanntlich Entfernungen messen und in einem beliebigen Abstand z. B. die Entfernung bis zur Spitze eines Turmes berechnen. Obwohl bei der Messung vielleicht nicht immer der rechte Winkel eingehalten wird und als Voraussetzung für eine möglichst exakte Messung unterstellt werden darf, mag es genügen, die zu ermittelnde Entfernung wenigstens annäherungsweise zu kennen. Nicht viel anders verhält es sich meistens mit den logischen Folgerungen in unserer Disziplin. Wir müssen uns häufig damit begnügen, eine Größe wenigstens in ihren Umrissen einigermaßen genau berechnen zu können, deren Messung, strenggenommen, nur aufgrund von Sätzen möglich ist, die unter ganz präzisen Bedingungen gelten. Obwohl diesen strengen Vorschriften exakter Messung kaum jemals entsprochen werden kann, sollten wir wenigstens wissen, welches die Bedingungen sind, unter denen die Sätze gelten, mit denen wir arbeiten. Erinnern wir uns deshalb noch einmal an die Bedingungen, unter denen das Gewinnmaximum oder der Inhalt der bisher erarbeiteten drei Sätze exakt bestimmt werden kann:
a) Es wird nur ein Produkt erzeugt (Einprodukt-Unternehmung).
b) Der Produzent versucht, den höchsten Gewinn zu erzielen (Prinzip der Gewinnmaximierung).

c) Der Verlauf der Gesamtkostenkurve gleicht dem Kostenverlauf, der sich aus dem Ertragsgesetz ergibt (ertragsgesetzlicher Verlauf der Kostenkurven).
d) Die zu verändernden Produktionsmittel und die Produktionserzeugnisse lassen sich in unendlich kleine Einheiten teilen (kontinuierlicher Verlauf der Kosten- und Erlöskurven).
e) Der Produzent betrachtet den Preis als ein Datum (es herrscht vollständige oder wenigstens polypolistische Konkurrenz).

Unter diesen Annahmen lassen sich die bereits erwähnten drei wichtigen Sätze ableiten:

1. Die Bedingung für das Gleichgewicht und das Gewinnmaximum einer Unternehmung lautet: Grenzkosten = Preis.
2. Die Preisuntergrenze auf lange Sicht, bei der es sich überhaupt noch lohnt, anzubieten oder zu produzieren, liegt beim Minimum der Durchschnittskosten. Die Bedingung für die Untergrenze des Angebots auf lange Sicht lautet daher: Minimum der Durchschnittskosten = Preis.
3. Die Preisuntergrenze auf kurze Sicht, wenn z. B. eine vorübergehende Periode des Verlusts überbrückt werden soll, liegt beim Minimum der durchschnittlichen variablen Kosten. Die Bedingung für die Untergrenze des Angebots auf kurze Sicht lautet demnach: Minimum der durchschnittlichen variablen Kosten = Preis.

Obwohl die oben erwähnten einengenden Bedingungen a) bis e) den Eindruck hervorrufen müssen, daß sie die Reichweite unserer Überlegungen auf ein winziges, bedeutungsloses Stück Realität begrenzen, können die abgeleiteten drei Sätze als Fundamentalsätze der traditionellen Preistheorie bezeichnet werden. Der Leser begnüge sich hier mit dieser recht allgemeinen, nicht weiter begründeten Erklärung und mit dem Hinweis darauf, daß diese drei Fundamentalsätze der Preistheorie – es gibt darüber hinaus noch andere – aus formalen, logischen Gründen die erwähnten fünf Bedingungen erfordern, daß also die Sätze nur dann korrekt abgeleitet werden können, wenn jene Bedingungen erfüllt sind. Tatsächlich wird jedoch die Wirksamkeit und Gültigkeit der drei Sätze auch weit über diese strengen formalen fünf Bedingungen hinaus spürbar sein. Wir erinnern uns dabei an die methodischen Überlegungen in Abschnitt I, C (vgl. S. 24), aus denen hervorging, daß die Theorie die Wirklichkeit fast niemals ganz genau trifft und abbildet und daß wir dennoch oder sogar deshalb viele ihrer wesentlichen Eigenschaften beschreiben und erklären können. Mit dieser Tröstung versehen, können wir behaupten, daß die gewonnenen Aussagen auch in einer Wirklichkeit bedeutsam werden, in der die erwähnten Bedingungen keineswegs in ihrer strengen Form erfüllt zu sein brauchen.

Minimierung des Verlusts
Die Entscheidung, ein Unternehmen vorübergehend zu schließen oder aber mit Verlusten weiter zu produzieren, muß sich an der Höhe des Verlusts orientieren, der im einen oder im anderen Falle entsteht. Würde der Preis unter das Minimum der durchschnittlichen variablen Kosten sinken, so könnten durch den Verkaufspreis nicht einmal mehr die entstandenen laufenden Kosten der Erzeugung gedeckt werden. Der Verlust würde dadurch größer als die Fixkosten sein, weil zu diesen von der Produktionsmenge unabhängigen Kosten noch jene Fehlbeträge hinzukämen, die sich aus den ungedeckten laufenden Kosten der Produktion ergeben würden. Sinkt also der Preis unter das Minimum der durchschnittlichen variablen Kosten, so ist es besser, das Unternehmen zu schließen und damit den Verlust auf die Fixkosten zu begrenzen. Würde hingegen der Preis über dem Minimum der durchschnittlichen variablen Kosten liegen, so könnten nicht nur die variablen Kosten, sondern auch noch Teile der fixen Kosten gedeckt und damit der Verlust verringert werden. Allerdings ist noch zu klären, bei welcher Produktions- oder Angebotsmenge der Verlust in diesem Falle am niedrigsten wäre.
Sobald der Preis über dem Minimum der durchschnittlichen variablen Kosten liegt, wird es natürlich ratsam sein, eine Produktionsmenge zu wählen, bei der die durchschnittlichen variablen Kosten nicht wieder über den erzielbaren Preis steigen. Betrachten wir dazu die in Figur 12 b gezeigten Zusammenhänge, und nehmen wir die Werte der Tabelle 5 zu Hilfe. Da die durchschnittlichen variablen Kosten äußerstenfalls bis auf ungefähr 7,6 sinken, würde bei einem Preis in Höhe von sieben die Produktion aufgrund der eben angestellten Überlegungen nicht lohnen und die Schließung des Betriebes den geringeren

Verlust bedeuten. Wenn der Preis für die erzeugten Produkte dagegen auf acht stünde, könnte es vorteilhaft sein, die Produktion weiterzuführen, sofern es sich um eine kurze Periode, d. h. um die Überbrückung eines vorübergehenden, unvermeidlichen Verlustes handelt. Allerdings wäre es unklug, weniger als sechs oder mehr als acht Einheiten zu produzieren, weil dabei die durchschnittlichen variablen Kosten den Preis in Höhe von acht übersteigen. Dagegen könnte jede Produktionsmenge zwischen sechs und acht Einheiten unter Bedingungen erzeugt werden, bei welchen der Preis die durch die Herstellung dieses Produktes selbst entstandenen Kosten, die variablen Kosten, erstattet und darüber hinaus noch etwas zur Deckung der fixen Kosten beiträgt.

Das Ziel, das sich der Unternehmer nach unseren Annahmen setzt, besteht darin, einen möglichen Gewinn zu maximieren oder einen unvermeidlichen Verlust zu minimieren. Bei welcher Menge wird hier der Verlust minimiert? Zur Beantwortung dieser Frage können wir auf jene Überlegungen zurückgreifen, die bei der Bestimmung des Gewinnmaximums angestellt wurden, denn die Verlustminimierung ist, nach den Regeln der Mathematik, nichts anderes als eine Gewinnmaximierung im negativen Bereich des Gewinns. Im Grunde geht es weiterhin darum, die Differenz zwischen Erlös und Kosten möglichst groß zu halten. Ist eine positive Differenz zwischen Erlös und Kosten nicht möglich, so verlangt das Gewinnmaximierungs- bzw. Verlustminimierungsprinzip, dem Bereich des Gewinns möglichst nahe zu kommen. Es ist ähnlich, wie wenn es sich darum handelte, einen möglichst hohen Punkt zu erreichen, wenn wir uns in einer Senke unterhalb des Meeresspiegels befinden. Der höchste Punkt ist dabei jener, der den kleinsten Abstand, den geringsten Höhenverlust gegenüber dem Meeresspiegel, dem Nullpunkt, aufweist. Wir erkennen daran, daß für die Verlustminimierung prinzipiell die gleichen Überlegungen und Bedingungen wie für die Gewinnmaximierung gelten.

Die Bedingung für das Gewinnmaximum kennen wir bereits. Sie fordert, daß die Grenzkosten dem Preis gleich sein müssen. Diese Regel läßt sich offenbar auch für das Verlustminimum verwenden. Prüfen wir jedoch unsere Überlegungen wiederum anhand unseres Beispiels und unserer graphischen Darstellung in Figur 12 b. Wenn die erzeugten Produkte bei einem Preis in

Höhe von acht verkauft werden müssen, d. h. bei einem Preis, der die Kosten pro Stück nicht mehr deckt — die Durchschnittskosten erreichen im günstigsten Fall den Wert 9,3, liegen also über dem Preis in Höhe von acht —, ist der Verlust am geringsten, wenn jene Menge erzeugt wird, bei der die Grenzkosten gleich dem Preise sind. Aus Figur 12 b oder aus Tabelle 5 entnehmen wir, daß die Grenzkosten den Preis in Höhe von acht bei einer Menge zwischen sieben und acht Einheiten erreichen. Ohne im einzelnen auszurechnen und zu prüfen, ob der Verlust hier tatsächlich am niedrigsten ist, läßt sich die Richtigkeit des Ergebnisses wiederum mit Hilfe der Marginalanalyse nachweisen. Wenn nämlich das letzte produzierte Stück mehr als acht Geldeinheiten kosten und deshalb durch den Preis nicht mehr gedeckt würde, so wäre es besser, dieses Stück nicht mehr zu erzeugen, weil es den entstandenen Verlust vergrößern würde, wären aber für das zuletzt erzeugte Stück weniger als acht Geldeinheiten aufzuwenden, so brächte dieses Stück einen Gewinn. Die Möglichkeit, an jedem weiteren Stück etwas zu gewinnen, sollte dann soweit ausgenutzt und die Produktionsmenge deshalb so lange ausgedehnt werden, bis ein Gewinn für das jeweils letzte Stück nicht mehr entsteht. Das aber ist dort der Fall, wo die Grenzkosten dem Preis gleich sind.

Um sich mit den hier beschriebenen Zusammenhängen eingehend vertraut zu machen, sei dem Leser empfohlen, die Werte für die Tabelle 5 neu zusammenzustellen und aufzuzeichnen unter der Voraussetzung, daß der Verkaufspreis für eine Einheit des Produkts nicht 15, sondern acht Geldeinheiten beträgt. Der Leser bestimme dann in Figur 12 b jene Menge, bei welcher der Verlust am kleinsten ist, und versuche außerdem, auf graphische Weise die Größe des dabei entstehenden Verlusts als Rechteck in die Figur einzuzeichnen.

D. Die Angebotskurve der Produzenten

Angebotskurve einer Unternehmung

Sowohl bei der Gewinnmaximierung als auch bei der Verlustminimierung werden die bei alternativ hohen Preisen sich ergebenden Angebotsmengen durch die Grenzkosten festgelegt. Überprüfen wir den Inhalt dieser Aussage noch einmal, indem wir beim niedrigsten Angebotspreis beginnen. Wir erkannten, daß die kurzfristige Angebotsuntergrenze dort liegt, wo der Marktpreis das Minimum der durchschnittlichen variablen Kosten erreicht, gewissermaßen in der Talsohle der Kurve K_a in Figur 12 b. Der niedrigste Punkt dieser Kurve befindet sich dort, wo sie von der Grenzkostenkurve geschnitten wird. Damit liegen die absolute Preisuntergrenze des Angebots und die zu diesem Preis zu produzierende Menge fest. Steigt nun der Preis, so kann der Verlust weiter verringert und jeweils eine größere Menge produziert werden. Wenn der Verlust minimiert werden soll, muß jeweils diejenige Menge erzeugt werden, bei der die Grenzkosten gleich dem Preis sind, bei der also, um im Bilde der Figur 12 b zu bleiben, die Grenzkostenkurve die Preisgerade schneidet. Lassen wir nämlich, vom absoluten Angebotsminimum ausgehend, d. h. von der tiefsten Stelle der Kurve K_a in Figur 12 b an, den Preis allmählich steigen, so müssen wir, wenn die jeweils günstigste, d. h. verlustminimierende oder gewinnmaximierende Produktionsmenge ermittelt werden soll, der Grenzkostenkurve nach rechts folgen, denn im jeweiligen Schnittpunkt dieser Kurve mit der Preislinie wird das Verlustminimum bzw. das Gewinnmaximum festgelegt.

Die Bedingung ›Grenzkosten = Preis‹, die für das Gewinnmaximum wie für das Verlustminimum gilt, legt demnach die Grenzkostenkurve als individuelle Angebotskurve der einzelnen Unternehmung fest. Vom Angebotsminimum an, d. i. der Schnittpunkt der Grenzkostenkurve mit der Kurve der durchschnittlichen variablen Kosten, bestimmt der nach rechts ansteigende Teil der Grenzkostenkurve die Produktions- und Angebotsmengen, die bei den jeweils geltenden Preisen erzeugt und verkauft werden. Damit haben wir einen vierten wichtigen Satz der Preistheorie gewonnen. Sein Inhalt lautet: Wenn eine Unternehmung nach dem Gewinnmaximum strebt oder den Verlust minimieren möchte und den Verkaufspreis als Datum betrachtet, so ist ihre Angebotskurve identisch mit der Grenzkostenkurve. Im übrigen muß auf die auf S. 191 wiederholten fünf Bedingungen für die Herleitung dieses Satzes verwiesen werden. Die Grenzkostenkurve als Angebotskurve einer Unternehmung beschreibt und bestimmt somit jene Gütermenge, die bei unterschiedlich hohen Preisen produziert und angeboten wird.

Das Gesamtangebot
Nachdem wir die Angebotskurve einer Firma für ein Produkt kennen, ist es nicht mehr weit bis zum Gesamtangebot dieses Produkts, das sich aus den Angebotsmengen aller Anbieter oder Produzenten dieser Ware zusammensetzt. Wenn für jede einzelne Firma die Grenzkostenkurve als Angebotskurve dient, so muß sich die Kurve des gesamten Angebots für eine Ware, soweit sie unmittelbar durch die Produzenten angeboten wird, aus der Summe der Grenzkostenkurven aller einzelnen Anbieter zusammensetzen. Wiederum ist dabei zunächst das kurzfristige vom langfristigen Angebot zu unterscheiden. Da auf kurze Frist die Angebotsuntergrenze beim Minimum der durchschnittlichen variablen Kosten liegt, setzt sich in diesem Falle das Gesamtangebot auf einem Markt aus jenem Teil der Grenzkostenkurve der einzelnen Anbieter zusammen, der im Schnittpunkt mit der jeweiligen Kurve der durchschnittlichen variablen Kosten beginnt; wir haben diesen Zusammenhang zuvor erarbeitet. Handelt es sich aber um das langfristige Angebot auf einem Markt, so müssen alle, nicht nur die variablen, Kosten durch den Preis gedeckt werden. Infolgedessen kann als langfristige Angebotskurve jedes einzelnen Anbieters nur noch jener Teil der Grenzkostenkurve in Betracht kommen, der vom Minimum der gesamten Durchschnittskosten an verläuft. Die Kurve des kurzfristigen Angebots beginnt demnach bei niedrigeren Preisen und Mengen als die Kurve des langfristigen Angebots. Diese Folgerung wird durch die Erfahrung bestätigt, daß besonders billige Angebot auf einem Markte im allgemeinen nicht lange, sondern nur für eine vorübergehende Zeitspanne aufrechterhalten werden.
Gleichgültig, welche Art der Betrachtung wir wählen, die kurzfristige oder die langfristige, in jedem Falle setzt sich die Menge des bei einem bestimmten Marktpreis produzierten und angebotenen Produkts aus der Summe der Abszissenwerte zusammen, die aus den Grenzkostenkurven aller Anbieter bei diesem Preise abgelesen werden können. Natürlich muß dabei vorausgesetzt werden, daß ein Angebot überhaupt erfolgt, daß also im Falle des kurzfristigen Angebots der Preis nicht unterhalb des absoluten Angebotsminimums liegt.
Um zu erkennen, wie sich die individuellen Angebotskurven, d. h. die Grenzkostenkurven zu einer Angebotskurve auf

einem Markt zusammenfügen, nehmen wir der Einfachheit und der besseren Übersicht halber an, daß sich nur drei Anbieter auf dem Markt befinden und daß es sich um das kurzfristige Angebot handele. Da als individuelle Angebotskurve auf kurze Sicht nicht die gesamte Grenzkostenkurve, sondern nur der vom Minimum der durchschnittlichen variablen Kosten an aufwärts strebende Teil berücksichtigt wird, brauchen wir jeweils nur den von der Angebotsuntergrenze an aufwärts verlaufenden Teil der individuellen Grenzkostenkurven zu beachten. Dieser Sachverhalt läßt sich in graphischer Darstellung mit den Figuren 13 a, 13 b und 13 c wiedergeben. Jede der drei Figuren enthält die individuelle Angebotskurve eines Anbieters. Der erste weist in Figur 13 a die am niedrigsten verlaufenden Grenzkosten auf. Beim zweiten liegen die Grenzkosten und damit die Angebotsmöglichkeiten vergleichsweise höher, wie sich aus Figur 13 b ergibt, und Anbieter Nr. 3 muß mit den ungünstigsten, d. h. höchsten, Grenzkosten arbeiten (vgl. Figur 13 c).

Beim Anbieter Nr. 1 (vgl. Figur 13 a), dessen Grenzkosten die niedrigsten Werte erreichen, bezeichnen wir das Angebotsminimum auf der Grenzkostenkurve, d. h. den Schnittpunkt mit der Kurve der durchschnittlichen variablen Kosten, mit dem Symbol K_1. Seine Angebotskurve ist demnach das vom Punkt K_1 nach oben verlaufende Stück seiner Grenzkostenkurve $K_1 K_1'$. Mit dem Punkt K_1 liegt die Preisuntergrenze des Angebots in Höhe von OP_1 und ebenso die Mindestmenge des Angebots und der Produktion mit der Menge OM_1 fest. Steigt der Preis über das Minimum OP_1 hinaus, so produziert und bietet der hier betrachtete erste Anbieter gemäß seiner Angebotskurve $K_1 K_1'$ zunehmende Mengen an.

Auch Anbieter Nr. 2 orientiert sich an seiner Grenzkostenkurve, aber seine Angebotsuntergrenze liegt im Punkt K_2 höher als die des ersten Anbieters, da seine durchschnittlichen variablen Kosten in ihrem Minimum einen höheren Wert als die des Anbieters Nr. 1 aufweisen. Infolgedessen wird Anbieter Nr. 2 erst beim Preis OP_2, der dem Punkt K_2 auf der Grenzkostenkurve entspricht, auf dem Markte erscheinen und die Mindestangebotsmenge OM_2 zu diesem Preis anbieten. Lassen sich jedoch höhere Preise erzielen, so wird auch er seine Angebotsmenge vermehren und den Teil $K_2 K_2'$ seiner Grenzkostenkurve als Angebotskurve betrachten.

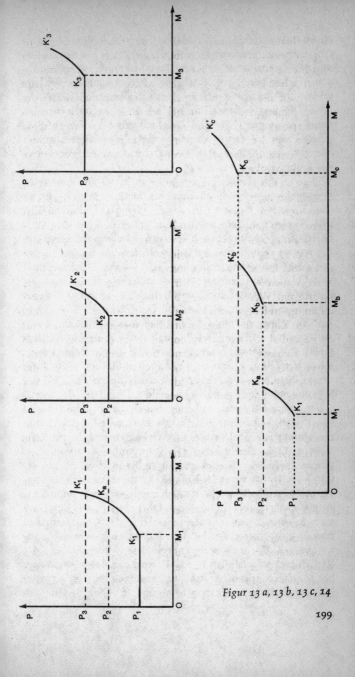

Figur 13 a, 13 b, 13 c, 14

Nicht anders verhält sich Anbieter Nr. 3. Allerdings liegt die Angebotsuntergrenze für ihn noch höher, da er mit den ungünstigsten Grenzkosten arbeitet. Das Minimum seiner durchschnittlichen variablen Kosten, die Angebotsuntergrenze, liegt im Punkt K_3 seiner Grenzkostenkurve. Er kann daher erst beim Preis OP_3 seinen Betrieb aufnehmen bzw. weiterführen und dabei die Menge OM_3 zum Gesamtangebot beisteuern. Steigende Preise würden es allerdings auch ihm erlauben, weitere Mengen entsprechend seiner Grenzkosten- und Angebotskurve K_3K_3' anzubieten.

Wie setzt sich nun die Gesamtangebotskurve aus den Angebotskurven dieser drei Produzenten zusammen? Wir finden das Ergebnis in Figur 14, in der die Grenzkostenkurven aller drei Anbieter addiert worden sind. Die Addition erfolgt in horizontaler Richtung, d. h. bei den jeweils angenommenen Preisen werden die von den drei Anbietern produzierten Mengen zusammengefaßt. Allerdings solange der Preis unterhalb von OP_2 bleibt, bestreitet der Anbieter Nr. 1 das Angebot allein. Er produziert und bietet freilich nur an, wenn sich der Preis mindestens auf OP_1 beläuft. Da der Anbieter Nr. 2 erst bei dem höheren Preis OP_2 auf dem Markt erscheint, bleibt Anbieter Nr. 1 in dem Preisintervall P_1P_2 mit seinem Angebot allein. Die Gesamtangebotskurve wird daher in ihrem ersten, untersten Teil, d. h. zwischen den Preisen OP_1 und OP_2, durch das in Figur 13 a beschriebene, zwischen diesem Preisintervall liegende Stück der Grenzkosten gebildet. Dieser Teil der Grenzkostenkurve des ersten Anbieters wurde daher in die Figur 14 übertragen. Dabei entsprechen sich jeweils die bei der absoluten Untergrenze des Preises OP_1 erzeugten und angebotenen Mengen OM_1. Der in Figur 13 a vom Punkte K_1 an aufwärts strebende Teil der Grenzkostenkurve bis in Höhe des Preises OP_2 ist in Figur 14 mit der Kurve K_1K_a abgebildet worden.

Da beim Preis OP_2 der zweite Anbieter hinzukommt und seine Angebotsmenge bei diesem Preis OM_2 beträgt, wie aus Figur 13 b zu entnehmen ist, vergrößert sich das Gesamtangebot ruckartig um diesen Betrag. In Figur 14 entspricht daher die Menge K_aK_b der in Figur 13 b abgebildeten Menge OM_2.

Zwischen den Preislinien P_2 und P_3 wird nun das Gesamtangebot auf dem Markt durch den Grenzkostenverlauf der Anbieter Nr. 1 und Nr. 2 gemeinsam festgelegt. In Figur 14 setzt sich daher das Stück K_bK_b' aus den in horizontaler Richtung addierten Abszissenwerten der Grenzkostenkurve des ersten Anbieters (K_aK_1') und der Grenzkostenkurve des zweiten Anbieters (K_2K_2') zusammen, soweit sie innerhalb der Preisspanne P_2P_3 liegen. Damit haben wir die Kurve des Gesamtangebots von K_1 über K_a und K_b bis K_b' ermittelt.

Bei dem nunmehr erreichten Preisniveau in Höhe von OP_3 tritt auch der dritte Produzent mit seinem Angebot in Erscheinung. Die von ihm bei dieser Preishöhe angebotene Menge entnehmen wir aus Figur 13 c; sie beträgt OM_3. Dementsprechend muß in Figur 14 die Strecke $K_b'K_c$ der Menge OM_3 in Figur 13 c entsprechen. Der weitere Verlauf der Gesamtangebotskurve von K_c bis K_c' in Figur 14 ergibt sich dann aus der Addition der Abszissenwerte von Anbieter Nr. 1, Nr. 2 und Nr. 3. Auf diese Weise lassen sich die individuellen Angebotswerte zu einer Gesamtangebotskurve zusammensetzen.

Damit haben wir erklärt, wie das Gesamtangebot für eine bestimmte Ware zustande kommt, die für den Markt produziert wird und wobei unter den Anbietern die Form der polypolistischen oder der vollständigen Konkurrenz herrscht. Wir verstehen nun leichter, welche Folgen sich z. B. ergeben, wenn die Nachfrage nach einem Produkt zurückgeht und der Preis dadurch fällt. Dann werden nicht nur die einzelnen Anbieter ihre jeweiligen Angebotsmengen einschränken, sondern häufig sinkt der Preis so weit, daß z. B. der letzte, d. h. mit den höchsten Grenzkosten arbeitende Anbieter ausscheiden muß. Diesen letzten, unter den schlechtesten Bedingungen arbeitenden Anbieter nennen wir den *Grenzproduzenten*. Wenn der Preis weiterhin sinkt, ereilt das Schicksal u. U. weitere Grenzproduzenten, die nun an die letzte Stelle gerückt sind. Wenn der Preis dagegen steigt, werden neue Anbieter hinzukommen und die Angebotsmenge vermehren. Außerdem können die bisher auf dem Markt vertretenen Anbieter ihre Angebotsmengen vergrößern. Da das Hinzukommen und das Ausscheiden auf den Märkten gewöhnlich mit erheblicher zeitlicher Verzögerung erfolgt, können sich dadurch Ungleichgewichtssituationen ergeben, die sich bei verzögertem Ausscheiden als zunehmende Lagerbestände bemerkbar machen und im umgekehrten Falle zu verlängerten Lieferfristen führen.

3. Teil

Theorie der Gesamtwirtschaft
(Makroökonomie)

IX. Ergebnisse der Gesamtwirtschaft

A. Güter- und Zahlungsströme

Mikro- und Makroökonomie
Bisher galt unser Interesse vor allem den mikroökonomischen Zusammenhängen. Die Theorie der *Mikroökonomie* befaßt sich mit den Einzelwirtschaften oder mit einzelwirtschaftlichen Erscheinungen und Beziehungen. An derartigen mikroökonomischen Erscheinungen haben wir z. B. die Preisuntergrenze des Angebots, die Kosten, den Erlös, die Angebotskurve der einzelnen Firma, den Prozeß der Preisbildung für eine bestimmte Ware, die Verhaltensweise einzelner Wirtschaftssubjekte und v. a. kennengelernt.
Im folgenden beschäftigen wir uns mit dem Gegenstück zur Theorie der Einzelwirtschaften, mit der Makroökonomie. In der Theorie der *Makroökonomie* werden gesamtwirtschaftliche Erscheinungen behandelt, bei denen es sich um sogenannte aggregierte, d. h. gedanklich zusammengefaßte Größen handelt. Derartige Größen sind beispielsweise das Preisniveau, das Volkseinkommen, das gesamtwirtschaftliche Investitions- und Konsumvolumen, der Export, der Außenhandel und der Devisenbestand einer Nation. Die meisten, aber nicht alle makroökonomischen Größen können durch eine Addition der mikroökonomischen Werte gewonnen werden. Beispielsweise läßt sich der Export, der Konsum oder der Devisenbestand aus den einzelwirtschaftlichen Werten aufaddieren. Dagegen kann das Preisniveau nur als Durchschnitt, nicht etwa als eine Summe, der einzelnen Preise errechnet und begriffen werden. In der Makroökonomik wird die Betrachtung der Einzelwirtschaften zugunsten eines Überblicks über die Gesamtwirtschaft aufgegeben, man hat es sozusagen nur noch mit dem Wald und nicht mehr mit den Bäumen zu tun. Das schließt nicht aus, daß wir uns dabei gelegentlich an einzelwirtschaftliche Zusammenhänge erinnern und auf Teile der mikroökonomischen Theorie zurückgreifen, aber Betrachtungsweise und Interesse werden im Bereich der Makroökonomie

stets anders orientiert sein als im Bereich der Einzelwirtschaften.
Zunächst geht es bei der Makroökonomik darum, die Gesamtwirtschaft überschaubar zu machen und eine Vorstellung von den wichtigsten Komponenten und Zusammenhängen in einer Volkswirtschaft zu gewinnen. Das war auch das Ziel der ersten Versuche, eine Theorie der Gesamtwirtschaft zu begründen. Man nannte das damals freilich noch nicht Makroökonomie. Dieser Begriff ist, wie so viele andere in der Wirtschaftstheorie, ein Kind dieses Jahrhunderts.[33] Die ersten Versuche, gesamtwirtschaftliche Zusammenhänge mit Hilfe von makroökonomischen Größen darzustellen, sind von *Quesnay* und von *Marx* unternommen worden. Dagegen sind *Smith* und seine unmittelbaren Nachfolger und damit fast alle Vertreter der sogenannten klassischen Schule von einzelwirtschaftlichen, mikroökonomischen Tatbeständen ausgegangen.
Der Umstand, daß wir uns in der makroökonomischen Theorie nur noch mit der Gesamtwirtschaft befassen, stellt uns vor Probleme und eröffnet Perspektiven, die von jenen der Einzelwirtschaften bisweilen grundverschieden sind. Die Gesamtwirtschaft stellt sich sozusagen nicht nur als eine Aufsummierung der Einzelwirtschaften dar, ähnlich wie der Staat nicht nur als die Summe aller Bürger gedacht werden darf.
Da sich die Makroökonomie nur mit der Gesamtwirtschaft oder mit Teilen der Gesamtwirtschaft befaßt, werden notwendigerweise einzelwirtschaftliche Vorgänge und Interessen dabei bewußt in den Hintergrund gerückt. Zwar wird eine günstige Entwicklung der Gesamtwirtschaft in der Regel auch den meisten Unternehmern und Beschäftigten zugute kommen, aber das gilt nicht für jeden Einzelfall. Wenn die Gesamtwirtschaft gedeiht und die Einkommen steigen, kann z. B. trotzdem die Fahrrad- und Motorradindustrie Not leiden, wie wir gesehen haben (vgl. S. 157). Die Makroökonomie nimmt von derartigen Ausnahmen allerdings wenig Notiz. Sie hält sich an Gesamtgrößen oder an Durchschnittswerte und muß, um das Ganze nicht aus dem Blick zu verlieren, die Einzelerscheinungen übergehen.
Bei diesem Wechsel von der Mikro- zur Makroökonomie überschreiten wir zwangsläufig auch die Grenzen der bisherigen Theorie der Mikroökonomie. Gesamtwirtschaftliche Betrach-

tungen erfordern einen anderen theoretischen Apparat als den bisher benutzten. Wir müssen sozusagen vom Auto ins Flugzeug umsteigen. Die zuvor noch verspürten Unebenheiten der Straßen, ihre Kurven und Verkehrsschilder werden bedeutungslos. In der neuen Dimension der Gesamtwirtschaft bewegen wir uns nach anderen Regeln und Gesetzmäßigkeiten. Beispielsweise kennt eine Volkswirtschaft weder Gewinn noch Verlust, weder Angebotsminimum noch Preisuntergrenze, weder Grenzkosten noch Gewinnmaximum. Diesen Kategorien begegnen wir erst wieder, wenn wir auf der Ebene der Einzelwirtschaften gelandet sind. Auf derartige methodische Unterschiede der Theorie wurde bereits in Abschnitt I C hingewiesen, als die besonderen Schwierigkeiten und Eigentümlichkeiten der Nationalökonomie zu erklären waren.

Güter- und Geldkreislauf
Da eine der Hauptabsichten der Makroökonomie darin besteht, eine Übersicht über die Gesamtwirtschaft zu gewinnen, werden einzelne Arten von Wirtschaftssubjekten jeweils zu einem Block zusammengefaßt und die zwischen diesen bestehenden ökonomischen Beziehungen zu einem einzigen Wertestrom vereinigt. Eine der geläufigsten und einfachsten Zusammenfassungen dieser Art reduziert die in einer Volkswirtschaft fließenden Geld- und Güterströme auf die Beziehungen zwischen den privaten Haushalten einerseits und den Unternehmungen andererseits. Von der Existenz der Banken und des Staates und von Wirtschaftsverbindungen mit dem Ausland wird dabei abgesehen. Da nur noch die Unternehmungen und die Haushalte übrigbleiben, vereinfacht sich der wirtschaftliche Verkehr auf die zwischen diesen beiden Polen fließenden Leistungsströme.

Die in einer Volkswirtschaft entstandenen und ausgetauschten Güter- und Geldwerte lassen sich insoweit als Bewegungen zwischen diesen beiden Polen, den Unternehmungen und den Haushalten, erklären. Dabei können zwei zwischen den Haushalten und Unternehmungen fließende Güterströme unterschieden werden. Beim ersten handelt es sich um einen Strom von Leistungen (vgl. den Strom ›Leistungen‹ in Figur 15), den die Mitglieder der Haushalte für die Produktion an die Unternehmungen abgeben. Der zweite Güterstrom fließt in

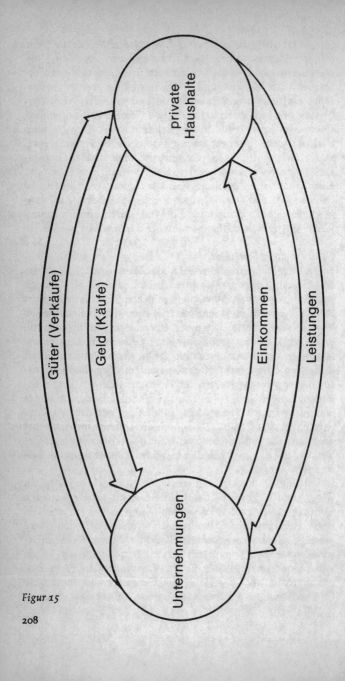

Figur 15

Gestalt der von den Unternehmungen an die Haushalte verkauften Waren und Dienste (vgl. den Strom ›Güter [Verkäufe]‹ in Figur 15).

Betrachten wir zunächst den ersten Wertestrom. Im Interesse einer klaren Trennung zwischen Haushalten und Unternehmungen wollen wir annehmen, daß sämtliche in den Unternehmungen erstellten Leistungen durch von den Haushalten zur Verfügung gestellte Faktoren erbracht werden, d. h., daß sich sämtliche Produktionsmittel im Eigentum der Haushalte befinden. Die Leistung der gesamten Wirtschaft besteht dann darin, daß die Haushalte ihre Dienste, nämlich Arbeitskraft, Kapital und Grundbesitz, gegen Vergütung den Unternehmungen anbieten und zur Produktion überlassen. Der zweite Güterstrom fließt in entgegengesetzter Richtung. Er besteht aus den in den Unternehmungen erzeugten Waren und Leistungen, die von den Haushalten erworben werden.

Da in einer Geldwirtschaft Waren und Leistungen nicht unmittelbar gegeneinander getauscht, sondern jeweils in Geld bezahlt werden, müssen den beiden Güterströmen jeweils gleich große, jedoch in entgegengesetzter Richtung fließende Geldströme entsprechen. Die Leistungen der Haushalte an die Unternehmungen werden daher durch Zahlungen von Einkommen (vgl. den Strom ›Einkommen‹ in Figur 15) vergütet, mit denen die Haushalte die von den Unternehmungen erzeugten Güter aufkaufen können (vgl. den Strom ›Geld [Käufe]‹ in Figur 15).

Wir können demnach einen jeweils in sich geschlossenen Güterstrom und einen dazu entgegengesetzt verlaufenden, in sich geschlossenen Geldstrom unterscheiden. Der Güterstrom fließt zunächst, beim Produktionsprozeß, in Gestalt von Produktionsleistungen der Haushalte an die Unternehmungen und strömt von dort, nach beendeter Produktion, als Fluß fertiger Waren und Leistungen den Haushalten zu. Durch den entgegengesetzt dazu sich bewegenden Geldstrom beziehen die Haushalte ihre Entlohnung für die Produktion, um mit diesem Entgelt wiederum die von den Unternehmungen erzeugten Güter kaufen zu können. Auf diese Weise wandert das erworbene Geld wieder an die Unternehmungen zurück, um von ihnen abermals an die Haushalte für deren produktive Leistungen ausbezahlt zu werden.

Es liegt daher nahe, für diese beständig wiederholte Zirkulation des Geldes einerseits sowie den Strom von Produktionsleistungen der Haushalte an die Unternehmungen und den Rückstrom der fertigen Güter an die Haushalte andererseits das Bild des *Kreislaufs* zu verwenden. Beide Arten der Zirkulation, der Geldkreislauf und der Güterkreislauf, werden oft auch als nominale oder monetäre Seite einerseits und als reale oder güterwirtschaftliche Seite des gesamtwirtschaftlichen Verkehrs andererseits bezeichnet. Die erste berühmte Kreislaufdarstellung verdanken wir dem uns bereits bekannten Begründer der physiokratischen Schule, *François Quesnay*. In seinem 1758 erschienenen ›Tableau Economique‹ gab er eine für das damalige Frankreich angefertigte Übersicht über die wertmäßigen Beziehungen und Verwendungen des gesamten Produktionsergebnisses von seiner realen und monetären Seite. Mehr als eineinhalb Jahrhunderte lang blieb die Nationalökonomie — deren Entwicklung zunächst in der Mikroökonomie bedeutende Fortschritte machte, aber in der Makroökonomie stagnierte — bei dem Kreislaufbild von *Quesnay* stehen. Erst im Verlaufe der letzten dreißig Jahre hat unsere Wissenschaft auf diesem Gebiet neue und bedeutsame Fortschritte gemacht.

Volkseinkommen und Sozialprodukt
Unsere zunächst mehr theoretische Betrachtung der Leistungs- und Zahlungsströme in einer Volkswirtschaft läßt sich aber auch sogleich praktisch anwenden. Wir können z. B. versuchen, den Leistungs- oder Zahlungsstrom zu messen, der während einer bestimmten Zeit, z. B. innerhalb eines Jahres, zwischen den beiden Polen des Wirtschaftskreislaufes fließt. Alle Leistungen von den Unternehmungen an die Haushalte können dann als Einkommen bezeichnet werden, d. i. jener Strom von Gütern oder, in der Geldform, von Ansprüchen auf Güter, der einer Person oder einer Personengruppe in einem bestimmten Zeitraum als Entgelt für produktive Dienste persönlicher oder sachlicher Art zufließt.
Bisher sind wir davon ausgegangen, daß alles Einkommen an die Haushalte geflossen und nichts an neu geschaffenen Werten und Einkommen in den Unternehmungen verblieben ist. Wenn wir diese mit der Realität unverträgliche Annahme aufgeben, müssen wir beispielsweise zulassen, daß, insbesondere

bei Unternehmungen mit eigener Rechtspersönlichkeit, Einkommensteile als Gewinn in den Unternehmungen verbleiben können. Diese gar nicht erst an die Haushalte ausbezahlten Entgelte nennen wir *nicht ausgeschüttete Gewinne* im Gegensatz zu den ausgeschütteten und damit an die Haushalte gelangenden Einkommensteilen. Das gesamte Einkommen einer Nation besteht dann aus der Summe aller an die Haushalte geflossenen Einkommen und den nicht ausgeschütteten Gewinnen. Diese Summe, die Summe aller Einkommen von Personen und Gesellschaften oder Haushalten und Firmen, nennen wir das *Volkseinkommen*. Das Volkseinkommen besteht daher aus dem Gesamtbetrag aller geleisteten Zahlungen und Ansprüche, die für die persönliche oder sachliche Mitwirkung bei der Produktion innerhalb einer Volkswirtschaft entstanden sind, d. i. die Summe aller Löhne, Gehälter, Gewinne, Nettozinsen, Mieten und Pachten. Da es sich bei diesem Einkommen um die Entlohnung der Produktionsfaktoren für die Mitwirkung am Produktionsprozeß handelt, werden diese Einkommensarten häufig auch als *Faktorkosten* bezeichnet. Das Volkseinkommen ist demnach identisch mit der Summe aller Faktorkosten.

Mit dem Volkseinkommen haben wir einen numerischen Wert sowohl für den von den Haushalten an die Unternehmungen abgegebenen Leistungsstrom als auch für seinen monetären Gegenwert, den von den Unternehmungen an die Haushalte fließenden und in den Unternehmungen verbliebenen Einkommensstrom erfaßt. Häufig wird der Betrag der in Geld bewerteten Leistungen für die Produktion auch als Wertschöpfung bezeichnet. Die *Wertschöpfung* entspricht also der Summe der entstandenen Leistungseinkommen oder der Summe der Faktorkosten. Wenn beispielsweise die Wertschöpfung einer Volkswirtschaft, eines Wirtschaftszweiges oder auch einer Unternehmung berechnet werden soll, so brauchen wir nur die Summe der entstandenen Leistungseinkommen, d. h. der Löhne, Gehälter, Zinsen, Mieten, Pachten, Gewinne, zu ermitteln.

Diese numerischen Identitäten finden wir aber nicht nur auf der Produktions- und Einkommensseite des Kreislaufs, sondern auch auf jener anderen, die der Verwendung des Produktionsergebnisses vorbehalten ist. Wird das gesamte Einkommen eines bestimmten Zeitraumes zum Kauf des während dieser Zeit erzeugten Produktionsergebnisses verwendet, so muß der Gesamtbetrag des Einkommens zwangsläufig der Summe der Verkaufserlöse aller erzeugten Güter entsprechen. Nehmen wir beispielsweise an, die Leistungseinkommen würden ohne Ausnahme an die Haushalte ausbezahlt, es gäbe also keine nicht ausgeschütteten Gewinne, und die Summe des so entstandenen Volkseinkommens belaufe sich auf 100 Geldeinheiten, und nehmen wir weiter an, daß nichts gespart, sondern das gesamte Einkommen wieder zum Kauf des mit diesem Einkommen entstandenen Produkts ausgegeben wird, so muß der Verkaufserlös der Gesamtproduktion wiederum insgesamt 100 ergeben. Mit anderen Worten, wenn insgesamt 100 Geldeinheiten ausgegeben werden können, muß sich die Gesamtnachfrage, bewertet mit den Preisen der erworbenen Güter, wiederum auf 100 belaufen. Das Volkseinkommen, die Summe der Wertschöpfung und der nun geschaffene Wert des gesamten Produktionsergebnisses sind daher, in Geldeinheiten gemessen, gleich groß.

Den Wert der Produktion, d. i. die Summe der Werte, die über den am Anfang einer Periode vorhandenen Güterbestand hinaus erzeugt worden sind, bezeichnen wir als das *Sozialprodukt*. In dieser Definition ist das Sozialprodukt als eine Nettogröße erklärt, und es muß darauf hingewiesen werden, daß der Unterschied zwischen dem Brutto- und Nettosozialprodukt und dem Brutto- und Nettovolkseinkommen weiter unten erklärt wird. Sozialprodukt und Volkseinkommen müssen, wie wir anhand unseres Beispiels sehen konnten, die gleiche Größe aufweisen. Sie sind nur verschiedene Erscheinungsformen des gleichen Prozesses.

Tatsächlich weist in einer Marktwirtschaft alle Produktion nach zwei Seiten zugleich. Sie verursacht einerseits Kosten, die für die Mitwirkung der Produktionsfaktoren zu bezahlen sind, aber diese Faktorkosten bilden zugleich das Einkommen der an der Produktion beteiligten Wirtschaftssubjekte. Jede Produktion erzeugt in Höhe des jeweiligen Verkaufserlöses jenes Einkommen, das dazu bestimmt und in der Lage ist, die Produktion aufzukaufen, die mit diesem Einkommen selbst geschaffen wurde. Wir können den hier angedeuteten Tatbestand auch damit beschreiben, daß wir erklären, der Preis jedes einzelnen Gutes, jeder Ware und jeder Leistung setze sich bis auf jenen Rest aus Einkommensbestandteilen zusammen, der für die Erhaltung des bisherigen Produktionsapparates einbehalten werden muß. Wie schon früher, bei der Betrachtung der Wirtschaftsordnung, erklärt, bildet diese Doppelnatur des Preises, Kosten- und Einkommenselement zugleich zu sein, das Scharnier des marktwirtschaftlichen Systems: Produktion und Einkommen sind zwei Seiten desselben Prozesses und entstehen zur gleichen Zeit und in gleicher Höhe.

Unter den oben genannten, stark vereinfachten Annahmen, — kein Staat, keine Beziehung zum Ausland und in sich abgeschlossene Wirtschaftsperioden — kann die folgende Gleichung aufgestellt werden:

Sozialprodukt (netto)
= Wertschöpfung (Summe aller Entlohnungen der Produktionsfaktoren)
= Volkseinkommen (Summe aller entstandenen Leistungseinkommen).

Jede Kreislaufdarstellung erlaubt diese drei Interpretationen der Produktions- und Einkommensströme in einer Volkswirtschaft.

B. Die Volkswirtschaftliche Gesamtrechnung

Brutto- und Nettogrößen
Bisher haben wir die Zusammenhänge noch in einer recht allgemeinen und bisweilen epischen Weise beschrieben. Außerdem wurden die angestellten Betrachtungen stark vereinfacht, d. h. auf Haushalte und Unternehmungen begrenzt. Dadurch blieben das Ausland und der Staat, aber auch die Möglichkeit der Vermögensbildung außer Betracht. Eine Wirtschaft ohne Vermögensänderung bezeichnen wir als eine *stationäre Wirtschaft*. Sie ist dadurch charakterisiert, daß der vorhandene Produktionsapparat nur gerade erhalten bleibt, also weder vermehrt noch vermindert wird und daher alle über den notwendigen Erhaltungsaufwand hinaus erzeugten Güter für Konsumzwecke verwendet werden. Da sich dabei die Ausstattung mit sachlichen Produktionsmitteln nicht verbessert, kann die Produktion bei gleichem Arbeitsaufwand in der folgenden Periode nicht erhöht werden. Soll jedoch die Ausstattung mit Ka-

pitalgütern vermehrt oder verbessert werden, so müssen in einer vollbeschäftigten Wirtschaft Teile des Einkommens gespart und mit den Ersparnissen jene Güter erzeugt werden, welche den bestehenden Produktionsapparat erweitern oder verbessern. Die *Ersparnis* bildet jenen Teil des Einkommens, der nicht verbraucht wird. Die mit diesen nicht verbrauchten Teilen des Einkommens, mit den Ersparnissen, erworbenen Kapitalgüter und realen Vermögenswerte nennen wir die *Investition*. Eine stationäre Wirtschaft kann man demnach auch als eine Wirtschaft ohne neue Investition definieren, in der eine über das Maß der erforderlichen Ersatzinvestition hinausgehende Vermehrung der Produktionsmittel nicht stattfindet.

Bei den Investitionen müssen wir noch die Unterscheidung zwischen Brutto- und Nettoinvestitionen beachten. Als *Nettoinvestition* bezeichnen wir jede über die bloße Erhaltung des Kapital- oder Vermögensbestandes hinausgehende Verwendung von Mitteln. Bei den Mitteln, die zur Finanzierung von Nettoinvestitionen dienen, handelt es sich daher stets um Ersparnisse, d. h. um die Verwendung nicht konsumierter Einkommensteile. Die *Bruttoinvestition* umfaßt dagegen auch die für die Bewahrung eines Kapitalbestandes verwendeten Mittel und schließt somit Neu- und Erhaltungsaufwand für Kapitalgüter ein. In gleichem Sinne kann auch von einem Brutto- und Nettoeinkommen sowie von einem Brutto- und Nettosozialprodukt gesprochen werden. Bei den Bruttogrößen werden jeweils die für Abnutzung und Wiederherstellung des Produktionskapitals verwendeten Mittel oder Güter, d. s. die Ersatzinvestitionen, mitgezählt. Die Nettogrößen sind dagegen um den Ersatz- oder Erhaltungsaufwand gekürzt und enthalten deshalb nur noch den reinen Wertzuwachs an Kapital oder Vermögen.

Vergegenwärtigen wir uns diese Begriffe anhand eines Beispiels. Wenn ein Teil des Einkommens zurückgelegt wird, so bildet die Summe dieser nicht verbrauchten Einkommensteile unsere Ersparnis. Wird beispielsweise die Ersparnis auf einem Sparkonto gehalten, ergeben sich keine Abnutzungen, und Brutto- und Nettoersparnis sind daher gleich groß. Da ein Wertverzehr unterbleibt, muß nichts erneuert werden. Wird eines Tages die Ersparnis angelegt und z. B. eine Eigentumswohnung dafür gekauft, so verwandelt sich die Ersparnis in eine Investition. Selbstverständlich zerstört diese Umwandlung nicht den Wert oder den Umfang der Ersparnisse, sondern die bisher in Geldform unterhaltenen, nicht verbrauchten Einkommensteile werden nun in eine reale oder güterwirtschaftliche Form umgesetzt. Ersparnis und Investition sind insofern ihrem Werte nach gleich. Wird die erworbene Eigentumswohnung vermietet, so fließt dem Sparer oder Investor aus den Mieteinnahmen ein Einkommen zu. Aber es wäre ein Irrtum anzunehmen, daß ein Einkommen in Höhe der Mieteinnahmen entsteht, denn wenn von den Mieteinnahmen nichts für später fällig werdende Reparaturen zurückgelegt wird, so beginnt der Wohnungseigentümer im Grunde zu entsparen, zu desinvestieren. Wenn nämlich die Eigentumswohnung ihren Wert behalten soll — wir nehmen der leichteren Erklärung der Zusammenhänge wegen an, daß sich die Grundstücks- und Baupreise über Jahre hin nicht ändern und Wertsteigerungen dieser Art unterbleiben —, so müssen für die allmählich anfallenden und mit Sicherheit zu erwartenden Reparaturen an Fenstern, Türen, Installationen, Fußböden, Wänden usw. Rücklagen gebildet werden. Entschließt sich der Eigentümer z. B. jeweils die Hälfte der Mieteinnahmen zurückzulegen, so könnte er diese Mittel zunächst als Bruttoersparnisse betrachten, wobei er weiß, daß nur ein Teil davon Nettoersparnisse sein werden. Denn alles, was im Laufe der Zeit von den zurückgelegten Mieteinnahmen zur Erhaltung des Wertes der Eigentumswohnung aufgewendet werden muß, ist als *Ersatzinvestition* oder *Re-Investition* zu bezeichnen, durch die der Anfangswert der Wohnung nicht erhöht, sondern nur gerade erhalten wird. Würde jedoch der Wert der Wohnung durch zusätzliche neue Investitionen, z. B. durch eine Einbauküche oder eine Klimaanlage verbessert, so stellen diese materiellen Aufwendungen Nettoinvestitionen und die dafür verwendeten Mittel Nettoersparnisse dar. Das aus der ursprünglichen Investition, dem Kauf der Eigentumswohnung, fließende Einkommen ist demnach nicht einfach identisch mit den Mieteinnahmen, sondern nur mit jenem Teil der Einnahmen, der nach Bezahlung aller mit der Wohnung verbundenen Aufwendungen einschließlich der Ersatzinvestitionen übrigbleibt.

Im allgemeinen Sprachgebrauch werden freilich die Begriffe Einnahmen, Ersparnis und Investition stets als Nettogrößen verwendet und interpretiert. In allen anderen Fällen wird die Bezeichnung ›Brutto‹ jeweils zur Klärung und Hervorhebung den jeweiligen Begriffen vorgesetzt (Bruttoinvestition, Bruttoeinkommen, Bruttosozialprodukt, Bruttoersparnis). Diese Unterscheidungen in Brutto- und Nettogrößen sind für uns vor allem deshalb so bedeutsam, weil sie uns beständig bei den Sozialprodukts- und Volkseinkommensberechnungen begegnen. Wiederum gilt dabei die Gepflogenheit, daß die einfache Bezeichnung Volkseinkommen in der Regel als Nettogröße interpretiert wird, ohne sie ausdrücklich als Nettogröße zu bezeichnen.

Das Sozialprodukt der Bundesrepublik
Bei unseren Überlegungen gingen wir zunächst von dem überaus einfachen Fall einer stationären Wirtschaft aus, d. h. einer Wirtschaft ohne Nettoinvestitionen und Ersparnis, in der nur Ersatzinvestitionen vorgenommen werden. Außerdem blieben sowohl der Staat als auch das Ausland in diesem einfachen Modell unberücksichtigt, und alle Einkommens- und Leistungsströme flossen deshalb nur zwischen Unternehmungen und privaten Haushalten.
Von der Wirklichkeit dürfen wir jedoch nicht erwarten, daß sie derartigen Beschränkungen unterliegt. In ihr sind wirtschaftliche Leistungen und Transaktionen nicht nur zwischen Unternehmungen und privaten Haushalten, sondern auch zwischen ihnen und dem Staat und zwischen jedem dieser drei Sektoren und dem Ausland möglich. Außerdem wird es sich in der Realität fast niemals um eine stationäre Wirtschaft, sondern in der Regel um eine wachsende Wirtschaft mit einer positiven Nettoinvestition handeln. Da infolgedessen in einer Volkswirtschaft stets Waren und Leistungsströme von jedem der vier verschiedenen Bereiche — den privaten Haushalten, den Unternehmungen, den öffentlichen Haushalten und dem Ausland — zu jeweils jedem der drei anderen fließen und überdies noch alle vier Teile zur gesamtwirtschaftlichen Ersparnis oder Nettoinvestition beitragen können, ist der Zusammenhang nicht mehr so leicht zu übersehen wie bei unserem primitiven zweipoligen System, bestehend aus privaten Haushalten und Unternehmungen. Das bei diesem einfachen Kreislaufmodell beobachtete Prinzip der Produktions- und Einkommensbeziehun-

gen bleibt auch bei einem System mit einer größeren Anzahl von Sektoren erhalten.

Einige der in der Realität auftretenden Hauptströme lassen sich aus dem Rechenwerk der Tabelle 6 erkennen, in dem die Leistungsergebnisse der Wirtschaft der Bundesrepublik für das Jahr 1971 aufgezeichnet wurden. Die Wertströme zwischen den einzelnen Sektoren der Wirtschaft sind dort auf Konten verbucht, wobei für jeden der vier Hauptsektoren — die Unternehmungen, die privaten Haushalte, die öffentlichen Haushalte und das Ausland — jeweils ein eigenes Konto geführt wird. Auf einem weiteren, fünften Konto werden die Vermögensänderungen, d. h. die Ersparnisse, und die Verwendung dieser Mittel als Investition sowie die Vermögenstransaktionen mit dem Ausland verbucht. Da alle Aufwendungen oder Ausgaben zugleich an einer anderen Stelle als Einkommen oder als Einnahmen erscheinen, müssen die einzelnen Waren- und Leistungsströme jeweils doppelt erscheinen und verbucht werden. Das System der doppelten Buchführung läßt sich daher auch für die Aufzeichnung der Wertströme einer Volkswirtschaft verwenden. Wir bezeichnen eine derartige Verbuchung der Waren- und Leistungsströme einer Volkswirtschaft als *Volkswirtschaftliche Gesamtrechnung,* die in der Regel als kontenartige Darstellung für die einzelnen Sektoren einer Wirtschaft geführt wird mit dem Ziel, das Volkseinkommen oder das Sozialprodukt zu ermitteln.

Betrachten wir die Ergebnisse der Volkswirtschaftlichen Gesamtrechnung des Jahres 1971 für die Bundesrepublik etwas eingehender. Auf dem ersten Konto der Tabelle 6 haben wir das Gesamtergebnis der Produktion und ihrer Verwendung vor uns. Allerdings handelt es sich dabei nicht nur um das Leistungsergebnis der Unternehmungen im üblichen Sinne des Wortes, sondern um eine Zusammenfassung aller Produktionsleistungen, z. B. auch der des Staates und die Werterzeugung in den privaten Haushalten. Die Bezeichnung dieses Kontos lautet daher nicht ›Konto Unternehmungen‹, sondern ›Nationales Produktionskonto‹, weil es sich um die Aufzeichnung aller innerhalb der Volkswirtschaft erzeugten Produktionsleistungen handelt.[34]

Die verschiedenen Arten von Aufwendungen für produktive Dienste sind auf diesem Konto als Einkommen, d. h. entweder

Tabelle 6
Volkswirtschaftliche Gesamtrechnung
für die Bundesrepublik Deutschland für das Jahr 1971[1]
(in Mrd. DM)
Konto 1
Nationales Produktionskonto

Faktoreinkommen, Steuern, Subventionen, Abschreibungen		Verwendung des Sozialprodukts	
(1) Bruttoeinkommen aus unselbständiger Arbeit	400.2	(9) Privater Verbrauch	409.1
(2) Einkommen der priv. Haushalte aus Unternehmertätigkeit und Vermögen	152.3	(10) Staatlicher Verbrauch	130.7
		(11) Anlageinvestitionen	203.0
		(12) Vorratsveränderung	+ 6.0
(3 a, b, c, d) Restl. Gewinne der Unternehmungen mit eigener Rechtspersönlichk.	14.8	(13) Außenbeitrag	+ 10.0
(4) Direkte Steuern der Unternehmungen	10.8		
(5) Eink. des Staates aus Unternehmertätigkeit u. Vermögen	4.6		
Nettovolkseinkommen zu Faktorkosten	582.7		
(6) Indir. Steuern und Abgaben	100.5		
(7) ÷ Subventionen	9.5		
Nettovolkseinkommen zu Marktpreisen	673.7		
(8) Abschreibungen	85.1		
Bruttovolkseinkommen zu Marktpreisen	758.8	Bruttosozialprodukt zu Marktpreisen	758.8

Konto 2
Private Haushalte

Verwendung der Einnahmen		Einnahmen	
(9) Privater Verbrauch	409.1	(1) Bruttoeinkommen aus unselbständ. Arbeit	400.2
(14) Direkte Steuern und Sozialvers.-Beiträge	163.5	(2) Einkommen der priv. Haushalte aus Unternehmertätigkeit und Vermögen	152.3
(15) Lfd. Übertragungen der Haushalte an das Ausland (netto)	6.3	(3b) Nettoversicherungsleistungen	0.4
(17) Ersparnis der Haushalte	68.9	(16) Renten, Unterstützungen u. Pensionen	94.9
	647.8		647.8

Konto 3
Öffentliche Verwaltung (Staat)

Verwendung der Einnahmen		Einnahmen	
(7) Subventionen	9.5	(3 d) Übertragungen v. Unternehmungen	1.3
(10) Staatlicher Verbrauch	130.7	(4) Direkte Steuern der Unternehmungen	10.8
(16) Renten, Unterstützungen u. Pensionen an priv. Haushalte	94.9	(5) Eink. aus Unternehmertätigkeit u. Vermögen	4.6
(18) Lfd. Übertragungen des Staates an das Ausland (netto)	3.7	(6) Indirekte Steuern und Abgaben	100.5
(19) Ersparnis des Staates	41.9	(14) Direkte Steuern d. priv. Haushalte und Sozialvers.-Beiträge	163.5
	280.7		280.7

1 Die ausgewiesenen Beträge sind vorläufige Ergebnisse. Sie entsprechen den folgenden Positionen des Kontensystems der Volkswirtschaftlichen Gesamtrechnung:
(1) = 3–3.60   (2) = 3–70÷3–3.20   (3a) = 1–4.49
(3b) = 3–4.80÷3–4.30   (3c) =8.83+8.85–8.33   (3d) = 2–4.90
(4) = 1–4.20   (5) = 2–3.70÷2–3.20   (6) = 2–4.60   (7) = 1–2.70
(8) = 1–2.10+2–2.10+3–2.10   (9) = 3–5.10   (10) = 2–5.10
(11) = 0.81+0.82

Konto 4
Vermögensänderung

Verwendung der Mittel		Herkunft der Mittel	
(11) Anlageinvestition	203.0	(3a) Unverteilte Gewinne	12.5
(12) Vorratsänderung	6.0	(8) Abschreibungen	85.1
(21) Vermögensübertragung des Staates und der Unternehmungen an das Ausland (netto)	1.3	(17) Ersparnis der Haushalte	68.9
		(19) Ersparnis d. Staates	41.9
(22) Statist. Differenz	0.2	(10) Nettoverschuldung gegenüber dem Ausland	2.1
	210.5		210.5

Konto 5
Ausland

Leistungen des Auslandes an das Inland		Leistungen des Inlandes an das Ausland	
(20) Nettoverschuldung gegenüber dem Ausland	2.1	(3c) Übertragungen der Unternehmungen (netto)	0.6
(13) Außenbeitrag	10.0	(18) Lfd. Übertragungen des Staates an das Ausland (netto)	3.7
		(15) Lfd. Übertragungen der priv. Haushalte an das Ausland (netto)	6.3
		(21) Vermögensübertragungen des Staates, der Haushalte und der Unternehmungen an das Ausland (netto)	1.3
		(22) Statist. Differenz	0.2
	12.1		12.1

(12) = 085 (13) = 8.10+8.20÷8.60÷8.70 (14) = 3−4.20 (15) = 3−4.40÷3−4.90
(16) = 2−4.40÷2−4.90   (17) = 3−5.49   (18) = 2−4.40÷2−4.70÷2−4.90
(19) = 2−5.49   (20) = 8.40÷8.90   (21) = 8.87÷8.37   (22) = 8.99
Quelle: Statistisches Bundesamt, Fachserie N »Volkswirtschaftliche Gesamtrechnungen«, Reihe 1 »Konten und Standardtabellen« 1971, S. 64–73

als ›Bruttoeinkommen aus unselbständiger Arbeit‹ (Pos. 1), als ›Einkommen der privaten Haushalte aus Unternehmertätigkeit und Vermögen‹ (Pos. 2) und als ›Einkommen des Staates aus Unternehmertätigkeit und Vermögen‹ (Pos. 5) auf der linken Seite des Kontos verbucht. Außerdem sind bei der Produktion noch Einkommen entstanden, die nicht an die Haushalte ausgeschüttet wurden, sondern in den Unternehmungen mit eigener Rechtspersönlichkeit, z. B. den Aktiengesellschaften, den Gesellschaften mit beschränkter Haftung usw., als unverteilte Gewinne einbehalten wurden (Pos. 3 a), und außerdem jener Teil des entstandenen Gewinns, der nicht in der Unternehmung verblieb, sondern als Nettoversicherungsleistungen an private Haushalte (Pos. 3 b), Nettoübertragungen an das Ausland (Pos. 3 c) sowie an den Staat (3 d) und als direkte Steuern, hauptsächlich als Körperschaftsteuer, unmittelbar an den Staat abgeführt werden mußte (Pos. 4). In diesem letzteren Fall handelt es sich um Gewinne, die zunächst als Leistungseinkommen der Unternehmungen zu betrachten und zu behandeln sind, aber hinsichtlich ihrer Verwendung weder als Gewinne ausgeschüttet wurden noch in der Unternehmung verbleiben durften, sondern sogleich als Steuern an das Finanzamt und damit an den Staat abzuliefern waren.

Das als Position 1 ausgewiesene ›Bruttoeinkommen aus unselbständiger Arbeit‹ ist nichts anderes als die Lohn- und Gehaltssumme, die im Jahre 1971 in unserer Volkswirtschaft in Höhe von rund 400 Mrd. DM für die Lohn- und Gehaltsempfänger von den Unternehmungen zu bezahlen war. Die Gegenbuchung finden wir auf dem Konto ›Private Haushalte‹ (Konto 2) auf der Einnahmeseite als Position 1 wieder. Die Bezeichnung ›Bruttoeinkommen‹ bedeutet hierbei, daß es sich um Beiträge handelt, in denen die davon zu entrichtenden Steuern, vor allem die Lohnsteuer, und die Sozialversicherungsbeiträge mit enthalten sind. Ebenso wie die Löhne und Gehälter werden die unter Position 2 verbuchten rund 152 Mrd. DM ›Einkommen der privaten Haushalte aus Unternehmertätigkeit und Vermögen‹ behandelt. In diesen Einkünften aus Vermögen stecken übrigens auch alle jene Einkünfte, welche die Arbeitnehmerhaushalte aus Kapital- oder Grundvermögen bezogen haben, also alle von ihnen vereinnahmten Einkünfte aus Vermietung und Verpachtung, aber auch alle Dividenden- und Zinseinnah-

men, die ihnen z. B. als Volkswagenwerk-Aktionäre oder als Darlehensgeber und Inhaber von Sparkonten zugeflossen sind. Auch sie schlagen sich zunächst als Einnahmen auf dem Konto der privaten Haushalte nieder. Die privaten Haushalte beziehen darüber hinaus noch eine dritte Art von Einkünften, die nicht aus Leistungseinkommen stammen, sondern vom Staat oder von öffentlichen Stellen, z. B. von den Sozialversicherungsträgern, ohne wirtschaftliche Gegenleistung an die Empfänger von Renten, Unterstützungen, Fürsorge usw. gezahlt werden. Im Jahre 1971 sind insgesamt rund 95 Mrd. DM auf diese Weise an die privaten Haushalte geflossen, die auf der Einnahmenseite dieses Kontos als Position 16 verbucht worden sind und als Ausgaben in gleicher Höhe und unter gleicher Positionsnummer auf dem Konto ›Öffentliche Verwaltung‹ erscheinen. Die Gesamteinnahmen der privaten Haushalte beliefen sich damit aus den drei erwähnten Positionen 1, 2, 3 b und 16 zusammen auf rund 648 Mrd. DM.
Wie und wofür wurde diese Riesensumme verwendet? Zunächst müssen wir, wie vorhin schon angedeutet, diesen Betrag um die Steuern und Sozialversicherungsbeiträge kürzen, die in den Bruttobeträgen des Einkommens mitgezählt worden sind. Anstatt zu kürzen, setzen wir diese vom Einkommen zu zahlenden Steuern und Abgaben auf der Ausgabenseite den Einnahmen gegenüber. Wir finden den Betrag an Steuern und Sozialversicherungsbeiträgen, der den Haushalten direkt belastet wurde, als Position 14 in Höhe von reichlich 163 Mrd. DM auf der Verwendungsseite des Kontos 2 verzeichnet. Der Betrag erscheint zugleich als die wichtigste Einnahmeposition auf dem Konto des Staates (vgl. Position 14 auf Konto 3). Die privaten Haushalte verfügen, nachdem sie die Steuern und Abgaben aus ihrem Bruttoeinkommen entrichtet haben, noch über rund 484 Mrd. DM. Dieser Betrag verbleibt ihnen tatsächlich zur freien Verfügung; er bildet das sogenannte *verfügbare Einkommen*, d. i. der nach Abzug von Steuer und öffentlichen Abgaben verbleibende Teil des Bruttoeinkommens der Haushalte.
Es kann nicht schwierig sein sich vorzustellen, daß der größte Teil des verfügbaren Einkommens für die Lebenshaltung, also für den Konsum der Haushalte ausgegeben wird. Wir finden daher auf der Ausgabenseite des Kontos ›Private Haushalte‹

(Konto 2) als Hauptposten den unter Position 9 verbuchten Betrag für den Konsum in Höhe von 409 Mrd. DM, der zugleich als Erlös auf der Verwendungsseite des ›Nationalen Produktionskontos‹ (Konto 1) erscheint. Der Rest des Haushaltseinkommens, der nicht für den Konsum verwendete Teil des verfügbaren Einkommens, bildet die Ersparnis der Haushalte, die in Höhe von 69 Mrd. DM als Position 17 die Verwendung des verfügbaren Einkommens der privaten Haushalte (Konto 2) beschließt und zugleich auf dem Konto der Vermögensänderung (Konto 4) den Hauptbeitrag zur Finanzierung der Nettoinvestitionen beisteuert. Ein kleiner Teil des den Haushalten zugeflossenen Einkommens, etwas über 6 Mrd. DM, wurde hauptsächlich von den Gastarbeitern ins Ausland gesandt. Der Gegenposten dieses unter Position 15 verbuchten Betrages muß sich auf dem Konto ›Ausland‹ (Konto 5) als Teil der Leistungen des Inlands an das Ausland niederschlagen. Damit sind für den Sektor der privaten Haushalte alle Einnahmen- und Ausgabenpositionen erklärt.

Wenden wir nun unser Interesse dem ›Nationalen Produktionskonto‹ (Konto 1) zu. Wir haben bereits die einzelnen Leistungs- und Zahlungsströme kennengelernt, die für die Produktion aufzuwenden waren und die entweder als Leistungseinkommen aus unselbständiger Arbeit (Pos. 1) in Höhe von 400 bzw. als Einkommen aus Unternehmertätigkeit und Vermögen (Pos. 2) in Höhe von 152 Mrd. DM jeweils an die Haushalte gezahlt werden mußten oder aber als direkte Steuern (Pos. 4) und als Unternehmereinkünfte des Staates (Pos. 5) in Höhe von rund 11 und rund 5 Mrd. DM an den Staatshaushalt flossen und deshalb auf dem Konto ›Öffentliche Verwaltung‹ (Konto 3) mit gleichen Beträgen auf der Einnahmenseite erscheinen. Schließlich müssen noch jene als Position 3 a, b, c, d ausgewiesenen rund 15 Mrd. DM unverteilte Gewinne der Kapitalgesellschaften erwähnt werden, die, soweit nicht ausgeschüttet, als Ersparnis der Unternehmungen auf dem Vermögensänderungskonto zu berücksichtigen sind (vgl. Pos. 3 a auf Konto 4). Alle als Leistungseinkommen entstandenen fünf Positionen des ›Nationalen Produktionskontos‹ bilden zusammen das *Netto-Volkseinkommen zu Faktorkosten*. Es belief sich 1971 auf rund 583 Mrd. DM, mit denen die an der Erzeugung des Sozialprodukts beteiligten Produktionsfaktoren entlohnt worden sind. In dieser Summe wird sowohl der Gesamtbetrag der Leistungseinkommen, das Volkseinkommen zu Faktorkosten, als auch der in den Unternehmungen tatsächlich erzeugte Produktionswert, die sogenannte *Wertschöpfung*, ausgewiesen.[35]

Freilich wurde damit noch nicht alles, was an Zahlungs- und Leistungsströmen in einer Volkswirtschaft zu berücksichtigen ist, erörtert. Beispielsweise erhält der Staat über die direkten Steuern hinaus auch noch die sogenannten indirekten Steuern, die es zunnächst einmal zu erklären gilt.

Bei den *direkten Steuern* werden die Personen oder die Objekte, welche die Steuer nach dem Willen des Gesetzgebers tragen sollen, unmittelbar selbst zur Steuer herangezogen, um eine steuerliche Leistungsfähigkeit dadurch auf direktem Wege zu erfassen. Bei den *indirekten Steuern* versucht der Staat dagegen jene Personen, die besteuert werden sollen, auf indirekte Weise zu erreichen. Das ist möglich, indem er z. B. die Herstellung von Bier und von Mineralöl besteuert in der Absicht, damit die Biertrinker und die Benzinverbraucher zu belasten. Indirekte Steuern, vor allem die den Konsumenten zugedachten Verbrauchsteuern, werden auf diese Weise, hauptsächlich der einfacheren Vereinnahmung der Steuer wegen, bereits auf der Produktions- oder der Handelsstufe erhoben. Den Produzenten und dem Handel bleibt dann nichts anderes übrig, als diese Steuern in die Verkaufspreise einzukalkulieren und sie, nach Möglichkeit, in entsprechend höheren Preisen weiterzugeben und von sich abzuwälzen.

Deshalb kommen zu den Faktorkosten der Produktion auch noch die indirekten Steuern hinzu, mit denen der Staat die Erzeugung oder Verteilung der Güter belastet. Im Jahre 1971 belief sich die Summe der indirekten Steuern und Abgaben auf rund 101 Mrd. DM (vgl. Pos. 6 in Konto 1 und Konto 3), die beim Staat als zweitgrößter Posten auf der Einnahmeseite erscheint. Dieser vom Staat auferlegten Verteuerung der Produktion steht allerdings auch eine, wenngleich verhältnismäßig geringfügige Verbilligung durch Subventionen in Höhe von fast 10 Mrd. DM gegenüber. Unter *Subventionen* sind Leistungen des Staates an Produktionsfaktoren zur Verbilligung der Produktion oder zur Aufrechterhaltung des Betriebes zu verstehen. Während also die indirekten Steuern die Produktion verteuern, wird sie durch die Subventionen wieder verbilligt. Nur die Differenz aus den 101 Mrd. DM indirekter Steuern und den 10 Mrd. DM an Subventionen, d. s. 91 Mrd. DM, muß zu den Faktorkosten hinzugezählt werden, wenn das Nettoeinkommen der Nation einschließlich der an den Staat geleisteten Steuern, das sogenannte *Nettovolkseinkommen zu Marktpreisen*, ermittelt werden soll. Es umfaßt außer dem Volkseinkommen zu Faktorkosten auch noch die vom Staat vereinnahmten indirekten Steuern nach Abzug der von ihm gezahlten Subventionen.

Aber auch wenn der Saldo aus indirekten Steuern und Subventionen zu den Faktorkosten addiert wird und wir dadurch das Nettovolkseinkommen zu Marktpreisen erhalten, entspricht das Ergebnis noch nicht dem Wert aller erzeugten Güter, bewertet zu den tatsächlich auf dem Markte erzielten Preisen. In den Marktpreisen fehlen nämlich noch jene Kosten, die für die Abnutzung der Produktionsanlagen berechnet werden müssen, d. s. die *Abschreibungen*. Werden auch noch diese für die Erhaltung des Bestandes der Produktionsanlagen notwendigen Aufwendungen mit berücksichtigt, die als Position 8 in Höhe von 85 Mrd. DM im ›Nationalen Produktionskonto‹ eingesetzt und gleichzeitig auf dem Konto ›Vermögensänderung‹ verbucht wurden, so ergibt sich das *Bruttovolkseinkommen zu Marktpreisen*. Dieses Bruttoeinkommen, das sämtliche Steuern und Abgaben sowie die Abschreibungen umfaßt und den Marktwert des Produktionsergebnisses darstellt, wurde für das Jahr 1971 auf annähernd 760 Mrd. DM beziffert.

Aus welchen Gütern setzt sich dieses Produkt zusammen, wem fließt es zu, wofür wurde es verwendet? Es bestand aus 409 Mrd. DM Konsumgütern, die für die privaten Haushalte erzeugt worden sind. Wir haben diesen Posten als Position 9 bei der Betrachtung des Kontos ›Private Haushalte‹ bereits kennengelernt. Weitere rund 131 Mrd. DM an Leistungen und Waren beanspruchte der Staat für die öffentliche Verwaltung. Dieser Betrag mußte hauptsächlich für die Entlohnung der im öffentlichen Dienst beschäftigten Personen (Beamte, Angestellte, Arbeiter), aber auch für Käufe des Staates von fertigen Gütern und Leistungen aufgewendet werden. Der Aufwand für diese

Güter erscheint als Position 10 sowohl auf dem ›Nationalen Produktionskonto‹ als auch auf der Ausgabenseite des Kontos ›Öffentliche Verwaltung‹. Ein wesentlich größerer Teil der Gesamtproduktion, nämlich rund 209 Mrd. DM, hat als Anlage- und Vorratsinvestition zur Erhaltung und Vermehrung des Vermögensbestandes der Gesamtwirtschaft beigetragen, wie den Positionen 11 und 12 auf der Verwendungsseite des ›Nationalen Produktionskontos‹ entnommen werden kann. Beide Positionen erscheinen mit den gleichen Beträgen auf dem Konto ›Vermögensänderung‹. Schließlich hat unsere Volkswirtschaft im Jahre 1971 weniger an Waren und Leistungen vom Ausland bezogen als nach dort geliefert. Diese als Außenbeitrag bezeichnete Position (vgl. Pos. 13) in Höhe von 10 Mrd. DM unterscheidet sich von der später auf Seite 264 ausgewiesenen Leistungsbilanz, d. h. der Differenz aus Exporten und Importen von Waren und Dienstleistungen, dadurch, daß für die Sozialproduktberechnung und damit auch für den Außenbeitrag eine andere Abgrenzung für Importe und Exporte benutzt wird als in der offiziellen Zahlungsbilanzstatistik.

Mit dem ›Nationalen Produktionskonto‹, dem Konto ›Private Haushalte‹ und dem Konto ›Öffentliche Verwaltung‹ haben wir noch nicht alle Zahlungs- und Leistungsströme in unserer Wirtschaft kennengelernt. Es bleiben jene Beziehungen übrig, die zwischen der öffentlichen Verwaltung, dem Ausland und den Vermögensänderungen bestehen. Da es sich dabei um materiell weniger bedeutsame Vorgänge handelt, erscheint es im Hinblick auf die auferlegte Begrenzung an Zeit und Raum geboten, die Erklärung der noch nicht erwähnten Positionen als eine Art Übungsaufgabe dem Leser aufzutragen. Die einzige größere Buchung, die noch erwähnt werden soll, betrifft die Ersparnis des Staates, die als Position 19 auf der Ausgaben- und Verwendungsseite des Kontos ›Öffentliche Verwaltung‹ einerseits und auf dem Konto ›Vermögensänderung‹ andererseits erscheint. Trotz der beklemmenden Finanzlage vieler Gebietskörperschaften im Jahre 1971 trug die öffentliche Verwaltung noch mit rund 42 Mrd. DM an Ersparnissen in einem erheblichen Umfange zur Vermögensbildung unserer Wirtschaft bei. Der unvermeidliche Verzicht auf eine ausführliche und vollständige Erklärung aller Positionen und der diesem Rechenwerk zugrunde liegenden Struktur erlaubt nur noch den Hinweis auf die Bedeutung der Volkswirtschaftlichen Gesamtrechnung und des ›Nationalen Produktionskontos‹. Dieses Konto bildet den Kern und das Ziel der Volkswirtschaftlichen Gesamtrechnung. Häufig wird es in dieser Gestalt oder in einer ähnlichen Präsentation auch als *Volkswirtschaftliche Bilanz* bezeichnet. Obwohl es sich dabei nicht um eine Bilanz im strengen Sinn des Wortes, d. h. nicht um eine Vermögensaufstellung mit dem Nachweis von Gewinn oder Verlust handelt, soll diese Bezeichnung andeuten, daß wir das Ergebnis der wirtschaftlichen Tätigkeit eines ganzen Landes oder einer Nation für eine bestimmte Periode vor uns haben. Mit dem Volkseinkommen oder dem Sozialprodukt und seinen Veränderungen besitzen wir tatsächlich eine Maßzahl für die Leistung und die konjunkturelle Situation der Gesamtwirtschaft. Die große Bedeutung der Volkswirtschaftlichen Gesamtrechnung liegt darin, daß sie es ermöglicht, das Produktionsergebnis aller beteiligten Wirtschaftssubjekte in einer einzigen Zahl auszudrücken und zugleich nachzuweisen, mit welchen Beträgen die einzelnen Sektoren der Wirtschaft an der gesamten Wertschöpfung beteiligt gewesen sind und wofür die erzeugten Güter verwendet worden sind.

C. Gesamtwirtschaftliches Gleichgewicht und Beschäftigungslage

Keynessche Revolution und ›new economics‹
In den beiden vorausgegangenen Abschnitten A und B haben wir den Kreislauf der Einkommens- und Leistungsströme kennengelernt und uns davon überzeugt, daß es möglich ist, die Leistung einer ganzen Volkswirtschaft zu messen und sie in einer einzigen Übersicht, der Volkswirtschaftlichen Bilanz, zusammenzufassen. Die Volkswirtschaftliche Bilanz gehört aber nicht nur in den Bereich der Statistik und der Wirtschaftsbeobachtung, sondern verbindet die wirtschaftspolitische Praxis mit der Theorie der Gesamtwirtschaft, d. i. der Makroökonomik. Die statistischen Ergebnisse der Volkswirtschaftlichen Gesamtrechnung können nämlich unmittelbar als Ausgangswerte in die makroökonomische Theorie übernommen werden. Es han-

delt sich bei ihr um eine operable, von vornherein auf statistisch bestimmbare Größen eingerichtete Theorie.
Im Grunde bilden makroökonomische Theorie und Volkswirtschaftliche Gesamtrechnung ein gemeinsames Ganzes. Beide, die Makroökonomik und die heutige Praxis der Volkswirtschaftlichen Gesamtrechnung, sind als Zwillinge zur Welt gekommen. Ihre Geburtsstunde schlug vor rund dreißig Jahren; ihr geistiger Vater war der englische Nationalökonom *John Maynard Keynes*. Er veröffentlichte 1936, unter dem Eindruck der schwersten Wirtschaftskrise, von der die Industrienationen jemals heimgesucht worden sind, ein Buch mit dem Titel ›Allgemeine Theorie der Beschäftigung, des Zinses und des Geldes‹.[36] Dieses Buch hat für die westliche Welt, wenn auch ohne messianische Hoffnung und revolutionäre Absicht verfaßt, eine ähnlich große Bedeutung erlangt wie das Werk von *Karl Marx* für die kommunistischen Länder. Immerhin, wir sehen die alte These bestätigt, daß es Bücher sind, die Revolutionen gemacht haben. Die *Keynes*sche Revolution, wie sie hauptsächlich in den englisch sprechenden Ländern genannt wird, wurde tatsächlich nicht auf der Straße, sondern in den Lehrbüchern entschieden. Diese neue Wirtschaftslehre, die ›new economics‹[37], war noch vor 20 Jahren in keinem Lehrbuch der Volkswirtschaftslehre zu finden, während sie heute in keinem zeitgenössischen Lehrbuch fehlt.
Man kann die Bedeutung der ›new economics‹ durchaus mit der Erfindung des Penicillins oder der Sulfonamide in der Medizin vergleichen. So, wie es heute im allgemeinen keine Schwierigkeiten mehr bereitet, Infektionskrankheiten und Fieber zu bekämpfen, haben wir für den Wirtschaftsorganismus ein verhältnismäßig sicher wirkendes Mittel gegen das Fieber der Arbeitslosigkeit gefunden. Daß diese Feststellung keine Übertreibung ist, mag der Leser daraus ersehen, daß die Vereinten Nationen schon bald nach dem Ende des Zweiten Weltkriegs eine Schrift veröffentlichen ließen, in der die gegen die Krankheit der Arbeitslosigkeit anwendbaren Mittel und deren Dosierung beschrieben und den betroffenen Nationen empfohlen worden sind. Diese sich auf die *Keynes*schen Lehren berufende, von einigen angesehenen Nationalökonomen verfaßte Aufklärungsschrift trug den Titel: ›National and International Measures for Full Employment‹[38].

Die Einkommensentstehung

Um diese Theorie wenigstens in Ansätzen kennenzulernen, kann mit dem ›Nationalen Produktionskonto‹ der Volkswirtschaftlichen Gesamtrechnung begonnen werden (vgl. Tabelle 6, Konto 1). Aus der Verbuchung beider Wertströme auf der linken und rechten Seite des Kontos, der Entstehung und Verwendung der Gesamtproduktion ergibt sich die Gleichheit zwischen den Bruttoeinkünften der privaten Wirtschaftssubjekte und des Staates einerseits, auf der linken Seite des Kontos, und dem Wert der Gesamtproduktion andererseits, auf der rechten Seite des Kontos. Die wertmäßige Gleichheit beider Seiten kann somit in die Form von Gleichungen gebracht werden. Für die folgenden Überlegungen wollen wir deshalb davon ausgehen, daß das Symbol E sowohl als Bruttovolkseinkommen zu Marktpreisen wie auch als Bruttosozialprodukt zu Marktpreisen interpretiert werden kann und mit dieser Größe zugleich die Leistung der Gesamtwirtschaft gemessen wird. Da außerdem die Höhe des Gesamteinkommens oder des Sozialprodukts unmittelbar von der Zahl der beschäftigten Personen und dem Ausnutzungsgrad der vorhandenen Produktionsmöglichkeiten abhängt, kann die Größe E zugleich ein Ausdruck für die Höhe der Beschäftigung einer Volkswirtschaft sein. Die makroökonomische Theorie ist, wie wir sehen, gleichzeitig eine Theorie der Beschäftigung, des Volkseinkommens und der gesamtwirtschaftlichen Aktivität.

Aus dem ›Nationalen Produktionskonto‹, das die Gleichheit zwischen dem Gesamteinkommen und dem Geldwert der Gesamtproduktion widerspiegelt, läßt sich noch eine zweite wichtige Beziehung entnehmen. Offenbar wird das Einkommen auf der linken Seite des Kontos durch jenen Betrag bestimmt, der aus den auf der rechten Seite des Kontos verzeichneten Verkäufen des Gesamtprodukts erzielt werden kann. Diese Tatsache, daß sich das Gesamteinkommen oder das Gesamtprodukt E durch die Verkaufssumme der erzeugten Waren und Leistungen ergibt, kann sogleich systematisch in folgender Weise gefaßt werden. Die in Geldeinheiten bewertete Leistung der Gesamtwirtschaft, das Sozialprodukt, setzt sich aus folgenden Größen zusammen:

1. aus der Summe aller Verkäufe für den privaten Verbrauch C, d. h. wir bezeichnen den jeweiligen Wert der Position 9 unseres Kontos mit dem Symbol C;

2. aus der Summe aller Verkäufe von Gütern und Diensten an den Staat, dem Staatsverbrauch A, d. h. wir bezeichnen den Wert der Position 10 mit dem Symbol A;
3. aus der Summe aller Anlage- und Lagerinvestitionen I, d. h. die Werte der Positionen 11 und 12 werden zusammengefaßt und mit dem Symbol I bezeichnet.

Von den Wirtschaftsbeziehungen zum Ausland wollen wir dabei der besseren Übersicht wegen absehen oder annehmen, daß sich der Außenbeitrag, die Position 13, auf null beläuft. Dann kann das Ergebnis unserer Überlegungen in die Gleichung

$$E = C + I + A$$

gefaßt werden.

Damit haben wir eine der Grundgleichungen der makroökonomischen Theorie formuliert. Sie wird als die Gleichung der Einkommensentstehung bezeichnet. Das Einkommen oder das Gesamtprodukt ist demnach das Ergebnis der in einer Volkswirtschaft ausgeübten Gesamtnachfrage. Als Komponenten der Nachfrage treten, da wir vom Ausland absehen, nur drei Sektoren in Erscheinung, nämlich die privaten Haushalte mit dem Konsum C, die Unternehmungen mit der Nachfrage nach Investitionsgütern I und der Staat mit seiner Nachfrage nach den Gütern des Staatsverbrauchs A. Die Höhe des Gesamteinkommens ist demnach das Resultat der privaten und staatlichen Nachfrage nach Konsum- und Investitionsgütern. Mit dieser Überlegung haben wir einen der Kardinalsätze der *Keynes*schen Theorie gewonnen. Er besagt, daß die Höhe des Volkseinkommens oder des Sozialprodukts und damit die Beschäftigung einer Volkswirtschaft durch die Höhe der Gesamtnachfrage bestimmt wird.

Der geschilderte Zusammenhang kann wiederum in einer graphischen Darstellung verdeutlicht werden (vgl. Figur 16). Auf der Abszisse wird die Höhe des Volkseinkommens oder des Sozialprodukts E gemessen, die Ordinate bleibt den einzelnen Komponenten der Gesamtnachfrage, hier dem privaten Konsum C, der Investition I und dem Verbrauch des Staates A vorbehalten. Dabei müssen freilich bestimmte, aus der Realität gewonnene Annahmen über den Zusammenhang zwischen der Einkommenshöhe und der Nachfrage nach Konsumgütern, Investitionsgütern und Gütern des öffentlichen oder staatlichen Bedarfs gemacht werden. Da es hier nur auf den Zusammenhang zwischen Gesamtnachfrage und Einkommenshöhe ankommt, wurden in Figur 16 die folgenden, recht einfachen Zusammenhänge über die Einkommensabhängigkeit des privaten Konsums, des staatlichen Konsums und der Investitionsnachfrage unterstellt. In einer Volkswirtschaft kann bei bestimmten, gegebenen Verbrauchsgewohnheiten davon ausgegangen werden, daß bei steigendem Einkommen mehr für den Verbrauch ausgegeben wird. Die Linie CC' in Figur 16 bildet diese Abhängigkeit des Konsums der privaten Haushalte von der Höhe des Gesamteinkommens ab. Mit steigenden Werten für E nimmt daher der jeweilige Betrag für den Konsum C zu. Obwohl wir nicht annehmen dürfen, daß in Wirklichkeit der Konsum mit dem steigenden Einkommen gleichmäßig, wie in Figur 16, zunimmt, kann dies aus Vereinfachungsgründen hier unterstellt werden. Noch einfachere Annahmen lassen sich für die Investition und den Verbrauch des Staates machen, die beide in Figur 16 als ein gegebener, unverrückbarer, d. h. vom Einkommen unabhängiger Betrag in Höhe von CI bei der Investition und IA bei den Staatsaufwendungen angesetzt wurden.

Sehen wir jedoch von den beiden konstanten Komponenten der Nachfrage, der Investition und dem Staatsverbrauch, fürs erste ab und nehmen an, daß es keinen Staatsverbrauch und keine Investition gibt. Dann wird die Konsum-Nachfragekurve CC' die jeweilige Höhe der Gesamtnachfrage bei unterschiedlich hohem Einkommen abbilden. Diese Nachfrage muß dann ihrerseits die Höhe des Volkseinkommens E oder das Ausmaß der ebenfalls in Einheiten von E zu messenden Produktion festlegen. In welcher Höhe wird sich das Gesamteinkommen oder das Sozialprodukt bilden? Offenbar wird jeder Punkt auf der Konsum-Nachfragekurve CC' eine bestimmte Einkommenshöhe festlegen. Aber nur in einem einzigen Punkte kann sie mit der Höhe der Gesamtnachfrage gleich sein. Um dieses Gleichgewichtseinkommen, d. i. jenes Einkommen, das der tatsächlich ausgeübten Nachfrage entspricht, zu ermitteln, wird in Figur 16 eine durch den Achsenschnittpunkt O verlaufende Gerade eingezeichnet, die im Winkel von 45° ansteigt. Die Abszissen- und Ordinatenwerte für alle Punkte auf dieser Geraden sind einander gleich. Deshalb bildet diese Gerade den

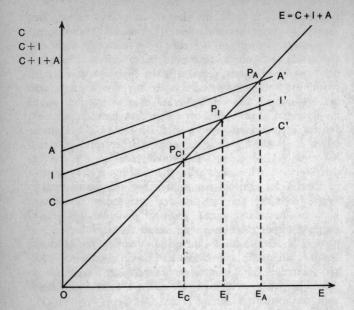

Figur 16

Gleichgewichtspfad zwischen der auf der senkrechten Achse gemessenen Nachfrage und dem auf der waagerechten Achse gemessenen Einkommen. Wir besitzen mit der 45°-Linie eine graphische Interpretation der zuvor formulierten fundamentalen Einkommensgleichung $E = C + I + A$, weil auf ihr die Höhe des Einkommens E und die gesamte Nachfrage, die sich aus den Komponenten C, I und A zusammensetzen läßt, gleich groß sind.

Das Gleichgewichtseinkommen läßt sich nun auf einfache Weise bestimmen. Es muß, wenn die Gesamtnachfrage durch die Gerade CC' bestimmt wird, durch ihren Schnittpunkt mit der 45°-Linie im Punkte P_C festgelegt werden und eine Höhe von OE_C erreichen. Bei jedem Einkommen, das kleiner als OE_C ist, würde die durch die Gerade CC' festgelegte Gesamtnachfrage größer als das Einkommen sein und daher das Einkommen so lange in die Höhe treiben, bis der Punkt P_C erreicht ist. Da die Gerade CC' links vom Punkt P_C oberhalb der 45°-Linie verläuft, muß die Gesamtnachfrage über dem Einkommen liegen und das Einkommen wegen der höheren Nachfrage so lange zunehmen, bis Gesamtnachfrage und Einkommen gleich groß sind. Das ist im Punkte E_C der Fall. Bei einem über OE_C hinausgehenden Einkommen würde die umgekehrte Situation eintreten. Alle Punkte auf der Geraden CC' rechts vom Punkte P_C liegen unterhalb der 45°-Linie, und die Nachfrage erreicht somit nicht die Höhe des Einkommens. Das Einkommen muß daher so lange schrumpfen, bis es im Punkt P_C durch eine gleich große Gesamtnachfrage $C = E_C P_C$ in dieser Höhe aufrechterhalten wird.

Bis jetzt sind wir davon ausgegangen, daß die Gesamtnachfrage durch die Linie CC' begrenzt wird und nur aus dem privaten Konsum C besteht. Nehmen wir nun zum Konsum noch die übrigen Komponenten der Nachfrage hinzu, so setzt sich die Gesamtnachfrage, wenn wir weiterhin vom Ausland absehen, noch aus der Nachfrage nach Investitionsgütern I und aus der Nachfrage des Staates A zusammen. Da in Figur 16 angenommen wurde, daß die Investition vom Einkommen unabhängig ist und jeweils in Höhe von CI entsteht, steigt das ursprünglich durch den privaten Konsum bestimmte Nachfrageniveau CC' um den Betrag CI auf das Niveau II'. Dazu kommen noch die Ausgaben des Staates für Güter und Dienste,

so daß auch der von der öffentlichen Verwaltung stammende Betrag in Höhe von IA zum Niveau der Gesamtnachfrage addiert wird, die damit die Höhe AA' erreicht.
Wird das Ausmaß der Gesamtnachfrage durch die Gerade AA' bezeichnet, so muß sich das Gleichgewicht im Punkte P_A beim Einkommen OE_A einstellen. Alle auf der Geraden AA' liegenden Punkte links von P_A wären danach nur zu verwirklichen, wenn die Nachfrage das Einkommen überträfe und es dadurch so lange zu steigen nötigte, bis ein Gleichgewicht zwischen beiden Größen, der Nachfrage und dem Einkommen, hergestellt wird. Der entgegengesetzte Prozeß würde sich rechts oberhalb von P_A, d. h. bei einer hinter dem Einkommen E_A zurückbleibenden Gesamtnachfrage abspielen. Dort müßte sich das Einkommen auf das Niveau der Gesamtnachfrage zurückbilden und würde schließlich wiederum im Punkte P_A seine Gleichgewichtslage erreichen. Wir finden auf diese Weise abermals den Satz der *Keynes*schen Theorie bestätigt, daß die Höhe des Gesamteinkommens und der Gesamtproduktion E durch das Ausmaß der Gesamtnachfrage bestimmt wird, die im vorliegenden Fall aus den Komponenten C, I, A besteht.

Einkommensverwendung und Gleichgewicht
Während in der vorkeynesianischen Zeit die Gleichheit zwischen dem Einkommen und dem Wert der Produktion keineswegs unbekannt war, besteht das Neue an den ›new economics‹ darin, daß der Ursachenzusammenhang zwischen Angebot und Nachfrage gegenüber der früheren Version umgekehrt worden ist. Beginnen wir unsere Erklärung zunächst mit der alten, überholten These. Diese nach *Jean Baptiste Say*, einem französischen Nationalökonomen der klassischen Schule, benannte Regel lautete: Jedes Angebot erzeugt seine eigene Nachfrage. Dies ist der Inhalt des einstmals berühmten sogenannten *Sayschen Theorems*, das den auf dem ›Nationalen Produktionskonto‹ dargestellten Zusammenhang der wertmäßigen Gleichheit zwischen Produktion und Einkommen in diesem Ursachenzusammenhang — das Angebot bestimmt die Nachfrage — sieht. Aus der Tatsache, daß jede Produktion Einkommen erzeugt, wurde gefolgert, daß dieses Einkommen wohl oder übel zum Kauf eben dieser Produktion wieder ausgegeben werde.
Keynes trat dieser Lehre entgegen und ging vom entgegenge-

setzten Ursachenzusammenhang aus. Genauer, er stellte der Gleichung der Einkommensentstehung oder der Einkommenserzeugung $E = C + I + A$ eine Gleichung der Einkommensverwendung gegenüber. Das bei der Erzeugung der Größen C, I und A geschaffene Einkommen E wird ausgegeben für den Konsum der privaten Haushalte und des Staates, während der Rest die Ersparnis darstellt. Bezeichnen wir die Konsumausgabe der privaten Haushalte mit C, so entspricht dessen Wert den Verkäufen an die privaten Haushalte auf dem ›Nationalen Produktionskonto‹ und ist daher identisch mit der Größe C in der Gleichung der Einkommensentstehung. Ähnliches gilt für die Ausgaben des Staates, die in Höhe von A tatsächlich zu Verkäufen an die öffentliche Verwaltung geführt haben und dadurch Einkommensentstehung und Einkommensverwendung als ein und denselben Prozeß erscheinen lassen.

Anders verhält es sich mit den Ersparnissen. Dabei muß beachtet werden, daß es sich bei der von uns betrachteten Größe E um das Bruttoeinkommen bzw. das Bruttosozialprodukt handelt und daß in beiden Fällen die Ersparnisse und Investitionen als Bruttogrößen, einschließlich der Beträge für die Ersatzinvestitionen, enthalten sind. Die Ersparnisse bedeuten Nicht-Konsum und daher möglicherweise Nicht-Verwendung von Einkommensteilen. Das Gesamteinkommen kann daher verwendet werden für den Kauf von Konsumgütern des privaten oder des öffentlichen Bedarfs oder aber nicht ausgegeben, d. h. gespart werden. Bezeichnen wir die gesamtwirtschaftlichen Ersparnisse mit S, so lautet die Gleichung der Einkommensverwendung $E = C + S + A$. Aus beiden Gleichungen, der Gleichung der Einkommensentstehung $E = C + I + A$ und der Gleichung der Einkommensverwendung $E = C + S + A$, ergibt sich die Bedingung für das Gleichgewicht. Die Gleichung der Einkommensentstehung muß mit der Gleichung der Einkommensverwendung übereinstimmen, d. h. das entstandene Einkommen muß gleich dem verwendeten Einkommen sein. Da sich beide Gleichungen jeweils bis auf die Größen I und S entsprechen, ist die Gleichheit erfüllt, wenn I und S jeweils gleich groß sind. Die Gleichgewichtsbedingung, bisweilen auch als die *Keynessche Gleichung* bezeichnet, lautet daher $I = S$ oder Bruttoinvestition = Bruttoersparnis.

Tatsächlich wird diese Bedingung in Figur 16 auf der 45°-

Linie, also z. B. in den Punkten P_C, P_I und P_A erfüllt. Gehen wir zunächst wieder von dem eingangs erwähnten einfachen Fall aus, der nur eine Nachfrage nach Konsumgütern in Höhe von CC', aber weder Investition noch Staatsverbrauch vorsah. Dann muß, da voraussetzungsgemäß keine Investition stattfindet, die Ersparnis gleich null sein. Im Punkte P_C wird das gesamte Einkommen OE_C für den Konsum in Höhe von $E_C P_C$ aufgewendet, so daß keine Ersparnisse anfallen.

Gehen wir sodann zu jenem zweiten Fall über, der eine Investition in Höhe von CI vorsah und die Gesamtnachfrage auf das Niveau II' brachte, dann ergibt sich das Gleichgewicht im Punkte P_I beim Einkommen in Höhe von OE_I. Da der Verbrauch durch die Gerade CC' bestimmt wird und die Ersparnis sich als Differenz zwischen dem Gesamteinkommen OE_I und dem Konsum bei diesem Einkommen, d. h. als Differenz zwischen P_I und der Geraden CC' einstellen muß, ergibt sich beim Einkommen OE_I eine Ersparnis, die durch die Strecke CI abgebildet wird und damit die gleiche Höhe wie die Investition besitzt.

Der Begriff und die Erscheinung des Gleichgewichts begegnet uns, wie wir bereits sahen, auch hier, im Gebiet der Makroökonomik. Das *gesamtwirtschaftliche Gleichgewicht*, das hier jeweils zu bestimmen ist, kann als ein Zustand charakterisiert werden, bei dem sich Gesamtangebot und Gesamtnachfrage entsprechen und daher keine Kräfte wirksam werden, welche diesen Zustand verändern.

Eine der wichtigsten Fragen, die in diesem Zusammenhang gestellt und beantwortet werden muß, gilt es noch zu erläutern. Für den Beschäftigungs- und Ausnutzungsgrad einer Volkswirtschaft ist es offenbar von großer Wichtigkeit zu wissen, ob sich die Gleichgewichtslage jeweils bei einer Einkommens- und Produktionshöhe einstellen wird, welche die volle Beschäftigung und Nutzung der vorhandenen Produktionsmöglichkeiten gewährleisten. Wiederum muß dabei das Verdienst von *Keynes* gewürdigt werden, dem der Nachweis gelang, daß sich eine Gleichgewichtslage keineswegs nur bei Vollbeschäftigung, sondern auch bei Arbeitslosigkeit einstellen kann. Auf diese Weise ließ sich der Zustand erklären, in den während der sogenannten Weltwirtschaftskrise in den dreißiger Jahren fast alle Industrieländer geraten sind, ohne sich daraus wieder befreien zu können. Die Ursache erkennen schuf zugleich die Möglichkeit, ihr zu begegnen.

Erinnern wir uns nochmals daran, daß in Figur 16 auf der Abszisse mit der Bezeichnung E zwar das Volkseinkommen oder das Sozialprodukt gemessen wird, aber damit zugleich auch eine unmittelbare Beziehung zum Beschäftigungsgrad einer Volkswirtschaft hergestellt werden kann. Die Abszisse dient damit zugleich auch als eine Skala für den Grad der Beschäftigung. Wenn z. B. das Gleichgewichts-Einkommen OE_A keine Vollbeschäftigung gewährleistet und die Arbeitslosigkeit in diesem Gleichgewichtszustand festgehalten wird, ist es notwendig, die Nachfrage so zu verändern, daß die Produktion über E_A hinaus ausgedehnt werden kann, damit die Vollbeschäftigung erreicht wird. In diesem Falle wird die Wirtschaftspolitik eines Landes bestrebt sein müssen, den privaten Konsum oder die Investition oder den Verbrauch des Staates oder auch alle diese Größen zusammen gegenüber dem bisherigen Zustand zu erhöhen. Sehen wir von der schwierigen Frage der Finanzierung ab, so ist es am einfachsten und häufig auch am wirkungsvollsten, unmittelbar die Nachfrage des Staates zu erhöhen. Durch Steuererleichterungen und ähnliche Maßnahmen könnte allerdings auch der private Konsum und die Investition angeregt werden. In Figur 16 würden durch derartige Veränderungen die Linien CC', II' und die Gesamtnachfrage AA' nach oben verschoben oder entgegengesetzt zum Uhrzeiger gedreht werden, so daß sie steiler als AA' und oberhalb des Punktes P_A verlaufen würden. Auf diese Weise ließe sich ein Schnittpunkt auf der 45°-Linie rechts oberhalb von P_A und damit ein Einkommen erzielen, das größer als das bisherige Einkommen OE_A ist und dem Vollbeschäftigungseinkommen entspricht.

Die Darstellung in Figur 16 läßt sich aber auch verwenden, um in einer entgegengesetzten Richtung liegende Entwicklungen zu verdeutlichen, nämlich die Wirkung von inflatorischen Prozessen. Gehen wir z. B. davon aus, daß das Niveau der Gesamtnachfrage bei vollständiger Ausnutzung aller Produktionsmöglichkeiten durch die Linie II' begrenzt ist und das Sozialprodukt oder das Volkseinkommen dadurch auf dem Niveau OE_I festgelegt wurde. Erhöht sich nun die Gesamtnachfrage von II' auf AA', so nimmt das Einkommen von OE_I

nach OE$_A$ zu. Aber dem höheren Einkommen steht kein vergrößertes Produkt gegenüber. Nur der Verkaufserlös der Gesamtproduktion hat sich um E$_I$E$_A$ erhöht. Die zusätzliche Nachfrage im Ausmaß von E$_I$E$_A$ kann z. B. aus aufgelösten Ersparnissen, aus Krediten, insbesondere Konsumentenkrediten, oder im Vorgriff auf erwartete Einnahmen finanziert, aber auch durch höhere Löhne und Gewinne ausgelöst worden sein, denen zunächst keine Produktionsausweitung entspricht.

X. Die Staatswirtschaft

A. Besonderheiten der Staatswirtschaft

Das Wirtschaftssubjekt Staat
In dem vor uns liegenden Abschnitt müssen wir uns mit einem Wirtschaftssubjekt befassen, dem in der Theorie der Einzelwirtschaften kein Platz eingeräumt worden ist. Die Theorie der Einzelwirtschaften blieb den Unternehmungen und den privaten Haushalten reserviert, und insofern handelt es sich bei ihr um eine reine Privatwirtschaftslehre. Der Staat wird üblicherweise in der Mikroökonomie nicht behandelt, weil er in staatlicher Eigenschaft stets als Kollektivsubjekt und damit als eine gesamtwirtschaftliche Figur in Erscheinung tritt. Wir konnten das im vorigen Abschnitt daran erkennen, daß die in der Volkswirtschaftlichen Gesamtrechnung verzeichneten Einnahmen und Ausgaben des Staates auf dem Konto ›Öffentliche Verwaltung‹ (vgl. Konto 3 in Tabelle 6) als makroökonomische Größen betrachtet und behandelt werden. Wenn wir vom *Staat* sprechen, meinen wir damit eine politische Körperschaft, die mit hoheitlicher Gewalt über ein bestimmtes Gebiet ausgestattet ist und alle in diesem Gebiet ansässigen Menschen und Wirtschaftssubjekte zu einem Gemeinwesen vereinigt.

Obwohl vom Staat häufig in der Einzahl wie von einer einzigen Institution gesprochen wird, müssen verschiedene Ebenen staatlicher Tätigkeit und Zuständigkeit unterschieden werden. In der Bundesrepublik besitzen wir z. B. einen dreistufigen Staatsaufbau mit Gemeinden, Ländern und Bund, die *Gebietskörperschaften*, wobei vorhandene Zwischenstufen — Gemeindeverbände, Kreise, Regierungsbezirke — nicht mitgezählt wurden. In ihrer Wirtschaftsführung sind diese Körperschaften verhältnismäßig selbständig und nur in begrenztem Umfange voneinander abhängig. So erhalten zwar die Gemeinden in der Regel vom Land oder vielleicht auch vom Kreis in erheblichem Umfange Zuschüsse und Zuweisungen, aber sie vereinnahmen auch eigene Steuern und können über ihre Mittel

weitgehend selbst bestimmen, ohne daß etwa der Kreis oder das Land oder gar der Bund dabei viel mitzureden hätten.
Das Wirtschaftssubjekt Staat existiert also nicht nur in einem einzigen Exemplar, sondern es tritt uns rund vierundzwanzigtausendmal als Gemeinde oder Gemeindeverband, elfmal als Land und einmal als Bund gegenüber. Daneben gibt es aber sowohl beim Bund als auch bei den Ländern und den Gemeinden wiederum staatliche Einrichtungen und Vermögensmassen, die ein gewisses Eigenleben führen. Das gilt z. B. auf der Ebene des Bundes für den Lastenausgleichsfonds, das ERP-Sondervermögen, die Bundesbank usw., auf der Ebene der Länder für die Landesversicherungsanstalten und andere Zweckverbände und bei den Gemeinden für gewisse Versorgungseinrichtungen, Stiftungen usf.

Der Kollektivbedarf
Das entscheidende Kriterium, das den Staat als Wirtschaftssubjekt von den Unternehmungen einerseits und den privaten Haushalten andererseits abhebt, sind seine hoheitlichen Aufgaben. Die im Interesse eines Gemeinwesens zu versehenden Dienste können, in ökonomischer Hinsicht, als Bedürfnisse der Gesellschaft interpretiert werden. Der Staat hat also, im Gegensatz zu den Unternehmungen und den privaten Haushalten, nicht oder weniger für die Einzelbedürfnisse, wohl aber für die Gesamtbedürfnisse einer Volkswirtschaft, für den sogenannten kollektiven Bedarf, zu sorgen, d. h. für jene Erfordernisse, die nicht oder nicht in befriedigender Weise durch den Markt und den Marktmechanismus geregelt werden können. Da jede Versorgung über den Markt durch einen Preis vergütet und dabei zugleich mengenmäßig reguliert wird, läßt sich ohne weiteres einsehen, daß diese Art der Versorgung nicht oder nur selten zu einem sinnvollen Ergebnis führen kann, wenn es sich um Leistungen wie die Schulbildung, das Universitätswesen, die Forschung, die Sicherheit, das Recht, die Landesverteidigung, den Feuerschutz, aber auch um Straßen, Verkehrsplanung, Kanalisation, Flußregulierung usw. handelt. Derartige Leistungen können kaum oder gar nicht in individuellen Mengen zugemessen und geliefert werden. Wer mehr oder bessere Straßen, wirksameren Schutz vor Überfällen und eine sinnvollere Regelung des Verkehrs wünscht, kann dies

nicht dadurch erreichen, daß er mehr dafür bezahlt. Selbst wenn sich viele Bürger bereit erklären, mehr Geld dafür auszugeben, werden sie nicht persönlich mit mehr oder besseren Straßen, mit mehr Polizei und besserer Verkehrsregelung beliefert, vielmehr kommen alle Mitbürger zugleich in den Genuß verbesserter staatlicher Leistungen.
Der Staat kann aus diesen und anderen Gründen die meisten seiner Dienste nicht verkaufen. Gerechtigkeit, Polizei und Sicherheit sollen und dürfen nicht käuflich sein, sondern müssen grundsätzlich jedermann in gleicher Weise zur Verfügung stehen. In vielen Fällen produziert der Staat also jene besondere Art von Dienstleistungen, die zugleich allen oder wenigstens vielen Mitgliedern der Gesellschaft zugute kommen und die kaum in einer sinnvollen Weise über den Markt geliefert und durch Einzelpersonen erworben oder genutzt werden können. Der Einzelne kann Güter dieser Art — Recht, Sicherheit, Verkehrsregelung — nicht ausschließlich, nicht nur für sich benutzen, sondern muß sie sozusagen mit allen anderen Mitgliedern der Gesellschaft teilen.
Infolgedessen darf der Staat in den meisten Fällen für die von ihm zu befriedigenden kollektiven Bedürfnisse keine Einnahmen erwarten, sondern hat seine Güter als quasi-freie Güter grundsätzlich jedermann in gleicher Weise und unentgeltlich anzubieten. Aber andererseits erfordert diese von der öffentlichen Verwaltung erwartete Versorgung mit sogenannten Kollektivgütern riesige Summen. Um sie aufzubringen, bleibt kaum eine andere Wahl, als von den Mitgliedern des Gemeinwesens Abgaben zu erheben, die, wie die Beiträge für einen Klub, von jedem bezahlt werden müssen, der Mitglied dieser Gesellschaft ist oder wenigstens als Gast, etwa als Ausländer, die Klubeinrichtungen in Anspruch nehmen möchte, indem er sich hier aufhält und damit in den Genuß vieler staatlicher Einrichtungen und Leistungen gelangt, z. B. der Straßen, der öffentlichen Sicherheit, des Rechts, der Hygiene, des Schul- und Hochschulwesens usw.

B. Die Einnahmen des Staates

Einnahmearten
Betrachten wir die denkbaren Einnahmen des Staates vom Grundsätzlichen her, so bestehen im wesentlichen folgende Möglichkeiten:
1. Der Staat kann erwerbswirtschaftliche Einnahmen erzielen, d. h. aus staatlichen Unternehmungen und staatlichem Vermögen Gewinne, Zinsen, Mieten, Pachten, d. h. Faktorentgelte, beziehen.
2. Er kann Abgaben erheben, die von den damit belasteten Personen oder Gesellschaften zur Deckung des öffentlichen Finanzbedarfs beigesteuert werden müssen.
3. Er kann Staatskredite aufnehmen, die entweder am Geld- und Kapitalmarkt oder aber als zusätzliches Geld von der staatlichen Zentralbank in Anspruch genommen werden.

Zu diesen drei Möglichkeiten können noch weitere hinzukommen, die aber entweder wegen ihrer Seltenheit oder ihrer geringen Ergiebigkeit als Ausnahmen zu betrachten sind. Hierher gehören z. B. Kriegskontributionen, Reparationsleistungen, Entwicklungshilfe und Devisengeschenke sowie Einnahmen aus Vermögensveräußerungen und Hinterlassenschaften.

Erwerbswirtschaftliche Einnahmen
Die an erster Stelle genannten erwerbswirtschaftlichen Einkünfte bezieht der Staat als Unternehmer und Vermögensbesitzer. Soweit es sich dabei um Unternehmungen wie z. B. das Volkswagenwerk, die Howaldts-Werft oder die Vereinigte Elektrizitäts- und Bergwerks-Aktiengesellschaft (VEBA) handelt, kann der Staat als privater Unternehmer oder Vermögensbesitzer betrachtet werden. Aber schon bei den staatlichen Forsten, der Bundesbahn, der Bundespost oder den städtischen Straßenbahnen beginnt der Unterschied. Der Förster ist Beamter und übt z. B. die forstpolizeiliche Gewalt aus. Auch die Bahn verfügt über eine eigene Polizei, und Bahn und Post besitzen überdies staatlich geschützte Monopole und genießen steuerliche Vergünstigungen, die sie andererseits zu Leistungen, z. B. zur Aufrechterhaltung des Betriebes, auch dann verpflichten, wenn aus kaufmännischen Überlegungen eine private Unternehmung die Produktion einstellen würde. Mit ge-

wissen Einschränkungen gilt ein derartiger Sonderstatus auch häufig für die städtischen Verkehrsbetriebe.

Viele, wenngleich nicht alle Unternehmungen im Besitz der öffentlichen Hand werden nach gemeinwirtschaftlichen Grundsätzen betrieben und gehören daher in diese Kategorie. Die Betriebsführung darf sich dabei nicht nur an privat- oder erwerbswirtschaftlichen Grundsätzen orientieren, sondern muß zugleich auch außerökonomische oder allgemeinpolitische Ziele berücksichtigen. Da gemeinwirtschaftliche Betriebe im öffentlichen Interesse zu führen sind, wird diese allgemeinere Zielsetzung häufig gegenüber dem Grundsatz der Gewinnmaximierung dominieren und eine rein kaufmännische Betriebsführung ausschließen. Es gibt in diesem Grenzbereich tatsächlich alle Grade, Schattierungen und Übergänge von rein privat- und erwerbswirtschaftlich geführten Unternehmen bis zum reinen Verwaltungsbetrieb, beispielsweise von der städtischen Sparkasse als kaufmännischem Unternehmen bis zum städtischen Museum oder Theater als Teil der städtischen oder staatlichen Kulturverwaltung.

Diese kurzen summarischen Bemerkungen über die erwerbswirtschaftlichen Einnahmen der öffentlichen Verwaltung erheischen den Hinweis auf die relative Geringfügigkeit derartiger Einnahmearten für den Gesamtbedarf an öffentlichen Einnahmen in einem modernen Staat, sofern er vorwiegend nach marktwirtschaftlichen und privatwirtschaftlichen Grundsätzen gesteuert wird. Daher handelt es sich bei dieser Einnahmekategorie um eine atypische, ja beinahe systemfremde Einnahmeart. Diese Aussage wird durch die relative Bedeutungslosigkeit erwerbswirtschaftlicher staatlicher Einnahmen in allen größeren westlichen Industrieländern bestätigt.

Öffentliche Abgaben

Der weitaus größte Teil der Einnahmen des Staates stammt daher aus öffentlichen Abgaben. Als *öffentliche Abgaben* bezeichnen wir alle aufgrund hoheitlicher Befugnis des Staates von den Einzelwirtschaften erhobenen Zahlungen. Man unterscheidet dabei spezielle oder Entgeltabgaben einerseits und allgemeine Abgaben andererseits. Die speziellen oder Entgeltabgaben bestehen im wesentlichen aus Gebühren und Beiträgen. In beiden Fällen wird die Zahlung für eine staatliche Leistung gefordert und stellt insoweit ein Entgelt für in Anspruch genommene staatliche Dienste dar.

Als *Gebühr* wird dieses Entgelt dann erhoben und bezeichnet, wenn sie für eine Leistung zu entrichten ist, die durch Personen oder Körperschaften von einer staatlichen Stelle verlangt worden sind. Wer sich z. B. einen Reisepaß ausstellen läßt, muß eine Paßgebühr bezahlen, wer zum Erwerb des Führerscheins die Fahrprüfung ablegen will, muß eine Prüfungsgebühr bezahlen usf.

Die *Beiträge* werden dagegen von einem Personenkreis erhoben, der, ohne dies im einzelnen zu fordern, in den Genuß spezieller staatlicher Leistungen gelangen kann. Dabei fragt die Behörde nicht, ob die Leistung gewünscht und in Anspruch genommen wird, sondern bietet sie jenem Personenkreis an, der dafür zur Abgabe herangezogen wird. Das bei weitem bedeutendste, wenngleich zur Erklärung nicht besonders gut geeignete Beispiel liefern die Sozialversicherungsbeiträge, die von Arbeitgebern und Arbeitnehmern gleichermaßen erhoben werden, aber als Leistung zunächst nur den Arbeitnehmern, in einer indirekten Weise freilich auch den Arbeitgebern, zugute kommen können. Ein anderes und besseres Beispiel bilden die sog. Anliegerbeiträge, die häufig von den Gemeinden für Kanalisation und Wegebau von den dabei unmittelbar begünstigten Grundstückseigentümern erhoben werden.

Die Haupteinnahmen der öffentlichen Körperschaften sind heute in fast allen Ländern die allgemeinen Abgaben, d. h. Steuern und Zölle. Als *Steuern* werden die durch öffentliche Körperschaften ohne spezielle Gegenleistungen erhobenen, aufgrund eines Gesetzes zu leistenden Zahlungen bezeichnet. Für die häufig daneben erwähnten *Zölle* gilt die gleiche Definition mit der Ergänzung, daß sie bei der Ein- oder Ausfuhr von Waren erhoben werden.

Steuern als konjunkturpolitisches Instrument

Die Steuern bilden heute die bei weitem wichtigste Einnahmequelle des Staates. Ungefähr vier Fünftel der gesamten Einnahmen von Bund, Ländern und Gemeinden werden aus Steuern beschafft. Dennoch haben wir oben vermieden, bei der Definition der Steuer die Absicht der Einnahmeerzielung zu erwähnen. Spätestens seit der *Keynes*schen Revolution dienen nämlich Steuern zugleich auch dazu, mehr oder weniger an verfügbarem Einkommen in den Händen der privaten Wirtschaftssubjekte zu belassen. Senkt z. B. der Staat die Steuersätze, so kann er dadurch mehr private Kaufkraft erzeugen und folglich mehr gesamtwirtschaftliche Nachfrage hervorrufen als zuvor. Ein Blick auf Figur 16 kann uns davon überzeugen, daß sowohl die Konsumnachfrage, die Linie CC', als auch die Investition, die Linie II', jeweils höhere Werte erreicht und infolgedessen zu einem größeren Gesamteinkommen, d. h. zu einem weiter nach rechts gelegenen Schnittpunkt mit der 45°-Linie und damit zu einem höheren, weiter nach rechts verlegten Gesamteinkommen auf der Abszisse führt, wenn bei unveränderten Staatsausgaben die Steuern herabgesetzt werden und dadurch mehr private Nachfrage zum Zuge kommen kann. Aus dem höheren Gesamteinkommen und den daraus fließenden höheren Steuereingängen kann der Staat dann jene Einnahmen wiedergewinnen, die er zunächst durch die Steuersenkung eingebüßt hat.

Ebenso gut wie zur Erhöhung der privaten Nachfrage läßt sich die Besteuerung aber auch zu ihrer Dämpfung benutzen. Wenn die Steuersätze erhöht werden, muß dies das verfügbare Einkommen und damit zugleich die wirksame Nachfrage verringern. Als in unserem Lande im Herbst 1965 die konjunkturelle Überanspannung allenthalben sichtbar und konjunkturdämpfende Maßnahmen daher unvermeidlich wurden, hätten sich Steuererhöhungen gut zur Milderung des Inflationsfiebers geeignet, zumal die Finanzwirtschaft des Bundes, der Länder und der Gemeinden mit Fehlbeträgen aufwartete. Aber Steuererhöhungen sind bekanntlich unpopulär, denn sie führen dem Steuerzahler den Kaufkraftverlust als Einkommensminderung unmittelbar vor Augen. Die Inflationierung schien dagegen weniger schmerzhaft, obwohl der Kaufkraftverlust dabei nur auf eine andere, unmerklichere Weise bezahlt wird, nämlich durch eine Erhöhung der Preise. Freilich muß hinzugefügt und berücksichtigt werden, daß durch die Besteuerung nicht alle Personen in gleicher Weise wie durch eine Inflationierung betroffen werden und daß sich nicht alle Steuern gleich gut zur Inflationsbekämpfung eignen. Die Hauptwaffe würde nämlich dabei eine Erhöhung der Steuern vom Einkommen, also der veranlagten Einkommensteuer, der Lohnsteuer und

der Körperschaftsteuer sein, während höhere indirekte Steuern, vor allem höhere Verbrauchsteuern, nicht gerade preisdämpfend wirken, weil sie meistens ganz oder zum Teil auf die Preise der belasteten Produkte aufgeschlagen werden.
Jedenfalls kann und wird die Besteuerung immer häufiger als ein Mittel zur Konjunkturbeeinflussung erkannt und benutzt. Vor allem in den USA, wo seit dem Jahre 1962 die Konjunktur beständig auf einem hohen Stande gehalten werden konnte, wurde dieses Instrument, die konjunkturorientierte Besteuerung, mit einer bewunderungswürdigen Virtuosität von den wirtschaftlichen Beratern des Präsidenten genutzt.

Einkommensredistribution
Ebenso bedeutsam wie für die Konjunktur sind die Steuern aber auch für die Veränderung der Einkommensverteilung. Die Erhöhung oder Ermäßigung einer Steuer wirkt sich nicht nur auf die Höhe der staatlichen Einnahmen und auf das konjunkturelle Klima aus, sondern verändert auch die absolute und relative Verteilung des Einkommens innerhalb der Gesellschaft. Die Tatsache, daß Steuern die Einkommensverteilung ändern, ist nicht etwa ins Belieben des Finanzministers gestellt, sondern ergibt sich zwangsläufig, d. h. auch dann, wenn keine Einkommensverteilungspolitik mit Hilfe der Besteuerung beabsichtigt ist. Die Änderung der bestehenden Einkommensverteilung folgt einfach aus dem Umstand, daß durch eine Steuer das Einkommen oder das Vermögen einzelner Personen mehr, dasjenige anderer Personen weniger oder gar nicht beschnitten wird. Es wäre unklug, vor dieser Wirkung die Augen zu verschließen, und es ist daher vernünftiger, die Steuerlast nach einem erklärten verteilungspolitischen Ziel zu orientieren, als sie zu ignorieren oder blindlings hinzunehmen. Die inhaltliche Bestimmung dieses Ziels ist allerdings eine politische und keine wirtschaftswissenschaftliche Angelegenheit.
Halten wir fest, daß es möglich ist, die in einer Marktwirtschaft durch den Marktmechanismus und die Besitzverhältnisse zuwege gebrachte Einkommensverteilung mit Hilfe der Besteuerung zu korrigieren. Diese als redistributive Besteuerung bezeichnete Politik ergänzt die sogenannte zweite Einkommensverteilung, die traditionellerweise zunächst als eine Politik der Ausgaben, speziell der Sozialausgaben, betrachtet und

betrieben wurde. Der Hinweis, daß das Gesamtaufkommen aller in der Bundesrepublik erhobenen Steuern zu ungefähr drei Fünfteln aus Steuern vom Einkommen und vom Besitz stammen, mag genügen, um die redistributorische Wirkung der Besteuerung zu ermessen. Fassen wir daher noch einmal zusammen, daß Steuern und öffentliche Abgaben ihre staatswirtschaftliche Bedeutung nicht nur als Einnahmen zur Deckung des Staatsbedarfs besitzen, sondern zugleich auch als konjunkturpolitisches Instrument und als ein Mittel zur Einkommensredistribution dienen.

Der Staatskredit
Die dritte mögliche Einnahme, die Kreditaufnahme, genießt im allgemeinen und insbesondere in Deutschland keinen guten Ruf. Zweimal innerhalb von nur fünfundzwanzig Jahren hat sich der Staat seine Einnahmen mit Hilfe der Notenpresse beschafft. Da die Geldversorgung einer Wirtschaft zu den öffentlichen Aufgaben gehört — wem, wenn nicht dem Staat, sollte man sie anvertrauen —, nutzte der Eigentümer dieser Quelle, der Staat, die nur ihm sich bietende Gelegenheit und mied den beschwerlicheren Weg, sich seine Einnahmen von seinen Mitgliedern als Steuern zu erbitten oder zu ertrotzen. Es war diese bequeme Art, sich durch Kredite bei der eigenen Zentralbank die fehlenden Einnahmen zu verschaffen, die dem deutschen Volk zwei Inflationen eingetragen und sowohl die alte Mark-Währung als auch die spätere Reichsmark-Währung ruiniert hat. Der Staatskredit von der Notenbank ist seitdem begreiflicherweise bei uns suspekt. Schon die Besatzungsmächte schoben den möglichen Kreditwünschen eines künftigen deutschen Staates einen Riegel vor, indem sie der neu errichteten Notenbank nur erlaubten, Kassenkredite in einer bescheidenen Höhe zum Ausgleich vorübergehender Einnahmeschwankungen zu gewähren.

Die bitteren Erfahrungen und Lehren der Vergangenheit waren noch nicht vergessen, als im Jahre 1957 ein neues Zentralbankgesetz, das Gesetz über die Deutsche Bundesbank, verkündet und in Kraft gesetzt wurde. Dem Bund wurde darin nur die Möglichkeit eingeräumt, Kassenkredite bis in Höhe von 3 Milliarden DM — 1967 auf 6 Mrd. DM erhöht — in Anspruch zu nehmen, und die Länder können nach dem gleichen Gesetz – heute – bis zu 40 DM je Einwohner – die Stadtstaaten Berlin, Bremen und Hamburg jeweils bis zu 80 DM je Einwohner – bei der Zentralbank borgen. Den Gemeinden ist der Zugang zur Zentralbank überhaupt nicht gestattet. Sie müssen daher ihre Kreditwünsche auf dem privaten Markt befriedigen. Auch dem Bund und den Ländern steht überdies die Möglichkeit offen, sich außerhalb des Zentralbanksystems auf dem privaten Geld- und Kapitalmarkt zu verschulden. Aber die staatliche Kreditnachfrage muß dort mit den übrigen Kreditsuchern, vornehmlich den großen und kleinen Unternehmungen und Finanzinstituten, konkurrieren, und die hier verfügbaren und verleihbaren Mittel sind begrenzt und können nicht beliebig vermehrt werden. Die Kreditnachfrage des Staates auf dem freien Markt findet daher rasch ihre Grenzen und kann insoweit keine ernsten Inflationsgefahren auslösen.

Die Einnahmen der öffentlichen Verwaltung in der Bundesrepublik
Nachdem wir uns mit den drei typischen Einnahmearten des Staates vertraut gemacht haben, werfen wir noch rasch einen Blick auf die Ergebnisse für das Jahr 1971 in der Bundesrepublik, wie sie im Konto ›Öffentliche Verwaltung‹ in der Volkswirtschaftlichen Gesamtrechnung (vgl. Tabelle 6) zusammengestellt worden sind. Die Einnahmen, die der Staat mit allen seinen Gliedkörperschaften – Bund, Länder, Gemeinden, Sozialversicherungsträger, Lastenausgleichsfonds, Familienausgleichskassen – an sich gezogen hat, erreichen die gewaltige Summe von rund 280 Mrd. DM. Durch diesen Betrag wurden Einkommen umgeleitet, die zwei Fünfteln des Wertes der gesamten Nettoproduktion unserer Volkswirtschaft entsprachen. Mit dieser Quote nimmt die Bundesrepublik einen der Vorderplätze in der Rangliste der Nationen ein, aber man braucht auf Rekorde dieser Art nicht unbedingt stolz zu sein.
Unter den Einnahmen entfielen rund 275 Mrd. DM auf Abgaben aller Art, d. h. auf direkte und indirekte Steuern und Sozialversicherungsbeiträge. Die aus dem Konto nicht unmittelbar zu entnehmende Summe für das Steueraufkommen beläuft sich auf rund 172 Mrd. DM, während die Sozialversicherungsbeiträge und die übrigen Abgaben zusammen den

Rest ausmachen. Nur 2 v. H. der gesamten Mittel der öffentlichen Verwaltung stammen aus anderen Quellen, nämlich aus Überschüssen und Ablieferungen von staatlichen Unternehmungen und Vermögensmassen. Daneben hat allerdings die öffentliche Verwaltung auch noch in erheblichem Umfange Kredite in Anspruch genommen, aber ihnen steht eine beträchtliche Geldvermögensbildung gegenüber. Die Saldierung beider Größen erfolgt auf einem hier nicht behandelten Finanzierungskonto.

C. Die Staatsausgaben

Staatswirtschaft als Planwirtschaft
Obwohl das Wirtschaftssubjekt Staat keinesfalls einem privaten Haushalt gleicht, hat es sich eingebürgert, die Wirtschaft des Staates als eine Haushaltswirtschaft, als den Staatshaushalt zu bezeichnen. Das kommt nicht von ungefähr, denn im Gegensatz zur Unternehmung, die wir als eine Erwerbswirtschaft charakterisieren konnten und bei der die Ausgaben und Aufwendungen nur den Zweck haben, auf direkte oder indirekte Weise Einnahmen zu erzielen, mußten wir den privaten wie den staatlichen Haushalt als eine Verbrauchswirtschaft kennzeichnen. Eine Verbrauchswirtschaft versucht, mit den vorhandenen Mitteln den bestehenden Bedürfnissen nach Dringlichkeit und Möglichkeit gerecht zu werden. Sie kennt keine Wirtschaftlichkeits- und Erfolgsrechnung, keinen Vergleich zwischen Aufwand und Ertrag oder Zwischenkosten und Erlös, sondern nur eine Gegenüberstellung von Einnahmen und Ausgaben. Diese Gegenüberstellung von Einnahmen und Ausgaben wird als Haushaltsplan und im speziellen Fall des Staates auch als Budget oder Etat bezeichnet.

Schon bei der Behandlung der Wirtschaftsordnungen haben wir erkannt, daß auch die vorwiegend marktwirtschaftlichen Ordnungen mit Elementen zentralverwaltungswirtschaftlicher Art durchsetzt sind. Die Staatswirtschaft gehört ihrer Natur nach zum Typus der Zentralverwaltungswirtschaft, denn Einnahmen und Ausgaben werden in einem Plan, dem Haushaltsplan, für einen bestimmten Zeitraum nach Art und Höhe festgelegt. Alle Personen und Verwaltungsstellen, deren Wirtschaftsführung in diesem Plan berücksichtigt und festgelegt ist, sind an ihn gebunden und besitzen keine eigene Befugnis, die für sie geltenden Einzelheiten des Plans zu ändern. Man sagt daher auch, der Haushaltsplan sei vollzugsverbindlich.

Entstehung und Gliederung eines Haushaltsplans
Wie kommt ein derartiger Plan zustande, was enthält er und wie sieht er aus? Bei seiner Entstehung gleicht er einem Gesetz, denn er durchläuft die gleichen Stadien der Entwicklung. Er wird sogar als Bestandteil eines förmlichen Gesetzes, des sogenannten Haushaltsgesetzes, verabschiedet. Ehe es dazu kommt, müssen freilich die Einnahmen- und Ausgabensätze von den einzelnen Verwaltungen in mühevoller Kleinarbeit vorbereitet und zusammengetragen werden. Betrachten wir dafür zweckmäßigerweise den Haushalt eines Bundeslandes.
Der Haushaltsplan wird für einen bestimmten Zeitraum, in der Regel für ein Jahr, aufgestellt. Aber schon lange vor dem Beginn des Haushaltsjahres — es fällt bei uns mit dem Kalenderjahr zusammen[39] — beginnen die Vorarbeiten in den untersten Verwaltungseinheiten. Beispielsweise müssen die einzelnen Lehrstühle, Seminare und Institute einer Universität meistens schon im Januar ihre Anmeldung für das folgende Jahr an die Universitätsverwaltung abgeben. Sie werden dabei zunächst von den Einnahmen und Ausgaben des Vorjahres oder des laufenden Jahres ausgehen. Wenn ein gegenüber dem bisherigen Zustand höherer Bedarf angemeldet wird, ist er eingehend zu begründen. Gewöhnlich weiß man im voraus, ob höhere Anforderungen überhaupt eine Chance besitzen, berücksichtigt zu werden oder nicht. Selbst wenn gewisse Aussichten bestehen, z. B. mehr Mittel für die Bibliothek oder die apparative Ausstattung eines Instituts oder eine zusätzliche Stelle für das Sekretariat zu erhalten, muß damit gerechnet werden, daß in der endgültigen Fassung des Haushalts die geforderten Beträge und Stellen wieder gestrichen sind, wenn die Vergrößerung des betreffenden Instituts oder Seminars nicht zu den kulturpolitischen Zielen des Ministeriums gehört oder wenn andere Ziele den Vorrang haben, etwa der Bau von Schulen und Kliniken, die bessere Besoldung von Lehrern und Bibliothekarinnen oder die Förderung der Volksbildung und die Pflege der Museen oder Theater.

Jede Verwaltungseinheit stellt also ihre eigenen Schätzungen und Pläne über die voraussichtlichen Einnahmen und die für erforderlich erachteten Ausgaben auf und gibt sie an die nächsthöhere Verwaltungsstelle weiter. Dort werden die eingereichten Einnahmeschätzungen und Ausgabeforderungen zu einem Gesamtplan der Behörde oder Verwaltungseinheit zusammengefaßt. Von hier gelangen die angemeldeten Einnahmen und Ausgaben an die nächsthöhere Dienststelle, z. B. an das zuständige Ministerium. In unserem Beispiel wird die Universitätsverwaltung bereits im Februar in der Lage sein, ihre im Januar von den einzelnen Lehrstühlen, Seminaren und Instituten erhaltenen Anmeldungen zum neuen Haushaltsjahr für die gesamte Universität zusammenzustellen und dem Kultusministerium einzureichen. Bereits im Februar oder März können dann im Ministerium die ersten Haushaltsbesprechungen für das folgende Haushaltsjahr zwischen dem Kultusministerium und den Universitäten stattfinden.
Beim Kultusministerium laufen nun wiederum alle Pläne der einzelnen Ressorts, also die Pläne der Volks- und Mittelschulen, der Oberschulen und Gymnasien, der Universitäten und Hochschulen, der Landestheater und Museen, der Bibliotheken und Denkmalspflege und natürlich auch die Anmeldungen der Kultusverwaltung selbst zusammen und werden dort zum Einzelplan des Kultusministeriums zusammengestellt. Ähnliches geschieht in allen übrigen Ministerien. Zum Schluß werden in dem dafür zuständigen Finanzministerium die Einzelpläne aller Ministerien und aller übrigen Ressorts und Staatsorgane zusammengestellt. Als *Einzelpläne* werden dabei jene Untergliederungen des Gesamtplans bezeichnet, die für die einzelnen Ministerien und Ressorts gelten. Der Gesamthaushalt setzt sich demnach aus Einzelplänen zusammen, die ihrerseits wieder aus sogenannten *Kapiteln* bestehen, d. h. aus den für die Unterabteilungen der einzelnen Ressorts zuständigen Teilplänen. Der kleinste Teilplan innerhalb des Budgets bildet also ein Kapitel, und die zu einem bestimmten Ressort gehörenden Kapitel ergeben insgesamt den Einzelplan dieses Ressorts. Die Summe der Einzelpläne ergibt den Gesamtplan.
Natürlich wird jedes Ministerium versuchen, ein möglichst großes Stück des Gesamtetats für sich zu sichern. Aber da alle Ministerien den gleichen Drang verspüren und der zu erwar-

tende Kuchen nur einmal verteilt werden kann, begrenzen sich diese Wünsche und Forderungen gegenseitig. Spätestens bei den Haushaltsberatungen im Kabinett müssen die voraussehbaren Einnahmen mit den geforderten Ausgaben in Übereinstimmung gebracht werden. Das Streichkonzert kann beginnen. Der Finanzminister gibt dabei gewöhnlich den Ton an, er ist sozusagen der Konzertmeister, der sich schon zuvor in zahlreichen Soloproben darum bemüht, daß die erforderliche finanzielle Harmonie ermöglicht wird und keiner seiner Kollegen das Tempo der Ausgaben forciert oder durch unangemessene Betonungen hervortritt. Der Ministerpräsident muß dann in der nichtöffentlichen Hauptprobe, in der Kabinettssitzung, darauf achten, daß eine Übereinstimmung erzielt und notfalls auf gewisse Teile der Partitur verzichtet wird, damit eine Harmonie zwischen Einnahmen und Ausgaben hergestellt werden kann.

Wenn die Anmeldungen der einzelnen Ressorts und Ministerien von der Regierung im Kabinett vielleicht nach kleineren oder umfänglicheren Korrekturen gebilligt und in den Gesamtplan aufgenommen worden sind, spricht man vom *Entwurf*, d. h. vom Kabinetts- oder Regierungsentwurf des *Haushaltsplanes*. Der Entwurf umfaßt also die von allen Verwaltungen eingereichten, zu einem Gesamtplan zusammengefaßten und vor der endgültigen Verabschiedung zunächst nur von der zuständigen Verwaltung oder Regierung gebilligten Voranschläge. Dieser Entwurf wird nun im Parlament eingebracht und nach kritischer Beratung und Lesung und nach den dadurch veranlaßten Korrekturen oder Ergänzungen im Stile eines Gesetzes verabschiedet und verkündet.

Dies ist der Gang der Dinge auf Landesebene. Aber wir finden den gleichen Vorgang auch beim Bund und bei den Gemeinden wieder. Unsere Aussage bedarf lediglich insofern einiger Modifikationen, als nur die Parlamente des Bundes und der Länder in einem formellen Sinne Gesetze beschließen können, nicht aber die Gemeinden. Das den eigentlichen Haushaltsplan einleitende »Gesetz« heißt daher bei den Gemeinden, den Städten, Landgemeinden, Kreisen usw. Haushaltssatzung. In einem allgemeinen und übertragenen Sinne kann freilich auch hier von einem Haushaltsplan gesprochen werden wie beim Bund oder bei den Ländern. Ähnliches gilt übrigens für jene anderen öffentlichen Körperschaften, die Verwaltungscharakter haben und aufgrund von Haushaltsplänen wirtschaften.

Der Haushaltsplan als Politikum
Wir haben nun alle wichtigen Merkmale kennengelernt, die einen Haushaltsplan charakterisieren, und können somit definieren: *Haushaltsplan, Budget* oder *Etat* nennen wir die für eine öffentliche Körperschaft und für einen bestimmten Zeitraum geplanten, als vollzugsverbindlich erklärten Ausgabenvoranschläge und deren Deckung, gegliedert nach Verwaltungsinstitutionen. Das Budget legt die Wirtschaftsweise jeder Verwaltungseinheit fest, d. h. es bestimmt deren Ausgaben nach der Art der Verwendung und nach der Höhe. Der Verwaltung bleibt daher nur wenig oder gar kein Spielraum für eigene wirtschaftliche Dispositionen, sie hat vielmehr dem Plan zu folgen, ihn auszuführen. Das bedeutet freilich nicht, daß die vorgesehenen Mittel auch tatsächlich ausgegeben werden müssen, sondern nur, daß sie bis zu einer bestimmten Höhe innerhalb des vorgesehenen Zeitraums für einen bestimmten Zweck — und nur für diesen — verwendet werden dürfen.

Da der Haushaltsplan nur für einen begrenzten Zeitraum gilt, vollendet er sein Leben innerhalb einer genau bemessenen Frist und stirbt, übrigens auch in Ländern außerhalb Deutschlands, in preußischem Gehorsam zur vorgesehenen Stunde nach dem Kalender. Bei jedem Neujahrsfeuerwerk könnte man daher nicht bloß das neue Jahr begrüßen, sondern ebensogut rufen: »L'état est mort, vive l'état.« Dieser doppelsinnige Ruf wäre geeignet, den Sachverhalt ziemlich genau anzudeuten und ihn in die Nähe einer Staatsaffäre zu rücken, denn im Französischen bedeutet état vor allem Staat, Zustand, Lage.

Tatsächlich hat seit eh und je der Zustand eines Staates in den Haushaltsplänen seinen Niederschlag gefunden. Denn die Erfolge und Mißerfolge einer Politik und damit ihre Kosten haben zu entsprechenden Ausgaben geführt und demgemäß höhere oder niedrigere Steuern erzwungen oder gestattet. Man hat daher auch den Haushaltsplan als das »zu Zahlen geronnene Schicksal der Nation«[40] oder als das Hauptbuch der Nation bezeichnet. In ihm sind die materiellen Aufwendungen für das Programm verzeichnet, das ein Staat sich durch seine

politische Führung setzen läßt. Der Haushalt wird inhaltlich festgelegt durch den politischen Kurs eines Landes, und er bestimmt zugleich seinerseits durch seine materiellen und finanziellen Auswirkungen selbst wieder mit über Wohl und Wehe einer Nation. Mit einer anderen, freilich nur in Fachkreisen berühmten Formulierung können wir auch sagen: »Das Budget ist ein politischer Plan.«[41]
Diese Feststellung bedarf in einem Lande keiner besonderen Erklärung mehr, dessen Budgets zweimal innerhalb von drei Jahrzehnten mit den finanziellen Lasten eines Krieges, mit Reparationen und Wiedergutmachung, Besatzungskosten und Kriegsopferfürsorge, Inflationsschäden und Lastenausgleich bis zum Äußersten überbürdet wurden.

Exkurs: Geld und Politik
Eine Vorlesung über »Die Rolle des Geldes in einer modernen Wirtschaft« und eine weitere mit dem Titel »Eine Analyse der Geldpolitik in der Bundesrepublik« wurden als Einführungsvorlesungen zum Funk-Kolleg gehalten. Der Leser findet sie in Band 846 der Fischer Bücherei.

XI. Außenhandel und Zahlungsbilanz

A. Der Aussenhandel

Offene und geschlossene Wirtschaft
Bei den bisher angestellten Überlegungen wurden die Wirtschaftsbeziehungen mit dem Ausland vernachlässigt. In der Volkswirtschaftlichen Gesamtrechnung haben wir zwar ein Konto über die Leistungssalden zwischen der heimischen Wirtschaft und dem Ausland vorgefunden (vgl. Konto 5 der Tabelle 6), aber die einzelnen Positionen dieses Kontos schienen ohne große numerische Bedeutung zu sein. Dennoch darf daraus nicht leichtfertig der Schluß gezogen werden, daß die Wirtschaftsbeziehungen mit dem Ausland für unsere Volkswirtschaft eine Nebenrolle spielen. Mehr als ein Fünftel des Sozialprodukts der Bundesrepublik wird Jahr für Jahr ins Ausland verkauft, um aus dem Erlös die notwendigen Einfuhren bezahlen zu können oder aber Guthaben in ausländischer Währung, sozusagen einen Vorrat an Einfuhrmöglichkeiten, anzulegen. Im Jahr 1971 erreichte z. B. das Volumen der Exporte an Waren und Dienstleistungen die Größenordnung von über 171 Mrd. DM bei einem Bruttosozialprodukt in Höhe von rd. 760 Mrd. DM. Den Gütertausch mit dem Ausland bezeichnet man als *Außenhandel* oder *internationalen Handel*.

Obwohl das Ergebnis unseres Außenhandels, mit dem die Bundesrepublik hinter den USA und vor Japan und Großbritannien an zweiter Stelle in der Rangliste der Welthandelsländer erscheint, als eine eindrucksvolle Realität vor uns steht, ist es nicht ganz überflüssig, sich zunächst Rechenschaft darüber zu geben, was der Außenhandel bedeutet und ob es überhaupt vorteilhaft sein kann, Waren und Leistungen in das Ausland abzugeben und dafür andere Waren und Leistungen von dort zu beziehen. Wäre es nicht besser, alle benötigten Güter im Lande selbst zu erzeugen und sich mit den heimischen Produkten zu begnügen?

Wir erinnern uns dabei an die in Abschnitt I erwähnten Merkantilisten, die tatsächlich möglichst alles im Lande selbst erzeugen und dabei zwar exportieren, aber möglichst wenig, am besten überhaupt nichts, importieren wollten. Die Absicht, möglichst alle Güter selbst zu erzeugen, war übrigens, wenn auch aus anderen Gründen, häufig ein Ziel für autoritäre Regierungen, die vom Ausland auch in wirtschaftlicher Hinsicht unabhängig sein wollten. Es ist geradezu eine Regel, daß demokratisch regierte Länder, wie zum Beispiel die Schweiz oder Großbritannien und Schweden, auf eine viel intensivere Weise mit der Weltwirtschaft verbunden und damit vom Ausland abhängig sind als Länder mit einem autoritären Regierungssystem. Beispielsweise war der deutsche Außenhandel im Jahre 1938 auf rund ein Drittel seines Umfanges vom Jahre 1928 zusammengeschrumpft. Es war das erklärte Ziel der nationalsozialistischen Regierung, das mit dem zweiten, 1936 begonnenen Vierjahresplan erreicht werden sollte, die deutsche Wirtschaft vom Auslande unabhängig zu machen. Man bezeichnet dieses wirtschaftspolitische Ziel der Selbstversorgung einer Volkswirtschaft als Autarkie. Für moderne, hochentwickelte Industrieländer bleibt freilich die Autarkie ein Traum und nicht einmal ein schöner. Aber ähnlich wie eine geschlossene Hauswirtschaft keine Wirtschaftsbeziehungen zu anderen Wirtschaftseinheiten unterhält und deshalb in der Güterbeschaffung autark sein muß, kann zumindest für theoretische Zwecke auch eine ganze Volkswirtschaft ohne Verbindung zu anderen Volkswirtschaften, d. h. ohne Verbindung zum Ausland, gedacht werden. Man nennt eine Volkswirtschaft ohne Wirtschaftsbeziehungen zur übrigen Welt eine *geschlossene Wirtschaft* im Gegensatz zu einer *offenen Wirtschaft*, deren wirtschaftliche Grenzen nach außen nicht verschlossen sind.

Warum Außenhandel?
Der Außenhandel rechtfertigt sich und tritt überall dort auf, wo es vorteilhaft erscheint, die Vorzüge der Arbeitsteilung auch international zu nutzen. Wenn mit Hilfe der Arbeitsteilung das Ergebnis wirtschaftlicher Leistung, das Sozialprodukt und das Realeinkommen, gesteigert werden kann, so ist nicht einzusehen, warum dieser Vorteil auf das Territorium der nationalen Wirtschaft begrenzt bleiben soll. Wir brauchen uns nur daran zu erinnern, daß der Waren- und Leistungsverkehr zwischen Frankfurt und Mainz oder zwischen Hamburg und

München noch vor hundert Jahren, streng genommen, ein Außenhandel gewesen ist, um zu erkennen, daß die Landesgrenzen auf eine recht willkürliche Weise den Austausch von Gütern unterbinden und daß zwischen Binnenhandel und Außenhandel eigentlich keine prinzipiellen, sondern mehr institutionelle und graduelle Unterschiede bestehen. Wenn es für eine Stadt wie z. B. Frankfurt oder ein Land wie Hessen töricht wäre, nach Autarkie zu streben und sich wirtschaftlich von der Außenwelt abzuschließen, dann muß es auch für ein noch größeres Gemeinwesen, wie z. B. die Bundesrepublik oder das ehemalige Deutsche Reich, unvorteilhaft sein, sich mit allen Gütern selbst zu versorgen. Allerdings wird ein großes Land, beispielsweise die Vereinigten Staaten oder die Sowjetunion, leichter in der Lage sein, alle wichtigen Güter selbst zu erzeugen, als das Fürstentum Liechtenstein oder das Großherzogtum Luxemburg. Für die Vereinigten Staaten ist es eher möglich, alle Industriezweige im Lande zu entwickeln, als z. B. für Dänemark, das zwar eine eigene Möbelindustrie und eigene Werften besitzt, aber nicht zugleich noch mit Vorteil seine eigenen Autos, Flugzeuge, Lokomotiven und Walzwerke bauen kann. Offensichtlich ist es für dieses verhältnismäßig kleine Land vernünftig, Milch, Butter, Möbel und Fischkonserven zu erzeugen sowie Hühner, Schweine und Rinder zu züchten und diese Produkte gegen andere einzutauschen, die nicht im Lande hergestellt werden. Dabei erzeugen die Dänen nicht einmal alle benötigten Futtermittel für ihre Hühnerfarmen und für die Aufzucht von Rindern und Schweinen selber, sondern führen sie zu einem erheblichen Teil ein. Trotzdem oder gerade deswegen ist Dänemark kein armes, sondern ein reiches Land, obwohl es nicht über nennenswerte Rohstoffe verfügt.

Wenn demnach ein Land nicht alle Güter selbst erzeugt, sondern sich auf die Herstellung von Waren und Dienstleistungen spezialisiert, die es besonders gut und günstig erzeugen kann, folgt es den gleichen Überlegungen, die zur Arbeitsteilung innerhalb eines Landes geführt haben. Von *Adam Smith* stammt das bekannte Wort über den Außenhandel, daß ein Land ebenso wie ein guter Hausvater handeln und dort kaufen müsse, wo es am billigsten sei.[42] Freilich kann es auch Umstände geben, die es nicht empfehlen, diesem altväterlichen Rat immer und sofort zu folgen. Wenn z. B. vorauszusehen ist, daß infolge einer

schlechten Obsternte im Inland und bei besonders günstigen Ernteergebnissen im Ausland die heimische Konservenindustrie ins Hintertreffen gerät, dann wäre es unklug, die inländische Konservenindustrie um eines nur vorübergehenden Vorteils willen dem Ruin auszusetzen. Anders wäre es freilich, wenn die zu konservierenden Obstsorten auf lange Sicht im Ausland billiger und besser zu gewinnen wären.
Wir treffen also auch hier wieder auf eine kurzfristige und auf eine langfristige Betrachtung, die streng voneinander zu trennen sind. Wenn nämlich auf lange Sicht eine Ware im Ausland billiger hergestellt und zu einem niedrigeren Preise als ein gleichartiges inländisches Produkt an die heimischen Käufer geliefert werden kann, so ist es ein kostspieliger Patriotismus, dennoch dem heimischen Produkt zum Erfolg zu verhelfen, indem z. B. die Einfuhr des Konkurrenzerzeugnisses nicht erlaubt oder mit einem Zoll belegt und damit künstlich verteuert wird. Beispielsweise muß sich unsere Regierung überlegen, ob sie die auf viele Jahre hinaus billigere ausländische Kohle oder das ebenfalls billigere Substitutionsgut Öl durch Steuern und Zölle so verteuern will, daß die Zechen an der Ruhr und an der Saar im bisherigen Umfange weiter fördern können. Auch bei einer Reihe von landwirtschaftlichen Produkten treten ähnliche Probleme auf. Wir wollen dabei keineswegs übersehen, daß es nicht leichtfallen kann, den größten Teil des noch vor 20 Jahren unentbehrlich erscheinenden Kohlenbergbaus und wichtige Zweige der heimischen Nahrungsmittelerzeugung zugunsten einer weiteren Spezialisierung und Erhöhung der Produktivität aufzugeben. Aber wenn die Entscheidung auf rein ökonomische Überlegungen gegründet werden soll, kommen wir nicht an der Folgerung vorbei, daß jede Begünstigung der Autarkie einen Verzicht auf bessere Nutzung der vorhandenen Produktionsmöglichkeiten darstellt.
Obwohl sich der Außenhandel schon durch die Vorzüge der Arbeitsteilung rechtfertigen läßt, können noch weitere Argumente zu seinen Gunsten angeführt werden. Eine Aufzählung seiner Vorteile darf nicht darüber hinwegtäuschen, daß es auch andere, außerökonomische Motive gibt, die vielleicht einen Verzicht auf eine höhere Produktivität empfehlenswert erscheinen lassen. Diese Motive können z. B. militärischer, ethnologischer und kultureller Natur sein. Aber als Nationalöko-

nomen haben wir uns vor allem um die ökonomischen Wirkungen zu kümmern, und dabei weisen unsere theoretischen Überlegungen fast ausnahmslos in eine Richtung, nämlich in die Richtung höchster Intensivierung des Außenhandels. Im einzelnen lassen sich dafür folgende Gründe anführen:
1. Durch den Außenhandel kann die inländische Wirtschaft die Vorzüge der Arbeitsteilung über die Landesgrenzen hinaus nutzen, d. h. ihre Produktivität erhöhen und dadurch viele Güter zu einem niedrigeren Preise erzeugen oder beziehen, als es ohne Außenhandel möglich wäre.
2. Durch den Außenhandel können viele Produkte bezogen werden, die im Inland überhaupt nicht oder nur zu extrem hohen Preisen zu erzeugen sind. Im Falle unseres Landes gilt dies vor allem für viele Rohstoffe und Nahrungsmittel, z. B. für Baumwolle, Kautschuk, Zinn, Kupfer, Südfrüchte, Kakao, Kaffee usf.
3. Der Außenhandel ermöglicht es, eine ungleiche zeitliche und räumliche Verteilung der Güter zu kompensieren und den in früheren Zeiten häufigen Zustand zu beenden oder wenigstens zu mildern, daß Jahre des Überflusses mit Jahren des Hungers abwechseln und Mißernten und Überschüsse gleichzeitig in einander benachbarten Ländern zur Teuerung hier und zu Preisverfall dort führen mußten.
4. Der Außenhandel kann den wirtschaftlichen Wettbewerb begünstigen und monopolistisch erstarrte heimische Märkte wieder dem Luftzug der Konkurrenz aussetzen und dadurch der heimischen Wirtschaft dienlicher machen.

Jedes Land, das sich dem Außenhandel öffnet, kann an diesen Vorzügen teilnehmen. Freilich gibt es unter den Gütern solche, die mehr als andere für den Außenhandel geeignet sind. Zu den typischen Gütern des internationalen Handels gehören vor allem jene, die im Vergleich zu ihrem Gewicht und zu ihren Transportkosten einen hohen Preis erzielen. Zu diesen Weltreisenden erster Klasse unter den Gütern gehören vor allem komplizierte Maschinen und andere hochwertige Industrieerzeugnisses, während die Massengüter des internationalen Handels, z. B. Kohle, Öl, Erze, Metalle, Holz, Kaffee, Weizen usf. nur in Gesellschaftsreisen, d. h. in großen Mengen, billig genug befördert werden können. Andere Güter, die im Vergleich zu ihrem Preis zu hohe Transportkosten verursachen, z. B. Ze-

ment, Ziegelsteine, Mineralwasser, Brot, Milch usw. gehören zu den Phlegmatikern und Stubenhockern unter den Gütern. Ihrer Beweglichkeit sind aus den erwähnten Gründen schon innerhalb eines Landes verhältnismäßig enge Grenzen gesetzt, und wir können dabei wiederum beobachten, daß der Außenhandel im Grunde den gleichen Gesetzmäßigkeiten unterliegt wie der Handel innerhalb der Landesgrenzen.
Wenn das dem Außenhandel zugrunde liegende Prinzip der Arbeitsteilung erst einmal begriffen worden ist, kann es nicht mehr schwierig sein, die Hauptprobleme des internationalen Handels besser zu verstehen und die vielen Vorurteile und Irrtümer zu durchschauen, mit denen noch immer die meisten Menschen diesen Problemen begegnen. Freilich wird das Verständnis der Vorzüge des Außenhandels dadurch erschwert, daß einige Umstände hinzukommen, die den Austausch von Gütern über die Grenzen eines Landes hinweg komplizieren und als etwas grundsätzlich anderes als den Binnenhandel erscheinen lassen. Es handelt sich vor allem um die folgenden Eigentümlichkeiten:
a) Nationalen Egoismus.
Obwohl die meisten Menschen in unserem eigenen Lande und wahrscheinlich auch in den Nachbarländern die Zollgrenzen stets als eine lästige Angelegenheit betrachten, spielt der Patriotismus beim Außenhandel noch immer eine so bedeutsame Rolle, daß z. B. für die Molkereien im Allgäu zwar die Konkurrenz aus dem bayerischen Wald oder aus Schleswig-Holstein wenn auch nicht begrüßt, so doch als unvermeidbar hingenommen wird, nicht aber auch die Konkurrenz aus dem benachbarten Österreich oder gar aus Dänemark. Zölle oder Einfuhrbeschränkungen auf die ausländischen Konkurrenzerzeugnisse einerseits und Subventionen oder Privilegien für heimische Produkte andererseits sind daher noch immer selbstverständlich erscheinende und häufig geförderte Maßnahmen, um die inländischen Erzeugnisse vor der ausländischen Konkurrenz zu schützen, obwohl der Verbraucher oder der Käufer der Produkte den Preis für diesen kommerziellen Patriotismus bezahlen muß.
b) Größere Immobilität der Produktionsfaktoren.
Es ist eine Binsenweisheit, daß die Beweglichkeit der Produktionsfaktoren Arbeit und Kapital zwischen Baden-Württemberg

und Hessen weit größer ist als etwa zwischen Baden-Württemberg und der Schweiz. Die Produktionsbedingungen und die relativen Knappheiten der Produktionsfaktoren sind daher verhältnismäßig gleichmäßig innerhalb der Grenzen eines Staates beschaffen, dagegen oft von großer Unterschiedlichkeit in internationalen Vergleichen. Daraus lassen sich die bedrückenden Unterschiede des Lebensstandards und die häufig paradoxe Situation erklären, daß Staaten mit großen Naturschätzen bitterarm sein können und andererseits von der Natur recht stiefmütterlich bedachte Länder mit einem beträchtlichen Wohlstand aufwarten.

c) Verschiedenartige politische, rechtliche, gesellschaftliche und kulturelle Bedingungen.

Im Gegensatz zu den nationalen Egoismen, die sich in entsprechenden wirtschaftspolitischen und außenhandelspolitischen Maßnahmen äußern, handelt es sich hier um objektive Tatbestände. Am bedeutsamsten sind die Unterschiede des Rechts, der Besteuerung und der Währung, deren Existenz sich häufig als Barriere und Hemmung für den Güteraustausch zwischen den Ländern herausstellt. Auch fremde Sitten und Gebräuche, anderer Geschmack, verschiedene Temperamente und Lebensgewohnheiten beeinflussen den Außenhandel. Wenn es schon innerhalb eines Landes oft recht verschiedene Verbrauchs- und Lebensgewohnheiten gibt — Lederhosen in Bayern, Apfelwein in Frankfurt, Katenschinken in Schleswig-Holstein —, wieviel mehr müssen dann in Ländern mit anderer Sprache, anderer Religion und anderer Geschichte nationale Eigentümlichkeiten eine Rolle spielen, die sich der Wirtschaft eines Landes mitteilen. So spricht man zwar von einem Weltmarkt für Automobile, aber im Grunde besteht er aus einem amerikanischen, einem englischen, deutschen usw. Automobilmarkt, obwohl zwischen diesen Märkten eine verhältnismäßig intensive Konkurrenz besteht. In den englischen Automobilen befindet sich das Lenkrad bekanntlich auf der rechten, in amerikanischen und in deutschen Automobilen auf der linken Seite des Wagens, und obwohl sich diese Unterschiede bei den Exportmodellen beheben lassen, besitzt doch jeder nationale Markt seine Besonderheit.

B. Die Zahlungsbilanz

Wechselkurs und Wechselkursmechanismus

Obwohl nationaler und internationaler Handel auf gleichartigen Grundsätzen und Motiven beruhen, zeigen sich doch recht bedeutsame institutionelle Unterschiede und im Falle des internationalen Handels weit größere Widerstände. Einem der wichtigsten schulden wir noch unsere besondere Aufmerksamkeit: der Verschiedenartigkeit nationaler Währungen. Unter der *Währung* eines Landes verstehen wir das gesetzliche Zahlungsmittel dieses Landes, d. h. sein Geld. Sobald ein Gut von einem Land in ein anderes verkauft wird, muß sein Preis in zwei verschiedenen Währungseinheiten ausgedrückt werden. Aber die Bezahlung wird in der Regel nur in einer einzigen Geldart, entweder in der heimischen oder aber in fremder Währung, also mit ausländischen Zahlungsmitteln, d. h. mit *Devisen* erfolgen.

Wenn z. B. ein deutscher Exporteur seine nach England verkauften Waren in Deutscher Mark berechnet, so muß sich der englische Abnehmer den entsprechenden DM-Betrag erst beschaffen, indem er gegen Pfund Sterling deutsche Zahlungsmittel, das sind für ihn Devisen, erwirbt. Hätte sich dagegen der deutsche Lieferant mit einer Bezahlung in englischen Pfunden einverstanden erklärt, so braucht sein britischer Geschäftspartner keine fremde Währung zu erwerben, sondern kann es seinem deutschen Lieferanten überlassen, ob und wie er den Sterlingbetrag in Deutsche Mark umwandelt. Die Höhe des sich beim Umtausch ergebenden DM-Betrages wird durch den Wechselkurs bestimmt. Als *Wechselkurs* oder *Devisenkurs* einer Währung bezeichnen wir den für eine ausländische Geldeinheit in heimischer Währung zu zahlenden Betrag. Der offizielle Wechselkurs (Leitkurs) betrug z. B. Anfang Januar 1974 für einen Holländischen Gulden 96 Pfennig, für den Dollar 2,67 DM, für die Dänische Krone 42 Pfennig.

Das heute auf der Welt vorherrschende Währungssystem wird durch diese von den Regierungen festgelegten, starren Kursrelationen charakterisiert. Der offizielle oder amtliche Kurs heißt in der Fachsprache die *Parität*. Dieser festgelegte Kurs wirkt wie ein Festpreis (vgl. Seite 124). Von diesem Festpreis werden zwar in der Praxis geringfügige Abweichungen nach oben oder unten zugelassen — diese sogenannte *Bandbreite* beträgt seit Dezember 1971 2,25 v. H. nach oben und unten —, aber das ändert wenig an der Tatsache, daß es sich dabei um einen gebundenen Preis handelt. Wir haben in Abschnitt VI bei der Behandlung behördlich gebundener Preise erkannt, daß Festpreise nur in den seltensten Fällen auch Gleichgewichtspreise sind und daß sich daher fast zwangsläufig entweder ein Überangebot oder eine Übernachfrage einstellt. Infolgedessen muß es zu nicht absetzbaren Devisenbeständen oder aber zu Knappheiten kommen und infolgedessen auch zu Schwarzmarktpreisen, die in diesem Falle über oder unter dem offiziellen Kurs liegen können. Um diese Folgen zu vermeiden, haben sich die zuständigen staatlichen Stellen verpflichtet, durch die jeweilige Staats- oder Zentralbank Devisen zum offiziellen Kurs anzukaufen und abzugeben. Bei einem Überangebot an Devisen wird sich deshalb bei der Zentralbank ein steigender, bei einer Übernachfrage nach fremder Währung ein sinkender Devisenbestand ergeben.

Wenn die Devisenbestände der Zentralbank steigen, so erhöht sich zugleich der Geldumlauf im Inland, weil die Zentralbank in Höhe des Devisenüberschusses heimische Währung in Zahlung geben mußte. Die daraus möglicherweise entstehenden inflationären Erscheinungen und Sorgen sind aber verhältnismäßig harmloser Natur im Vergleich zur entgegengesetzten Entwicklung. Nehmen nämlich die Devisenbestände der Zentralbank beständig ab, so verringert sich nicht nur der inländische Geldumlauf, sondern es droht eine Zahlungsbilanzkrise, wenn die Devisenbestände zur Neige gehen. Rationierung von Devisen und Beschränkung der Einfuhr sind dann nicht mehr zu vermeiden.

Komponenten der Zahlungsbilanz
Die Zahlungsbilanz eines Landes beansprucht daher eine überaus bedeutsame Rolle für die Wirtschaftspolitik. In der *Zahlungsbilanz* werden die Werte aller wirtschaftlichen Transaktionen aufgezeichnet, die während eines bestimmten Zeitraumes, in der Regel während eines Jahres, zwischen dem Inland und dem Ausland stattgefunden haben. Tabelle 7 gibt in einer zwar überaus gedrängten, aber vollständigen Übersicht die Ergebnisse der Zahlungsbilanz für das Jahr 1971 mit ihren Teilbilanzen wieder.

Tabelle 7
Zahlungsbilanz der Bundesrepublik Deutschland
für das Jahr 1971 (in Mrd. DM)

	Exporte	Importe	Saldo[1]
I. Leistungsbilanz	171,2	160,1	+11,1
a) Waren[2]	(136,0)	(120,1)	(+15,9)
b) Dienstleistungen	(35,2)	(40,0)	(—4,8)
II. Unentgeltliche Übertragungen (Schenkungsbilanz)	13,8	3,3	—10,5
III. Kapitalverkehrsbilanz			—9,3
a) Gold und Devisen			(—16,4[3])
b) Kurzfristige Kapitalbewegungen			(+0,8)
c) Langfristige Kapitalbewegungen			(+6,3)
IV. Ungeklärte Differenz			+8,7

[1] Pluszeichen bedeuten: Exportüberschuß in der Leistungsbilanz, Abnahme der Guthaben bzw. Zunahme der Verschuldung in der Kapitalverkehrsbilanz. Minuszeichen bedeuten: Importüberschuß in der Leistungsbilanz, eigene Leistungsabgaben in der Schenkungsbilanz, Zunahme der Guthaben bzw. Abnahme der Schulden in der Kapitalverkehrsbilanz.
[2] Exporte zu fob-, Importe zu cif-Werten.
[3] Der Bestand an Gold und Devisen nahm wegen der Paritätsänderungen und der Zuteilung von Sonderziehungsrechten bilanzmäßig nur um 11,0 Mrd. DM zu.
Quelle: Deutsche Bundesbank, Statistische Beihefte zu den Monatsberichten der Deutschen Bundesbank, November 1972, Position 1.

Üblicherweise wird eine Zahlungsbilanz untergliedert in:

1. die Leistungsbilanz, die alle Exporte und Importe von Waren (Handelsbilanz) und von Dienstleistungen (Dienstleistungsbilanz) aufnimmt;
2. die Bilanz der unentgeltlichen Übertragungen, die häufig auch als Schenkungsbilanz bezeichnet wird und den nichtkommerziellen Teil der Leistungen zwischen Inland und Ausland enthält;
3. die Kapitalverkehrsbilanz, in der die Änderungen des Gold- und Devisenbestandes und die Exporte und Importe von kurz- und langfristigem Kapital zu verbuchen sind;
4. die ungeklärte, statistische Differenz, die sich zwangsläufig dadurch ergibt, daß einzelne Transaktionen mit dem Ausland nicht oder nur ungenau statistisch erfaßt werden können und daher der formale Ausgleich der Bilanz nur durch diesen Posten ermöglicht wird.

Jede der drei zuerst genannten Teilbilanzen muß man sich wie ein Konto vorstellen, auf dem Zugänge und Abgänge verzeichnet werden. Da nach den Regeln der doppelten Buchführung jeder Vorgang zweimal, d. h. einmal links und einmal rechts zu verbuchen ist — ein Export z. B. als ein Warenabgang und ein Forderungs- bzw. Leistungszugang —, muß die Zahlungsbilanz insgesamt in einem buchhalterisch-rechnerischen Sinne stets ausgeglichen sein. Salden können sich daher nur auf den einzelnen Teilbilanzen ergeben, und die Summen dieser Salden müssen sich zwangsläufig ausgleichen. Da aber statistische Unzulänglichkeiten diesen Ausgleich nicht immer gestatten, erhielt die Position »ungeklärte Differenz« in allen Welthandelsländern den Rang einer selbständigen Teilbilanz.

Dennoch sind es nicht diese unvermeidlichen statistischen Ungenauigkeiten, wenn von unausgeglichenen Zahlungsbilanzen und von Zahlungsbilanzüberschüssen oder Zahlungsbilanzdefiziten gesprochen wird. Von einer *passiven* (aktiven) Zahlungsbilanz bzw. von einem *Zahlungsbilanzdefizit* (Zahlungsbilanzüberschuß) sprechen wir vielmehr dann, wenn sich der Devisenbestand eines Landes während einer bestimmten Periode verringert (vermehrt) hat. Der Leser beachte dabei wohl, daß eine passive Zahlungsbilanz keineswegs von einer passiven Handelsbilanz, d. h. von einem Importüberschuß herrühren muß. Beispielsweise bereiten den USA die unausgesetzten Zahlungsbilanzdefizite allmählich erhebliche Schwierigkeiten, obwohl sie in ihrer Handelsbilanz bis 1970 regelmäßig Überschüsse aufwiesen. Der Gold- und Devisenabfluß aus den USA wird durch die hohen Beträge für Auslandshilfe, Militärausgaben und Kapitalexporte verursacht.

Nach diesen allgemeinen Erklärungen kann es nicht mehr schwierig sein, die in Tabelle 7 wiedergegebene Zahlungsbilanz der Bundesrepublik zu erklären. Die Leistungsbilanz des Jahres 1971 wies einen Überschuß von 11 Mrd. DM auf, d. h. das Defizit der Dienstleistungsbilanz konnte aus dem Überschuß der Warenbilanz mehr als gedeckt werden (vgl. Pos. I a und I b). Da zugleich für insgesamt 10,5 Mrd. DM mehr an unentgeltlichen Leistungen an das Ausland abgegeben als von dort empfangen wurden, erreichten die laufenden Posten der Zahlungsbilanz (Pos. I und II) einen Überschuß in Höhe von insgesamt 0,6 Mrd. DM. Diesem Überschuß der laufenden

Posten stand eine Zunahme der Verbindlichkeiten gegen das Ausland in Höhe von 9,3 Mrd. DM und eine ungeklärte Differenz in Höhe von 8,7 Mrd. DM gegenüber. Das Pluszeichen bei den Positionen b und c der Kapitalverkehrsbilanz weist auf einen Nettokapitalimport hin, der sowohl durch einen Rückgang unserer Forderungen als auch eine Zunahme unserer Verschuldung gegenüber dem Ausland verursacht sein kann. Der Überschuß der Zahlungsbilanz belief sich dabei auf 16,4 Mrd. DM, die dem Gold- und Devisenbestand der Deutschen Bundesbank im Jahre 1971 zugeführt wurden (vgl. Pos. III a in Tabelle 7 und Fußnote 3). Da sich seit 1951, mit Ausnahme der Jahre 1959, 1961, 1962, 1965, 1967 und 1969, beständig Überschüsse ergaben, erreichte unser Devisenpolster eine beträchtliche Höhe (nahezu 91 Mrd. DM Ende 1973). Wegen dieses Zustroms ausländischer Zahlungsmittel, die von der Deutschen Bundesbank angekauft, d. h. in DM umgetauscht wurden, hat sich die Geldmenge im Inland entsprechend ausgedehnt. Jede Ausdehnung der Geldmenge muß, wenn sie nachfragewirksam wird und nicht von einer angemessenen Gütermenge gedeckt wird, zu inflatorischen Folgen führen. Da *Inflation* durch eine beständige, fühlbare Erhöhung des allgemeinen *Preisniveaus*, d. i. des Durchschnitts aller Preise, zu charakterisieren ist, wird mit der sog. *importierten Inflation* die aus den außenwirtschaftlichen Beziehungen herrührende Erhöhung des Preisniveaus gekennzeichnet.

Um diese Wirkung — steigende Importpreise und/oder aus Zahlungsbilanzüberschüssen herrührende Geldmengenvermehrung — abzuschwächen, ist die Deutsche Mark dreimal, nämlich 1961, 1969 und 1971 aufgewertet worden, d. h. der Wert der Deutschen Mark, ausgedrückt in ausländischen Geldeinheiten, wurde von ursprünglich DM 4,20 für 1 US $ auf DM 4,00 (März 1961), danach auf DM 3,66 (Oktober 1969) und schließlich auf DM 3,22 (Dezember 1971) heraufgesetzt. Unter *Aufwertung (Abwertung)* einer Währung versteht man eine offizielle Änderung der Parität im Sinne einer Verteuerung (Verbilligung) der entsprechenden Währung.

Schon 1969 und 1971 wurde allerdings der Kurs der Deutschen Mark vorübergehend freigegeben, d. h. anstelle fester Wechselkurse traten sogenannte *flexible Wechselkurse (flottierende Wechselkurse, Floating)*. Darunter versteht man einen sich auf dem *Devisenmarkt* einstellenden und allein aufgrund der jeweiligen Angebots- und Nachfragesituation sich einspielenden *Gleichgewichtskurs*, der sich im Gegensatz zu amtlichen Kursen als freier Marktpreis ergibt.

Eine komplizierte Mischung aus flexiblen und festen Wechselkursen bildet das im März 1973 begonnene Floating der Mitglieder der *Europäischen Gemeinschaften (EG)*. Da ihre Währungen in der Regel durch feste Paritäten mit enger Bandbreite aneinander gebunden sind, andererseits aber gegenüber dem US $ flottieren, ergibt sich für sie bei grafischer Darstellung das Bild einer gemusterten »*Schlange*« *(Währungsschlange, Blockfloating)*.

Da die für nahezu alle Länder der westlichen und der dritten Welt (Entwicklungsländer) geltende *internationale Währungsordnung*, die im Vertragswerk von *Bretton Woods* niedergelegt worden ist, die Unterzeichnerstaaten grundsätzlich zur Einhaltung *fester Wechselkurse* verpflichtet, müssen *Paritätsänderungen* mit der dort geschaffenen Behörde abgestimmt werden. Diese Behörde, der *Internationale Währungsfonds* (International Monetary Fund), spielt die Rolle eines Hüters dieser Währungsordnung und dient den Mitgliedsländern als Devisenkredit-Bank. Heute konzentrieren sich bei dieser Institution außerdem die Bemühungen um eine Reform der durch zahlreiche Paritätsänderungen in Frage gestellten internationalen Währungsordnung.

Anmerkungen

1 Mit dieser bereits vor über 80 Jahren formulierten Erklärung beginnt das Lehrbuch von F. A. WALKER: Political Economy, 3. Auflage, London 1896, S.1
2 MARX, K.: Theorien über den Mehrwert, Berlin 1956, S. 307
3 Vgl. FOURASTIÉ, J.: Die große Hoffnung des zwanzigsten Jahrhunderts, 3. Auflage, Köln-Deutz 1954, S. 101
4 Der Ursprung dieses vielzitierten Ausdrucks läßt sich kaum belegen. Vgl. GIDE, CH. und RIST, CH.: Geschichte der volkswirtschaftlichen Lehrmeinungen, 2. Auflage, Jena 1921, S. 12
5 Vgl. HEILBRONER, R. L.: The Worldly Philosophers, New York 1953
6 An der Universität München erinnert die Bezeichnung »Staatswissenschaftliche Fakultät«, zu der die Wirtschaftswissenschaften und die Forstwissenschaften gehören, noch lebhaft an diesen Zusammenhang.
7 SAMUELSON, P. A.: Volkswirtschaftslehre, 2. Auflage, Köln-Deutz 1962, S. 11
8 Vgl. KEYNES, J. M.: Alfred Marshall, 1842—1924, in: PIGOU, A. C. (ed.): Memorials of Alfred Marshall, New York 1956, S. 25
9 Das Gothaer Programm. Schriftenreihe Demokratie und Sozialismus, Heft 7, Offenbach a. M. 1947, S. 12
10 Die Angaben, die der Berechnung zugrunde liegen, wurden folgenden Quellen entnommen: Statistisches Jahrbuch für die Bundesrepublik Deutschland, 1965, S. 151 und 556. Wirtschaft und Statistik, 1966, Heft 1, S. 11, Heft 7, S. 428
11 Einige öffentlich-rechtliche Bankinstitute mit hoheitlichen Aufgaben sind keine Unternehmungen in diesem Sinne, z. B. die Deutsche Bundesbank.
12 Nach Karl Bücher herrschte dieser Zustand bis ins frühe Mittelalter in Deutschland vor. Vgl. BÜCHER, K.: Die Entstehung der Volkswirtschaft, 1. Sammlung, 10. Auflage, Tübingen 1917, S. 92 ff., insbesondere S. 113
13 Vgl. BÜCHER, K., a. a. O., S. 91, PHILIPPOVICH, E. von: Grundriß der politischen Ökonomie. 1. Band, 10. Auflage, Tübingen 1913, S. 10

14 SMITH, A.: Eine Untersuchung über Natur und Wesen des Volkswohlstandes, 1. Band, 3. Auflage, Jena 1923, S. 5—7
15 SMITH, A.: Eine Untersuchung über Natur und Wesen des Volkswohlstandes, 2. Band, 2. Auflage, Jena 1923, S. 235
16 In diesem Beispiel wurde stillschweigend davon ausgegangen, daß bei der Entscheidung, die Gartenarbeit selbst zu verrichten oder sie durch einen Gelegenheitsarbeiter ausführen zu lassen, steuerliche Überlegungen keine Rolle spielen und der Steuerberater die Gartenarbeit nicht als Hobby betreibt.
17 RICARDO, D.: Grundsätze der Volkswirtschaft und Besteuerung, 3. Auflage, Jena 1923, S. 9 (englische Ausgabe: Principles of Political Economy and Taxation, 3. Auflage, London 1821)
18 Vgl. LAUNHARDT, W.: Mathematische Begründung der Volkswirtschaftslehre, Aalen 1963 (Neudruck der Ausgabe: Leipzig 1885), S. 149—164
19 Vgl. FELLNER, W.: Competition among the Few, New York 1949
20 ROTHSCHILD, K. W.: Price Theory and Oligopoly, in: The Economic Journal, Vol. LVII (1947), S. 310 und 312 (Übersetzung vom Verfasser)
21 Die Gültigkeit dieser Aussage kann hier nicht bewiesen werden. Der Beweis wird in der sog. Welfare-Theorie geführt.
22 BÖHM-BAWERK, E. VON: Kapital und Kapitalzins, 4. Auflage, Jena 1921, S. 279
23 Diese Aussage gilt nur, wenn die Angebotskurve nicht senkrecht zur Mengenachse verläuft.
24 Alfred Marshall hat von 1842 bis 1924 gelebt und zunächst in Cambridge, später in Oxford Philosophie und danach Nationalökonomie gelehrt. Er hat das erörterte Maß der Elastizität nur für die Nachfrage entwickelt (vgl. MARSHALL, A.: Principles of Economics, Vol. I, 9. Auflage, Cambridge 1961 [Neudruck der 8. Auflage, London 1920], S. 102—116)
25 Diese Interpretation der Formel für e kann lediglich eine Annäherung an ihren tatsächlichen Inhalt darstellen, weil die Änderungen von Preis und Menge, streng genommen, unendlich klein gedacht werden müssen.
26 WALRAS, L.: Un économiste inconnu, Hermann Heinrich Gossen, »Journal des Économistes«, 4. Aufl., Bd. 30 (1885), gestrafft, Grundübersetzung von E. M. Claassen, Paris, zitiert nach: RECKTENWALD, H. C. (Hrsg.): Lebensbilder großer Nationalökonomen, Köln und Berlin 1965, S. 274
27 Vgl. SMITH, A.: Eine Untersuchung ..., 1. Band, a. a. O., S. 35
28 WALRAS, L., a. a. O., S. 272
29 GOSSEN, H. H.: Entwicklung der Gesetze des menschlichen Ver-

kehrs und der daraus fließenden Regeln für menschliches Handeln, Berlin 1889, S. 4 f.

30 Röpke, W.: Die Lehre von der Wirtschaft, 9. Auflage, Erlenbach-Zürich und Stuttgart 1961, S. 31

31 Entgegen dem in der Tabelle dargestellten Zusammenhang wurde in der Figur von unendlich kleinen Änderungen der Koordinatenwerte ausgegangen. Andererseits sind die auf verhältnismäßig großen Änderungen beruhenden Werte der Tabelle in der graphischen Darstellung verwendet worden. Aus diesem Grunde können sich für bestimmte kritische Werte Differenzen zwischen der tabellarischen und der graphischen Darstellung ergeben.

32 Die Erlösgerade E und die Gesamtkostenkurve K erreichen hierbei die gleiche Steigung. Der mathematisch geschulte Leser wird leicht einsehen, daß die Steigung der Erlösgeraden dem Preis entspricht. Demnach muß die Parallele zur Erlösgeraden im Tangentialpunkt P der Gesamtkostenkurve jene Stelle kennzeichnen, bei der die Gleichgewichtsbedingung Grenzkosten = Preis erfüllt ist.

33 Die erste Verwendung der Begriffe »Mikroanalyse« und »Makroanalyse« wird Ragnar Frisch zugeschrieben. Vgl. den von ihm 1933 verfaßten Aufsatz: Propagation Problems and Impulse Problems in Dynamic Economics, in: Stamp, J. C. (ed.): Economic Essays in Honour of Gustav Cassel, London 1933

34 Das hier verwendete Kontensystem ist eine Vereinfachung der offiziellen Präsentation des Statistischen Bundesamtes, die ihrerseits auf dem »Standard-System volkswirtschaftlicher Gesamtrechnungen« fußt. Vgl. dazu: Ein Standard-System volkswirtschaftlicher Gesamtrechnungen, herausgegeben von der OEEC Paris 1952, Bonn 1953

35 Häufig werden allerdings beim Volkseinkommen nur die Einkommen jener Personen berücksichtigt, die ihren dauernden Wohnsitz im Inland haben, während bei der Wertschöpfung oder beim Inlandsprodukt nach den tatsächlich im Inland erzeugten Produktionsleistungen abgegrenzt wird.

36 Keynes, J. M.: The General Theory of Employment, Interest and Money, London 1936 (deutsche Ausgabe: München und Leipzig 1936)

37 Diese später allgemein üblich gewordene Bezeichnung war ursprünglich als Titel eines Buches formuliert worden, in dem die Keynesschen Lehren von verschiedenen Autoren dargestellt wurden. Vgl. Harris, S. E. (ed.): The New Economics. Keynes' Influence on Theory and Public Policy, New York 1950

38 United Nations, Department of Economic Affairs: National and International Measures for Full Employment. Report of a

Group of Experts Appointed by the Secretary General, Lake Success, New York 1949

39 Das Haushaltsjahr wurde in der Bundesrepublik bei Bund, Ländern und Gemeinden im Jahre 1960 auf das Kalenderjahr umgestellt. Zuvor liefen die Rechnungsjahre jeweils vom 1. April eines Jahres bis zum 31. März des folgenden Jahres. In vielen Ländern decken sich übrigens Haushaltsjahre und Kalenderjahre auch heute noch nicht. In den USA beginnt z. B. das Haushaltsjahr jeweils am 1. Juli, in Großbritannien am 4. April jeden Jahres.
40 HEINIG, K.: Haushalts-Fibel, Schriftenreihe des Bundes der Steuerzahler, Heft 1, Bad Wörishofen 1953, S. 12
41 JÈZE, G.: Allgemeine Theorie des Budgets, Tübingen 1927, S. 205
42 Vgl. SMITH, A.: Eine Untersuchung ..., 2. Band, a. a. O., S. 237

Einführende Literatur

A. Leichte lehrbuchartige Texte:

Eucken, W.: Die Grundlagen der Nationalökonomie, Berlin, Göttingen und Heidelberg 1959, auch: (Rowohlts Deutsche Enzyklopädie, Nr. 81.) Reinbek bei Hamburg 1972
Hicks, J. R.: Einführung in die Volkswirtschaftslehre, Reinbek bei Hamburg 1962
Liefmann-Keil, E.: Einführung in die Politische Ökonomie, Freiburg, Basel und Wien 1964
Lipfert, H.: Einführung in die Währungspolitik, 5. Auflage, München 1971
Preiser, E.: Nationalökonomie heute, München 1959
Röpke, W.: Die Lehre von der Wirtschaft, Erlenbach, Zürich und Stuttgart 1954
Samuelson, P. A.: Volkswirtschaftslehre, 2 Bände, Köln 1971/72
Shackle, G. L. S.: Nationalökonomie, München 1969

B. Verbreitete Lehrbücher, die mathematische Vorkenntnisse erfordern:

Heuss, E.: Grundelemente der Wirtschaftstheorie, Göttingen 1970
Kompendium der Volkswirtschaftslehre, 2. Bände, Hrsg.:
  Ehrlicher, W., Esenwein-Rothe, J., Jürgensen, H., Rose, K., 2. Auflage, Göttingen 1969
Paulsen, A.: Allgemeine Volkswirtschaftslehre, 4 Bände, Sammlung Göschen, Berlin,
  Band I: Grundlegung, Wirtschaftskreislauf, Berlin 1962
  Band II: Haushalte, Unternehmungen, Marktformen, Berlin 1963
  Band III: Produktionsfaktoren, Berlin 1965
  Band IV: Gesamtbeschäftigung, Konjunkturen, Wachstum, Berlin 1966
Sauermann, H.: Einführung in die Volkswirtschaftslehre, Band I, Wiesbaden 1965

SCHNEIDER, E.: Einführung in die Wirtschaftstheorie,
  I. Teil: Theorie des Wirtschaftskreislaufs, Tübingen 1963
  II. Teil: Wirtschaftspläne und wirtschaftliches Gleichgewicht in der Verkehrswirtschaft, Tübingen 1965
  III. Teil: Geld, Kredit, Volkseinkommen und Beschäftigung, Tübingen 1965
STOBBE, A.: Volkswirtschaftliches Rechnungswesen, Berlin, Heidelberg, New York 1972
SCHUMANN, J.: Grundzüge der mikroökonomischen Theorie, Heidelberg 1971
WOLL, A.: Allgemeine Volkswirtschaftslehre, Berlin, Frankfurt/M. 1971

C. GESCHICHTE DER NATIONALÖKONOMIE:

BRAEUER, VON, W.: Handbuch zur Geschichte der Volkswirtschaftslehre, Frankfurt/M. 1952
HEIMANN, E.: Geschichte der volkswirtschaftlichen Lehrmeinungen, Frankfurt/M. 1949
RECKTENWALD, H. K. (Hrsg.): Lebensbilder großer Nationalökonomen, Einführung in die Geschichte der politischen Ökonomie, Köln—Berlin 1965
STOLPER, G., HÄUSER, K., BORCHARDT, K.: Deutsche Wirtschaft seit 1870, Tübingen 1964

D. ALLGEMEINE NACHSCHLAGEWERKE:

DR. GABLERS Wirtschafts-Lexikon, 2 Bände, 8. Auflage, Wiesbaden 1971, auch: Kurzausgabe, 6 Bände, Frankfurt a. M. 1972
Handwörterbuch der Sozialwissenschaften, 12 Bände und Registerband, Stuttgart, Tübingen, Göttingen

Übungsaufgaben

Übungsaufgaben

(Lösungen auf Seite 303)

Zu I. Aufgaben, Herkunft und Besonderheiten

1. Aus welchen Disziplinen kamen im wesentlichen die ersten Vertreter der Nationalökonomie?
   a) Geographie
   b) Ingenieurwissenschaften
   c) Politologie
   d) Biologie
   e) Archäologie
   f) Rechtswissenschaft
   g) Soziologie
   h) Psychologie
   i) Geschichtswissenschaft
   k) Philosophie
   l) Naturwissenschaften

2. Welche wirtschaftswissenschaftlichen Richtungen vertraten in ihrer Lehre die Förderung der wirtschaftlichen Macht des Staates?
   a) die Klassiker
   b) die Kameralisten
   c) die Vertreter der Historischen Schule
   d) die Physiokraten
   e) die Merkantilisten
   f) die Vertreter der Grenznutzenschule

3. Welche der folgenden Nationalökonomen gelten als Vertreter der Klassischen Schule?
   a) F. Quesnay
   b) J. B. Say
   c) J. Dupuit
   d) D. Ricardo
   e) V. Pareto
   f) W. St. Jevons
   g) A. Smith
   h) J. St. Mill
   i) A. R. J. Turgot
   k) Th. R. Malthus

4. Welche der folgenden Nationalökonomen gelten als Vertreter der Grenznutzenschule?
   a) J. H. von Thünen
   b) W. St. Jevons
   c) Th. R. Malthus
   d) K. Marx
   e) V. Pareto
   f) W. Launhardt
   g) H. H. Gossen
   h) J. M. Keynes
   i) L. Walras
   k) C. Menger

5. Was stellt das ›Tableau Economique‹ dar?
   a) die wichtigsten Daten der französischen Wirtschaft über Bevölkerung, Bodenschätze, Geldwesen und Einkommen,
   b) den Blutkreislauf des homo oeconomicus,
   c) den Einkommenskreislauf in Frankreich,
   d) die Handelsbeziehungen Frankreichs mit dem Ausland,
   e) die wirtschaftlichen Verflechtungen der damaligen französischen Provinzen,
   f) die wirtschaftlichen Verflechtungen aller privaten Wirtschaftseinheiten.

6. Wenn in der Wirtschaft Ereignis B auf Ereignis A folgt, bedeutet das immer,
   a) A ist Ursache von B,
   b) B ist Ursache von A,
   c) A und B haben eine gemeinsame Ursache C,
   d) kein ursächlicher Zusammenhang ist gegeben,
   oder kommt es auf den Einzelfall an,
   e) ob a oder b oder d,
   f) ob a oder c oder d,
   g) ob b oder c oder d,
   h) ob a oder b oder c
   zutrifft?

Zu II. Gegenstand und allgemeine Voraussetzungen

7. Handelt es sich bei der Luft in der freien Natur um
   a) ein Gut,   d) ein freies Gut,
   b) ein wirtschaftliches Gut, e) kein Gut,
   c) ein knappes Gut,   f) kein wirtschaftliches Gut?

8. Welche der folgenden Bedingungen muß ein freies Gut erfüllen?
   a) Es muß einen sehr niedrigen Preis haben.
   b) Es muß Nutzen stiften können.
   c) Es muß substituierbar sein.
   d) Es muß mit niedrigen Kosten hergestellt werden können.

e) Es muß für jedermann nach Bedarf verfügbar sein.
f) Es muß ein inferiores Gut sein.

9. Welche der folgenden Bedingungen muß ein wirtschaftliches Gut erfüllen?
a) Es muß aus einem bestimmten Stoff bestehen.
b) Es darf nur in sehr geringer Menge verfügbar sein.
c) Es muß in der Lage sein, ein Bedürfnis zu befriedigen.
d) Es muß für alle Wirtschaftssubjekte erhältlich sein.
e) Es muß im Verhältnis zu dem Bedarf, den zu befriedigen es geeignet ist, knapp sein.
f) Es darf kein inferiores Gut sein.

10. Was besagt das ökonomische Prinzip?
a) Alle politischen Probleme sind zugleich auch ökonomischer Natur.
b) Mit den geringsten Mitteln soll der höchste Ertrag erzielt werden.
c) Mit gegebenen Mitteln ist der höchste Ertrag oder Nutzen zu erzielen.
d) Ein bestimmter Ertrag oder Nutzen ist mit dem geringsten Aufwand zu erzielen.
e) Es muß alles getan werden, um einen Gewinn zu erzielen.
f) Die Rentabilität bestimmt die Produktivität.

11. Angenommen, die Produktivität der Arbeit je Stunde steige im Zeitablauf. Kann dies zurückzuführen sein darauf, daß
a) die arbeitenden Menschen fleißiger geworden sind,
b) die arbeitenden Menschen geschickter geworden sind,
c) die Ausbildung der Arbeiter verbessert wurde,
d) die Arbeit besser mit Produktionskapital ausgestattet wurde?

Zu III. Einzelwirtschaften und Gesamtwirtschaft

12. Wo können die Vorzüge der Arbeitsteilung nutzbar gemacht werden?
a) in einem Betrieb
b) in einer Verkehrswirtschaft

c) in einer Zentralverwaltungswirtschaft
d) in einer geschlossenen Hauswirtschaft
e) in einer Unternehmung
f) in einer geschlossenen Hauswirtschaft mehr als in der Verkehrswirtschaft
g) in einer Verkehrswirtschaft mehr als in einer geschlossenen Hauswirtschaft

13. Besteht ein Vorzug der Arbeitsteilung darin, daß
    a) auf den einzelnen Arbeiter weniger Arbeit entfällt,
    b) die Arbeit in der Regel besser mit Kapital ausgestattet werden kann,
    c) die Marktverhältnisse übersichtlicher werden,
    d) der einzelne Arbeiter sich besser spezialisieren kann,
    e) weniger Geld benötigt wird,
    f) besondere Begabungen im Produktionsprozeß zur Geltung kommen?

14. Zu den Kardinalproblemen jeder Volkswirtschaft gehört die Entscheidung darüber,
    a) wie die einzelnen selbständigen Unternehmer ihre Produktionsentscheidungen treffen,
    b) welche Güter in welchen Mengen produziert werden sollen,
    c) wie die zentrale Planstelle die Güter verteilen soll,
    d) wie die einzelnen Produktionsfaktoren eingesetzt werden sollen,
    e) welche Produktionsfaktoren von der Zentralplanstelle für besondere Zwecke, z. B. für die Rüstungsindustrie abgezweigt werden sollen,
    f) wie die produzierten Güter verteilt werden sollen,
    g) welchen Anteil die Unternehmer am Gesamtprodukt erhalten sollen.

15. Wodurch wird die Koordination der Einzelwirtschaften im System der Verkehrswirtschaft bei vollständigem Wettbewerb geregelt?
    a) durch den Preismechanismus
    b) durch einen zentralen Plan
    c) durch den Marktmechanismus

d) durch Absprachen der Unternehmer
e) durch den Staat
f) durch die Zentralbank

Zu IV. Tausch, Wert und Preis

16. Wie kann nach der subjektivistischen Wertlehre begründet werden, daß beim Tausch beide Tauschpartner ihre Situation verbessern?
    a) Jeder Tauschpartner glaubt, den anderen übervorteilt zu haben.
    b) Jeder hat das hingegebene Gut in der Vergangenheit billiger erworben.
    c) Jeder schätzt das erworbene Gut beim Tausch höher als das hingegebene.
    d) Jeder wird das erworbene Gut in der Zukunft günstiger veräußern, als er es erworben hat.

17. Wodurch wird der Wert eines Gutes nach der subjektivistischen Wertlehre bestimmt?
    a) durch die angebotene Menge des Gutes
    b) durch die Kosten, die bei seiner Herstellung aufzuwenden sind
    c) durch die Arbeitszeit, die seine Produktion erfordert
    d) durch die Bedeutung, die das Gut für eine Person hat

18. Wer kann den Wert einer Oper im Sinne der subjektivistischen Wertlehre richtig angeben?
    a) ein Komponist
    b) ein Opernsänger
    c) ein Opernbesucher
    d) ein Dirigent
    e) ein Musikkritiker

19. In welchen Fällen können wir von einem Markt sprechen?
    a) Wenn ein Frachtschiff seine Ladung löscht?
    b) Wenn jemand bei einem Wasserrohrbruch im Telefonbuch nach einem Spengler sucht?
    c) Wenn ein Automobilhändler zur Automobilmesse nach Frankfurt fährt?
    d) Wenn ein Eisverkäufer Kinder bedient?

e) Wenn eine Waschmittelfabrik Probepackungen versendet?
   f) Wenn ein Käufer einen Laden betritt und sich zunächst nach dem Preis der ihn interessierenden Ware erkundigt?
   g) Immer, wenn Preise hinauf- oder herabgesetzt werden.

20. Welche wichtigen Funktionen haben die Preise in der Marktwirtschaft?
    a) Sie zeigen stets mit großer Genauigkeit an, wie hoch die Stückkosten sind, die zur Herstellung eines Gutes aufgewendet werden müssen.
    b) Sie führen einen Ausgleich zwischen Angebot und Nachfrage herbei.
    c) Sie steuern die Verteilung der Produktionsfaktoren auf verschiedene Verwendungsmöglichkeiten.
    d) Sie bestimmen die persönlichen Wertschätzungen der Wirtschaftssubjekte gegenüber allen Gütern.
    e) Sie regeln die Verteilung des Produktionsergebnisses auf die Produktionsfaktoren.
    f) Sie zeigen dem Staat die Produkte an, die hoch besteuert werden können.
    g) Sie zeigen für jedermann die Höhe der bei Verkauf der Güter erzielbaren Gewinne an.

Zu V. Marktformen und Konkurrenzbeziehungen

21. Als einen Monopolisten kann man auf der Angebotsseite des Marktes jedes Wirtschaftssubjekt bezeichnen, das
    a) als einziges ein bestimmtes Gut auf einem Markte anbietet,
    b) alle Konkurrenten vom Markt verdrängen will,
    c) höhere Preise fordert als diejenigen, die bei vollständigem Wettbewerb entstehen würden,
    d) keine Konkurrenten mehr hat,
    e) noch keine Konkurrenten hat,
    f) seine Preise ohne Rücksicht auf die Nachfrageseite festlegt,
    g) als staatliche Unternehmung ein Gut anbietet,
    h) als Anbieter einem einzigen Nachfrager gegenübersteht.

22. Auf welchen Voraussetzungen beruht die vollkommene Konkurrenz auf einem Markt?
 a) Alle angebotenen Gütereinheiten müssen für die Käufer gleichartig sein.
 b) Ein Gut erzielt überall den gleichen Preis.
 c) Die Käufer dürfen keine Vorliebe oder Abneigung gegenüber der Person einzelner Verkäufer zeigen.
 d) Kein Käufer darf ein anderes Gut nachfragen als das auf diesem Markt angebotene.
 e) Anbieter und Nachfrager müssen persönlich miteinander verhandeln.
 f) Es muß vollständige Marktübersicht vorhanden sein.
 g) Jeder Anbieter muß alle Nachfrager persönlich kennen.
 h) Wenn ein Anbieter seinen Preis senkt, strömt die gesamte Nachfrage ihm zu.
 i) Der einzelne Anbieter braucht sich nicht um seine Konkurrenten zu kümmern.

23. Kann immer von einem Angebotsoligopol gesprochen werden, wenn auf der Angebotsseite des Marktes
 a) zwei große Konkurrenten einander gegenüberstehen,
 b) wenige große Anbieter konkurrieren,
 c) sehr viele Einzelhandelsgeschäfte sich zu einigen großen Einkaufsgenossenschaften zusammenschließen,
 d) auf dem Markte Preiskonkurrenz herrscht,
 e) der Marktpreis langfristig keine Änderungen erfährt,
 f) für ein Produkt große Reklamefeldzüge veranstaltet werden,
 g) zwischen Anbietern Preisabsprachen stattfinden,
 h) jeder Konkurrent in der Lage ist, durch seine Maßnahmen den Marktanteil der anderen fühlbar zu beeinflussen,
 i) ein bedeutender Anbieter sich mit einer sehr großen Zahl von kleinen Konkurrenten den Markt teilt?

24. Prüfen Sie, welche Aussagen für die untenstehende Abbildung des Launhardt-Modells (bei gleichen Transportkostensätzen) zutreffen.

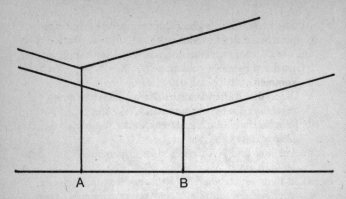

a) Zwischen den Anbietern A und B ist eine Konkurrenz nicht möglich.
b) An Orten, die von B weit entfernt, jedoch nahe bei A liegen, bestehen Absatzchancen für den Anbieter A.
c) Wäre B von A weiter entfernt, so könnte der Anbieter B noch mehr Waren verkaufen.
d) Wären A und B im Vergleich zu dem Zustande in der Zeichnung dreimal so weit voneinander entfernt, so könnten sich beide Anbieter behaupten.
e) Wenn für den Anbieter A keine Transportkosten entstünden, könnte er dennoch in keinem Falle seinen Konkurrenten B unterbieten.
f) Würden sich die Transportkosten für A und B gleichzeitig um 10 v. H. erhöhen, dann hätte auch A Absatzchancen.
g) Derjenige Unternehmer, der sich an der tiefsten Stelle des Trichters befindet, hat die geringste Marktübersicht.

Zu VI. Die Preisbildung

25. Welche wesentlichen Eigenschaften besitzt ein Gleichgewichtspreis?
    a) Der Preis ist für Angebot und Nachfrage gleich groß.
    b) Alle jene Nachfrager, die einen höheren Preis zu zahlen bereit sind, kommen nicht zum Zuge.
    c) Alle Anbieter erlösen zu diesem Preis mehr, als sie unbedingt erlösen wollen.

d) Es kommen die gleiche Zahl von Anbietern und die gleiche Zahl von Nachfragern auf dem Markte zum Zuge.
e) Er kann nur bei vollkommener Konkurrenz zustande kommen.
f) Alle Anbieter können ihre Güter zu den von ihnen gesetzten Preisen verkaufen.
g) Alle armen Nachfrager können nicht kaufen.

26.

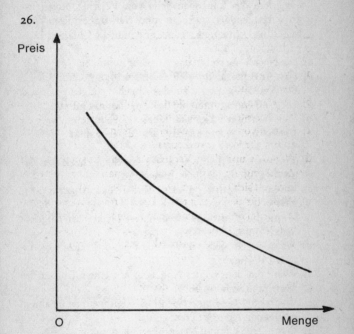

Wie kann eine Erhöhung der Nachfrage zeichnerisch dargestellt werden, wenn wir obige Nachfragekurve vor uns haben?
a) nur durch eine Verschiebung der Kurve nach unten,
b) nur durch eine Verschiebung der Kurve nach oben,
c) nur durch eine Verschiebung der Kurve nach unten oder oben,
d) nur durch eine Verschiebung der Kurve nach links,

e) nur durch eine Verschiebung der Kurve nach rechts,
f) durch eine Verschiebung der Kurve nach links oder rechts,
g) durch eine Verschiebung der Kurve nach rechts oder nach oben,
h) durch eine Verschiebung der Kurve nach links oder nach unten.

27. Bei welchen der folgenden Fälle von Verschiebungen typisch verlaufender Angebots- und Nachfragekurven muß der Gleichgewichtspreis steigen und muß die Gleichgewichtsmenge sinken?
a) Die Nachfrage steigt, das Angebot nimmt ab.
b) Das Angebot bleibt gleich, die Nachfrage nimmt ab.
c) Die Nachfrage nimmt zu, das Angebot steigt.
d) Die Nachfrage nimmt ab, das Angebot nimmt ab.
e) Die Nachfrage ist konstant, das Angebot steigt.
f) Die Nachfrage ist konstant, das Angebot sinkt.

28. Wann muß der Gleichgewichtspreis bei gleichzeitiger Zunahme der Gleichgewichtsmenge sinken?
a) Wenn die Nachfrage konstant ist, das Angebot aber steigt.
b) Wenn die Nachfrage unverändert bleibt, das Angebot jedoch sinkt.
c) Wenn das Angebot unverändert ist, die Nachfrage dagegen abnimmt.
d) Wenn ein Steigen des Angebots mit einem Sinken der Nachfrage einhergeht.
e) Wenn eine steigende Nachfrage gleichzeitig mit einem steigenden Angebot Platz greift.
f) Wenn Angebot und Nachfrage sinken.

29.

Nachfrage \ Angebot	nimmt zu		bleibt gleich		nimmt ab	
	Preis	Menge	Preis	Menge	Preis	Menge
nimmt zu					Z	Z, U, A
	Preis	Menge	Preis	Menge	Preis	Menge
bleibt gleich						
	Preis	Menge	Preis	Menge	Preis	Menge
nimmt ab						

Tragen Sie in die obige Matrix für typisch verlaufende Angebots- und Nachfragekurven die sich ergebenden Reaktionen des Gleichgewichtspreises und der Gleichgewichtsmenge ein. Verwenden Sie für eine Zunahme das Symbol Z, für eine Abnahme das Symbol A und für eine unveränderte Lage das Symbol U. Ist die Veränderung unbestimmt, so ist Z, U, A einzusetzen. Zu ihrer Orientierug sind bereits für einen Fall die richtigen Lösungen eingetragen worden.

30. Wenn der Staat einen wirksamen Mindestpreis für Milch festlegt, wird bei normalen Nachfrage- und Angebotsverhältnissen ein Angebotsüberhang für Milch allein deswegen entstehen,
   a) weil der Milchpreis dann unter dem Gleichgewichtspreis liegt,
   b) weil der Milchpreis unter seinem vorhergehenden Niveau liegt,
   c) weil die Bauern beim Mindestpreis weniger Milch anbieten als beim Gleichgewichtspreis,
   d) weil die Nachfrager beim Mindestpreis weniger Milch kaufen wollen als beim Gleichgewichtspreis,
   e) weil die Bauern mehr Milch anbieten als beim Gleichgewichtspreis,
   f) weil sowohl mehr angeboten als auch weniger nachgefragt wird als beim Gleichgewichtspreis,
   g) weil sich die Nachfragekurve nach links verschieben wird.

31. Der Staat legt für ein Gut, dessen Angebots- und Nachfragekurven einen typischen Verlauf haben, einen Höchstpreis fest. Welche der untenstehenden Aussagen treffen für diesen Fall zu?
a) Es wird ein Überangebot entstehen.
b) Es kann sich für das Gut ein Schwarzmarktpreis bilden.
c) Der Gleichgewichtspreis wird immer unter dem Höchstpreis liegen.
d) Falls der Gleichgewichtspreis über dem Höchstpreis liegt, entsteht eine Übernachfrage.
e) Liegt der Gleichgewichtspreis unter dem Höchstpreis, so erfüllt der Höchstpreis die Funktion eines Mindestpreises.
f) Ist der Höchstpreis niedriger als der Gleichgewichtspreis, so bewirkt der Marktmechanismus, daß die gesamte beim Höchstpreis sich ergebende Nachfrage zu diesem, unter dem Gleichgewichtsniveau liegenden, Preise befriedigt wird.

32. Der Staat legt für ein Gut, dessen Angebots- und Nachfragekurven einen typischen Verlauf haben, einen Fixpreis fest. Welche der folgenden Aussagen treffen auf diesen Fall zu?
a) Falls der Gleichgewichtspreis über dem Fixpreis liegt, entsteht ein Überangebot.
b) Der Fixpreis kann je nach Lage des Gleichgewichtspreises wie ein Höchstpreis oder wie ein Mindestpreis wirken.
c) Würde der Gleichgewichtspreis vom Fixpreise abweichen, so würden die freien Kräfte des Marktes immer dafür sorgen, daß Angebot und Nachfrage beim Fixpreis zum Ausgleich kommen.
d) Den Fixpreis festzulegen bedeutet, der Gleichgewichtspreis wird immer die Höhe des Fixpreises haben.
e) Liegt der Fixpreis unter dem Gleichgewichtspreis, so kann ein Schwarzmarktpreis für das Gut entstehen.
f) Ergibt sich auf dem Markte des Gutes eine Übernachfrage, so bedeutet dies, daß der Gleichgewichtspreis unter dem Fixpreis liegt.

33. Schwarzmarktpreise können bei typischem Verlauf von Angebots- und Nachfragekurven dann zustande kommen, wenn
   a) der Staat Höchstpreise vorschreibt,
   b) bei Mindestpreisen die Nachfrage das Angebot übertrifft,
   c) der Fixpreis unter dem Gleichgewichtspreis liegt,
   d) bei Höchstpreisen die Nachfrage das Angebot übertrifft,
   e) bei Höchstpreisen die Nachfrage vom Angebot übertroffen wird,
   f) bestimmte Güter besonders knapp werden, ohne daß der Staat in die Preisbildung eingreift.

34. Wie messen wir die Elastizität des Angebots eines Gutes in bezug auf den Preis?
   a) Der Änderung der Angebotsmenge eines Monopolisten wird die entsprechende Änderung des Preises zugeordnet.
   b) Die relative Änderung des Preises eines Gutes wird auf die daraus resultierende Mengenänderung bezogen.
   c) Die relative Änderung der Angebotsmenge eines Gutes wird auf die zugrunde liegende Preisänderung für das Gut bezogen.
   d) Die prozentuale Veränderung des Angebots eines Gutes wird durch die entsprechende prozentuale Preisänderung des Gutes dividiert.
   e) Die absolute Angebotsänderung bezogen auf die entsprechende Preisänderung ergibt die Elastizität des Angebots.
   f) Wir dividieren die Angebotsänderung durch die ursprüngliche Angebotsmenge und teilen das Resultat durch den Bruch $\dfrac{\text{Preisänderung}}{\text{ursprünglicher Preis}}$.
   g) Wir beziehen die relative Angebotsänderung auf den ursprünglichen Preis.

35. Wie messen wir die Elastizität der Nachfrage nach einem Gut in bezug auf das Einkommen?
   a) Wir dividieren die absolute Änderung der Nachfrage durch die relative Einkommensänderung.

b) Die prozenuale Nachfragemengenänderung wird auf die prozentuale Änderung des Einkommens bezogen.
c) Die relative Änderung der Nachfrage wird mit der relativen Änderung des Einkommens multipliziert.
d) Wir beziehen den Bruch $\dfrac{\text{Änderung der Nachfragemenge}}{\text{ursprüngliche Nachfragemenge}}$ auf den Bruch $\dfrac{\text{Einkommensänderung}}{\text{ursprüngliches Einkommen}}$.
e) Die relative Mengenänderung der Nachfrage bezogen auf die relative Änderung des Einkommens ergibt die Elastizität der Nachfrage in bezug auf das Einkommen.
f) Wir beziehen die relative Änderung des Einkommens auf die relative Mengenänderung der Nachfrage.
g) Die relative Änderung der Nachfrage wird durch das gegebene Einkommen geteilt.

36. In welchen Fällen kann mit Sicherheit gesagt werden, daß die Elastizität des Angebots oder die Elastizität der Nachfrage im Sinne der Marshallschen Definition absolut (ohne Berücksichtigung des Vorzeichens) größer als eins und kleiner als unendlich ist?
a) Der Betrag der Preisänderung übertrifft den der Mengenänderung.
b) Die Kurve der Nachfrage oder des Angebots verläuft parallel zur Mengenachse.
c) Die Kurve des Angebots oder der Nachfrage paßt sich dem Preis elastisch an.
d) Die Kurve des Angebots bzw. der Nachfrage weist Krümmungen auf.
e) Auf eine 1 %ige Preiszunahme folgt bei einer normalen Nachfragekurve eine mehr als 1 %ige Mengenzunahme.
f) Auf eine 1 %ige Abnahme des Preises folgt eine etwas mehr als 1%ige Mengenverringerung beim Angebot.
g) Eine relative Preisänderung wird von einer diese übertreffenden relativen Mengenänderung begleitet.

Zu VII. Die Nachfrage

37. Welche Bedeutung hat die Nutzentheorie für die Theorie der Preisbildung?
    a) Sie zeigt, wie bei allen wirtschaftlichen Gütern das Angebot ermittelt werden kann.
    b) Sie beweist, daß der Preis eines Gutes immer gleich dem Nutzen ist, den dieses Gut allen Anbietern und allen Nachfragern stiftet.
    c) Nur durch die Lehre der Grenznutzenschule konnte gezeigt werden, daß alle Güter, die Preise haben, nützlich sein müssen.
    d) Sie liefert eine Erklärung für das Zustandekommen der Nachfrage nach Konsumgütern.
    e) Sie vermag eine vollständige Erklärung für die Höhe der Güterpreise zu geben.

38.

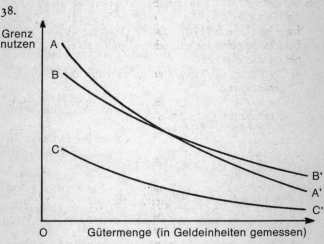

Aus der graphischen Darstellung des Grenznutzens der Güter A, B und C ergibt sich, daß
a) für die Güter A, B und C das 1. Gossensche Gesetz gilt,
b) für alle drei Güter Sättigung eintritt,
c) zuerst Gut A, dann Gut B verwendet wird, während Gut C für den Konsum überhaupt nicht in Frage kommt,

d) das 2. Gossensche Gesetz nur für die Güter A und B relevant wird,
e) zuerst das Gut A und dann nur das Gut B verbraucht wird,
f) das 2. Gossensche Gesetz erst vom Schnittpunkt der Kurven A und B an gilt.

39. Was besagt das 1. Gossensche Gesetz?
a) Das Bedürfnis, das mit dem Verbrauch eines Gutes befriedigt werden kann, wird um so geringer, je mehr von diesem Gute auf Lager gehalten wird.
b) Der Nutzen, den der Konsum eines Gutes insgesamt stiftet, wird um so kleiner, je mehr von diesem Gute verbraucht wird.
c) Wenn von einem Gute immer weitere Einheiten konsumiert werden, stiftet jede zusätzliche Einheit einen geringeren Nutzen.
d) Der Gesamtnutzen eines Gutes nimmt um so mehr ab, je kleiner die zusätzlich verbrauchten Mengen eines Gutes sind.
e) Der Nutzenzuwachs, der beim Konsum zunehmender Mengen eines Gutes anfällt, wird für jede weitere Mengeneinheit kleiner.
f) Der Nutzen eines Gutes nimmt um so mehr ab, je weniger intensiv das Bedürfnis beim Verbauch der letzten Einheit des Gutes ist.
g) Der Grenznutzen eines Gutes wird bei fortgesetztem Verbrauch dieses Gutes für jede zusätzliche Einheit kleiner als für die darauffolgende Einheit.

40. Was besagt das 2. Gossensche Gesetz?
a) Jedes Wirtschaftssubjekt muß von seinem Einkommen für alle Güter so viel ausgeben, daß der Nutzen gleich bleibt.
b) Jedes Wirtschaftssubjekt muß seinen Nutzen maximieren, wenn es gemäß dem ökonomischen Prinzip handelt.
c) Wenn eine Wirtschaftseinheit ihren Nutzen maximieren will, muß sie ihr Einkommen so für die sie interessierenden Güter ausgeben, daß der Grenznutzen pro Geldeinheit bei allen Verwendungsarten gleich hoch ist.

d) Ein Gut wird so lange konsumiert, bis sein Grenznutzen unter den seines Substitutes fällt.
e) Der Grenznutzen des Geldes muß für alle Wirtschaftssubjekte gleich hoch sein, die ihren Nutzen maximieren wollen.
f) Bei dem Konsum einer Gütergesamtheit maximiert ein Wirtschaftssubjekt dann seinen Nutzen, wenn von den einzelnen Gütern so viel verbraucht wird, daß der Grenznutzen bei jeder Güterart, bezogen auf den Preis des jeweiligen Gutes, gleich ist.
g) Ein Wirtschaftssubjekt wird bei der Verwendung seiner Mittel dann den höchsten Nutzen erreichen, wenn es den Grenznutzen der verschiedenen konsumierten Güter maximiert.

41. Was sind Substitutionsgüter in der Nationalökonomie?
a) Nur solche Produkte, die zum Ersatz von gebrauchten Exemplaren der gleichen Gattung verwendet werden können.
b) Produkte, von denen mehr nachgefragt wird, wenn der Preis einer anderen Ware steigt, können Substitutionsgüter sein.
c) Güter, die mehr nachgefragt werden, wenn die Preise ähnlicher Güter fallen.
d) Alle Güter, die nicht zusammen mit anderen Gütern verbraucht werden können.
e) Güter, die sich dadurch auszeichnen, daß sie bei der Befriedigung eines Bedürfnisses andere Güter ersetzen können.

42. Was sind inferiore Güter?
a) Alle Güter, von denen weniger nachgefragt wird, wenn ihre Preise steigen.
b) Güter, bei denen die Nachfrage mit wachsendem Einkommen absolut und relativ steigt.
c) Güter, die bei zunehmendem Einkommen zwar absolut mehr, aber relativ zum Einkommen weniger nachgefragt werden.
d) Güter, die bei steigendem Einkommen in immer geringeren Mengen nachgefragt werden.

- e) Güter, von denen weniger nachgefragt wird, wenn die Preise der übrigen Güter steigen.
- f) Güter, deren mengenmäßiger Absatz bei Verschlechterung der konjunkturellen Lage zurückgeht.
- g) Güter, die nur von bestimmten Haushalten nachgefragt werden.

43. Was besagt das Engelsche Gesetz?
    - a) Bei steigendem Einkommen nimmt die Nachfrage nach Konsumgütern relativ ab.
    - b) Es werden bei zunehmendem Einkommen weniger Nahrungsmittel nachgefragt.
    - c) Die Produktion von Konsumgütern geht bei steigendem Einkommen trotz zunehmender Nachfrage nach Lebensmitteln relativ zurück.
    - d) Bei zunehmendem Einkommen geht der Anteil der Ausgaben für Nahrungsmittel zurück, wenn auch absolut mehr für Nahrungsmittel ausgegeben wird.
    - e) Wenn das Einkommen fällt, werden absolut weniger, aber relativ mehr Konsumgüter nachgefragt.
    - f) Die Nachfrage nach Nahrungsmitteln steigt absolut und nimmt relativ ab, wenn das Einkommen zunimmt.
    - g) Der prozentuale Anteil der Ausgaben für Konsumgüter ist um so höher, je geringer das Einkommen ist.
    - h) Ein Haushalt mit hohem Einkommen fragt weniger Nahrungsmittel nach als ein Haushalt mit niedrigem Einkommen.
    - i) Die Ausgaben für Nahrungsmittel nehmen im Verhältnis zu den Gesamtausgaben bei steigendem Einkommen ab, obwohl sie absolut zunehmen werden.

zu VIII. Das Angebot

44.

Produktionsmenge	0	1	2	3	4	5	6	7	8	9	10
Gesamtkosten											

Tragen Sie für die Produktionsmengen 0 bis 10 einen von Ihnen zu wählenden Kostenverlauf ein, welcher der Bedingung genügt, daß Durchschnittskosten, Grenzkosten und durchschnittliche variable Kosten gleich sind.

45.

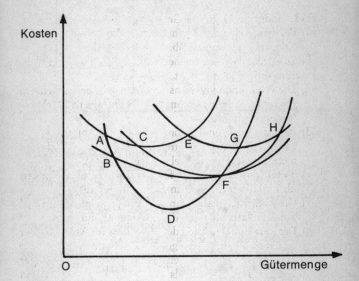

In der obigen Figur ist eine Reihe von Kurven eingetragen, unter denen Sie jene herausfinden sollen, die als Kurven der Durchschnittskosten, der durchschnittlichen variablen Kosten und der Grenzkosten in Frage kommen können. Tragen Sie dann in die untenstehenden beiden Felder den jeweiligen Buchstaben ein, der gemäß seiner Position in der graphischen Darstellung dem Minimum der Kurve der Durchschnittskosten bzw. der durchschnittlichen variablen Kosten entsprechen kann.

☐ Minimum der Kurve der Durchschnittskosten
☐ Minimum der Kurve der durchschnittlichen variablen Kosten

46. Ergänzen Sie die folgende Tabelle:

Menge	Fix-kosten	variable Kosten	Gesamt-kosten	Durch-schn.-kosten	durch-schn. var. Kosten	durch-schn. fixe Kosten	Grenz-kosten
1	200				5,1		
2					5,2		
3					5,3		
4					5,4		
5					5,5		
6					5,6		
7					5,7		
8					5,8		
9					5,9		
10					6,0		

47. Welche Beziehungen bestehen zwischen der Grenzkostenkurve und der Kurve der durchschnittlichen Gesamtkosten, wenn wir in einem Koordinatenkreuz, auf dessen Abszisse die Produktionsmenge und auf dessen Ordinate die Kosten abgetragen sind, eine Gesamtkostenkurve vor uns haben, die sich gemäß dem Ertragsgesetz verhält?

   a) Die Grenzkostenkurve verläuft immer unter der Kurve der durchschnittlichen Gesamtkosten.
   b) Die Grenzkostenkurve schneidet die Kurve der durchschnittlichen Gesamtkosten im Minimum der letzteren.
   c) Die Kurve der durchschnittlichen Gesamtkosten schneidet die Grenzkostenkurve im Minimum der letzteren.
   d) Die Kurve der durchschnittlichen Gesamtkosten steigt, wenn die Grenzkostenkurve unter ihr liegt.
   e) Beide Kurven haben ihr Minimum bei der gleichen Produktionsmenge.
   f) Das Minimum der Grenzkostenkurve liegt bei einer geringeren Produktionsmenge als das der durchschnittlichen Gesamtkosten.

48. Welche Beziehungen bestehen zwischen der Kurve des Grenzertrages und der des Durchschnittsertrages, wenn in einem Koordinatenkreuz, auf dessen Abszisse die Faktoreinsatzmenge und auf dessen Ordinate der Ertrag abgetra-

gen ist, sich die Gesamtertragskurve gemäß dem Ertragsgesetz verhält?
a) Die Grenzertragskurve verläuft zuerst unter der Durchschnittsertragskurve und steigt nach Überschreiten ihres Maximums über die Kurve des Durchschnittsertrages.
b) Die Durchschnittsertragskurve wird in ihrem Maximum durch die Grenzertragskurve geschnitten.
c) Die Grenzertragskurve erreicht ihr Maximum bei einer höheren Faktoreinsatzmenge als die Durchschnittsertragskurve.
d) Die Grenzertragskurve fällt unter die Durchschnittsertragskurve, nachdem die Durchschnittsertragskurve ihr Maximum erreicht hat.
e) Die Durchschnittsertragskurve liegt immer unter der Grenzertragskurve.
f) Die Durchschnittsertragskurve schneidet die Grenzertragskurve im Maximum der letzteren.

49. Wenn ein Unternehmer seinen Gewinn maximieren bzw. seinen Verlust minimieren will, wird er kurzfristig stets so lange anbieten, wie
a) der Preis gleich den Grenzkosten ist,
b) die Grenzkosten nicht über den durchschnittlichen variablen Kosten liegen,
c) der Preis über den totalen Durchschnittskosten liegt,
d) der Preis nicht unter dem Minimum der durchschnittlichen variablen Kosten liegt,
e) die Grenzkosten mindestens die totalen Durchschnittskosten decken,
f) der Preis mindestens die durchschnittlichen variablen Kosten deckt,
g) der Gesamterlös wenigstens gleich den variablen Kosten ist,
h) die Grenzkosten unter den durchschnittlichen Fixkosten liegen.

50. Wenn ein Unternehmer seinen Gewinn maximieren bzw. seinen Verlust minimieren will, wird er auf lange Sicht sein Angebot einstellen, wenn

a) der Marktpreis unter das Minimum der durchschnittlichen variablen Kosten sinkt,
b) die Grenzkosten über die totalen Durchschnittskosten steigen,
c) die totalen Durchschnittskosten die durchschnittlichen variablen Kosten übersteigen,
d) der Marktpreis nur wenig über den totalen Durchschnittskosten liegt,
e) der Gesamterlös die Summe aus variablen und fixen Kosten nur um ein Geringes übersteigt,
f) die durchschnittlichen Fixkosten über dem Marktpreis liegen,
g) der Marktpreis unter das Minimum der totalen Durchschnittskosten sinkt,
h) der Marktpreis die Summe aus durchschnittlichen Fixkosten und durchschnittlichen variablen Kosten nicht deckt.

51.

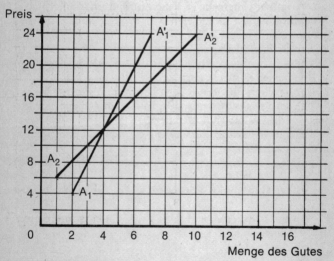

Auf welche Weise ermitteln Sie die Gesamtangebotskurve des Gutes X, wenn die beiden Anbieter A_1 und A_2 die oben dargestellten Angebotskurven haben?

a) Durch Addition der Preise und der Mengen der beiden Kurven.
b) Durch Addition der Preise bei jeweils gleichen Mengen des Angebots.
c) Durch Addition der Mengen, die jeweils bei gleichen Preishöhen angeboten werden.
d) Durch Ermittlung des Abstandes zwischen den beiden Kurven bei verschiedenen Preishöhen.
e) Durch eine Verschiebung beider Kurven nach rechts.

Zeichnen Sie die Kurve des Gesamtangebots auf dem Markt in die folgende Figur ein.

Welche Höhe hat der Gleichgewichtspreis auf dem Markte des Gutes X, wenn die Gesamtnachfragekurve NN' den unten dargestellten Verlauf hat?

Gleichgewichtspreis:
6, 7, 8, 9, 10, 11, 12, 13, 14, 15, 16, 17, 18, 19, 20

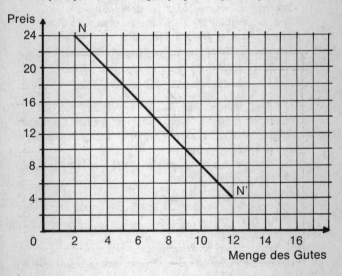

Zu IX. Ergebnisse der Gesamtwirtschaft
X. Die Staatswirtschaft
XI. Aussenhandel und Zahlungsbilanz

52. Wir bilden ein ökonomisches Modell mit den Sektoren ›private Haushalte‹, ›Unternehmungen‹ und dem Hilfssektor ›Vermögensänderung‹. Welche der folgenden Positionen kann man als Güter- oder Geldströme zwischen den genannten Sektoren darstellen?
    a) unverteilte Gewinne der Unternehmungen mit eigener Rechtspersönlichkeit
    b) Konsumausgaben der privaten Haushalte
    c) direkte Steuern der Haushalte
    d) Exporte an Gütern und Diensten
    e) Lohn- und Gehaltszahlungen
    f) Käufe des Staates bei Unternehmungen
    g) Investitionsausgaben der Unternehmungen
    h) Pensionszahlungen des Staates an private Haushalte
    i) Ersparnisse der privaten Haushalte
    k) laufende Übertragungen der privaten Haushalte an das Ausland

53. Wir bilden ein ökonomisches Modell, das die Sektoren ›private Haushalte‹, ›öffentliche Verwaltung‹ und ›Unternehmungen‹ umfaßt. Welche der folgenden Positionen kann man als Güter- oder Geldströme zwischen den genannten Sektoren darstellen?
    a) Einkommen der privaten Haushalte aus Unternehmertätigkeit und Vermögen
    b) Ersparnisse der privaten Haushalte
    c) Vermögensübertragungen des Staates und der Unternehmungen an das Ausland
    d) staatlicher Verbrauch
    e) direkte Steuern der Unternehmungen
    f) unverteilte Gewinne der Unternehmungen mit eigener Rechtspersönlichkeit
    g) Subventionen
    h) Konsumausgaben der privaten Haushalte
    i) Importe an Gütern und Diensten
    k) Investitionsausgaben

54. Welche der folgenden Namen verbinden Sie mit der Entwicklung der Kreislaufanalyse in der Nationalökonomie?
    a) J. H. von Thünen   e) J. M. Keynes
    b) K. Marx   f) H. H. Gossen
    c) F. Quesnay   g) D. Ricardo
    d) A. Smith   h) J. Dupuit

55. Das Volkseinkommen einer geschlossenen Volkswirtschaft ist
    a) die Summe der Löhne und Gehälter,
    b) die Gesamtheit der Entgelte an Wirtschaftssubjekte für ihren Beitrag zum Produktionsprozeß,
    c) die Summe der Arbeitseinkommen,
    d) gleich der Wertschöpfung,
    e) immer gleich den Ausgaben für Konsumgüter,
    f) die Summe der Löhne, Gehälter, Zinsen, Mieten, Pachten und Gewinne,
    g) der Geldwert des gesamten Produktionsergebnisses abzüglich der Nettoinvestitionen,
    h) gleich den gesamten Faktorkosten
    einer Periode in einer Volkswirtschaft.

56. Die Wertschöpfung einer Volkswirtschaft ergibt sich in einer Periode immer als die Summe der
    a) Einnahmen der privaten Haushalte,
    b) Einkommen aller am Produktionsprozeß beteiligten Faktoren,
    c) Faktorkosten,
    d) für den Konsum und die gesamte Investition produzierten Güter,
    e) Löhne, Gehälter, Zinsen, Mieten, Pachten und Gewinne,
    f) Ausgaben der Unternehmungen,
    g) Werte aller in der Periode verbrauchten Güter.

57. Welche der folgenden Positionen sind in dem Nettovolkseinkommen zu Faktorkosten enthalten?
    a) indirekte Steuern
    b) Einkommen aus unselbständiger Arbeit
    c) Reinvestitionen

d) Einkommen des Staates aus Unternehmertätigkeit und Vermögen
e) Abschreibungen
f) unverteilte Gewinne der Unternehmungen mit eigener Rechtspersönlichkeit
g) Einkommen der privaten Haushalte aus Unternehmertätigkeit und Vermögen

58. Wodurch unterscheidet sich das Nettosozialprodukt zu Faktorkosten von dem Bruttosozialprodukt zu Marktpreisen?
   a) Der einzige Unterschied besteht darin, daß die letztgenannte Größe die Abschreibungen nicht mehr beinhaltet, während die erste sowohl Abschreibungen als auch indirekte Steuern umfaßt.
   b) Wenn man zum Nettosozialprodukt zu Faktorkosten die Abschreibungen und indirekten Steuern hinzuzählt und die Subventionen abzieht, erhält man das Bruttosozialprodukt zu Marktpreisen.
   c) In einer Wirtschaft ohne Staat unterscheiden sich beide Größen allein durch den Wert der Reinvestition.
   d) Das Nettosozialprodukt zu Faktorkosten unterscheidet sich vom Bruttosozialprodukt zu Marktpreisen durch die Abschreibungen, Subventionen, indirekten Steuern und die öffentlichen Investitionen.
   e) In einer stationären Wirtschaft ohne jegliche Staatstätigkeit unterscheiden sich die beiden Größen nicht.
   f) In einer stationären Wirtschaft mit wirtschaftlicher Beteiligung des Staates unterscheiden sie sich durch die indirekten Steuern, Subventionen und die Beiträge zur Sozialversicherung.

59. Wodurch unterscheidet sich das Modell einer stationären Wirtschaft von dem einer wachsenden oder schrumpfenden (nicht stationären) Wirtschaft?
   Durch das Vorkommen von
   a) Exporten und Importen,
   b) Abschreibungen,
   c) Staatsausgaben und direkte Steuern,
   d) indirekte Steuern und Subventionen,

e) Nettoinvestitionen,
   f) Reinvestitionen,
   g) Konsumausgaben,
   h) nicht ausgeschütteten Gewinnen.

60. Aus welchen Teilbilanzen besteht üblicherweise die Zahlungsbilanz?
    a) Leistungsbilanz
    b) Vermögensänderungsbilanz
    c) Kapitalverkehrsbilanz
    d) Saldenbilanz
    e) Kapitalbestandsbilanz
    f) Erfolgsbilanz
    g) Vermögensbilanz
    h) Investitionsbilanz
    i) Schenkungsbilanz

Lösungen der Übungsaufgaben

Aufgabe 1: b, f, k, l
Aufgabe 2: b, e
Aufgabe 3: b, d, g, h, k
Aufgabe 4: b, e, g, i, k
Aufgabe 5: c
Aufgabe 6: f
Aufgabe 7: a, d, f
Aufgabe 8: b, e
Aufgabe 9: c, e
Aufgabe 10: c, d
Aufgabe 11: a, b, c, d
Aufgabe 12: a, b, c, d, e, g
Aufgabe 13: b, d, f
Aufgabe 14: b, d, f
Aufgabe 15: a, c
Aufgabe 16: c
Aufgabe 17: d
Aufgabe 18: a, b, c, d, e
Aufgabe 19: d, f
Aufgabe 20: b, c, e
Aufgabe 21: a, d, e
Aufgabe 22: a, c, f
Aufgabe 23: a, b, h
Aufgabe 24: a, d
Aufgabe 25: a
Aufgabe 26: g
Aufgabe 27: f
Aufgabe 28: a

Aufgabe 29: Die Matrix ist folgendermaßen auszufüllen:

Z, U, A	Z	Z	Z	Z	Z, U, A
A	Z	U	U	Z	A
A	Z, U, A	A	A	Z, U, A	A

Aufgabe 30: f
Aufgabe 31: b, d
Aufgabe 32: b, e
Aufgabe 33: a, c, d
Aufgabe 34: c, d, f
Aufgabe 35: b, d, e
Aufgabe 36: f, g
Aufgabe 37: d
Aufgabe 38: a
Aufgabe 39: c, e
Aufgabe 40: c, f
Aufgabe 41: b, e
Aufgabe 42: d
Aufgabe 43: d, f, i
Aufgabe 44: Der in der Aufgabe formulierten Bedingung genügt jeder lineare Kostenverlauf, der im Ursprung des Koordinatenkreuzes anfängt, z. B. 0, 1, 2, 3, ..., 9, 10, oder 0, 3, 6, ..., 27, 30.
Aufgabe 45: G Minimum der Kurve der Durchschnittskosten
F Minimum der Kurve der durchschnittlichen variablen Kosten
Aufgabe 46:

Menge	Fixkosten	variable Kosten	Gesamt-kosten	Durchschn.-Kosten	durchschn. variable Kosten	durchschn. fixe Kosten	Grenz-kosten
1	200	5,1	205,1	205,1	5,1	200	5,1
2	200	10,4	210,4	105,2	5,2	100	5,3
3	200	15,9	215,9	71,96	5,3	66,6	5,5
4	200	21,6	221,6	55,35	5,4	50	5,7
5	200	27,5	227,5	45,5	5,5	40	5,9
6	200	33,6	233,6	38,93	5,6	33,3	6,1
7	200	39,9	239,6	34,27	5,7	28,57	6,3
8	200	46,4	246,4	30,8	5,8	25	6,5
9	200	53,1	253,1	28,12	5,9	22,2	6,7
10	200	60	260	26	6,0	20	6,9

Aufgabe 47: b, f
Aufgabe 48: b, d
Aufgabe 49: c, d, f, g
Aufgabe 50: a, f, g, h
Aufgabe 51: c, 12

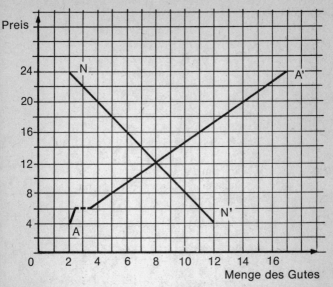

Aufgabe 52: a, b, e, g, i
Aufgabe 53: a, d, e, g, h
Aufgabe 54: b, c, e
Aufgabe 55: b, d, f, h
Aufgabe 56: b, c, e

Aufgabe 57: b, d, f, g
Aufgabe 58: b, c
Aufgabe 59: e, h
Aufgabe 60: a, c, i

Personen- und Sachregister

Personen- und Sachregister

Abschreibung 225
Abwertung 266
Änderung des Angebots 114 f
— der Angebots- und Nachfragekurven 118 ff
— der Nachfrage 114 f
Angebot 82, 109 f, 195 f
Angebotskurve 196
Angebots- und Nachfragesituation 111
Arbeit 37 f
Arbeitsteilung 53—57, 73, 77
Arbeitswertlehre 80
atomistische Konkurrenz 98
Aufwand 173
Aufwertung 266
Aussagen im Bereich der Wirtschaftswissenschaften 26 f
Außenbeitrag 226
Außenhandel 255 f
Autarkie 256

Bandbreite 262, 267
Banken 50
Beiträge 244
Besteuerung
— redistributive 246
Betrieb 49
Bilanz der unentgeltlichen Übertragungen 264
bilaterales Monopol 85
Blockfloating 267
Boden 38
Bodin, Jean 19
Böhm-Bawerk, Eugen von 104
Bretton Woods 266
Bruttoinvestition 214
Bruttovolkseinkommen zu Marktpreisen 225
Budget 249, 253
Bundeskartellamt 94

Cournot 20

Datum 183
Deutsche Bundesbank 247, 254, 266
Devisen 262
Devisenbestand der Zentralbank 263
Devisenkurs 262
Devisenmarkt 267
direkte Steuern 224
Duopol 95
Dupuit, Jules 20, 144
durchschnittliche variable Kosten 177, 181

Durchschnittskosten 177, 181
Dyopol 95

Economics 16, 31
Einkommen 210
—, verfügbares 222
Einkommensentstehung 229
— redistribution 246
— verteilung 246
— verwendung 234
Einnahmen des Staates 242
Einzelpläne 251
Einzelwirtschaften 57
Elastizität 137 f
Engel, Ernst 157
Engelkurve 159
Engelsches Gesetz 159
Entwurf des Haushaltsplanes 252
Erlös 173
Ersatzinvestition 215
Ersparnis 214 f
Ertrag 173 f
Ertragsgesetz 169
Ertragskurve 174
Etat 249, 253
Eucken, Walter 60
Europäische Gemeinschaften (EG) 267

Faktorkosten 211 f, 223
Festpreis 124
Fichte, H. G. 24
Fixkosten 176
Floating 266 A
freie Güter 35
— Marktwirtschaft 64
freier Preis 123
freie Verkehrswirtschaft 59, 64 f, 67

Gebietskörperschaften 239
Gebühr 244
gebundener Preis 123
Geld 254
Geldkapital 37
Geldpolitik 254
Geldstrom 209
Gesamtangebot 197
Gesamtkosten 175 f
Gesamtnachfrage
— volkswirtschaftliche 230
gesamtwirtschaftl. Gleichgewicht 236
geschlossene Hauswirtschaft 52
— Wirtschaft 256
Gesetz der ›Grenzpaare‹ 104
— — Massenproduktion 172

— des abnehmenden Bodenertrages 162
— — — Ertragszuwachs des Bodens 162, 166
— gegen Wettbewerbsbeschränkung 94
— von Angebot und Nachfrage 114
Gewinn 182, 184, 187, 211
Gewinnmaximum 185, 191 f
Gleichgewicht
— gesamtwirtschaftliches 236
— einer Unternehmung 186
— eines Haushaltes 151 f
Gleichgewichtseinkommen 231
Gleichgewichtskurs 267
Gleichgewichtsmenge 115
Gleichgewichtspreis 103, 115
Gleichung der Einkommensentstehung 235
— der Einkommensverwendung 235
Gossen, Hermann Heinrich 144
Gossensches Gesetz, erstes 147
— —, zweites 149 f
Grenzkosten 177, 196
Grenzkostenkurve 179 f, 197 f
Grenznutzen 147
Grenznutzenschule 152
Güter 34
Güterstrom 209

Handelsbilanz 264
Haushaltsplan 249, 253
Haushaltssatzung 252
Hegel, G. W. F. 24
Heilbronner, R. L. 22
heterogene Konkurrenz 87
historische Schule 41, 53
Höchstpreis 123, 126 f
homogene Konkurrenz 86

indirekte Steuern 224
individuelle Angebotskurve 196
inferiore Güter 157
Inflation 266
— Anlage- 230
— importierte 266
International Monetary Fund 267
internationale Währungsordnung 267
internationaler Handel 255 f
Internationaler Währungsfonds 267
Investition
— Brutto- 214
— Ersatz- 215
— Lager- 230
— Netto- 214
— Re- 215
— vorrats- 230
Jevons, W. St. 145

Kameralismus, Kameralisten 23
Kapazitätsgrenze 172
Kapital 37, 39
Kapitalgüter 36
Kapitalverkehrsbilanz 266
Kapital des Haushalts 251
Kauf 73, 75 f
Kassenkredite 247
Keynes, John Maynard 228, 234
Keynessche Gleichung 235
Keynessche Revolution 227, 244

klassische Schule 21
Kollektivbedarf 240
Knappheit 34
komplementäre Güter 155
Konjunktur 244 f
Konkurrenz 86
— der Nachfrager 114
Konkurrenzdruck der Anbieter 113
Konsumgüter 36
Koordination der Einzelwirtschaften 57 f
Kopernikus, N. 146
Kosten 173 f
Kostenkurve 174
Kreislauf 210
kurzfristiges Angebot 134
kurzfristige Nachfrage 137

langfristiges Angebot 134, 197
Lassalle, F. 38
Launhardt, Wilhelm 89
Leistungsbilanz 264
List, F. 24
Ludwig XIV. 19
Ludwig XV. 19
Ludwig XVI. 161

Makroökonomie 205
Malthus, Thomas Robert 162
Marginalanalyse 168
Markt 66, 82
Marktformen 84, 93
Marktmechanismus 65
Marktverhalten 93
Marktwirtschaft 68 ff
Marshall, Alfred 137
Marx, Karl 20, 24, 38, 80 f, 144, 228
Menger, Carl 145
Merkantilismus, Merkantilisten 18 f
Mikroökonomie 205
Mill, J. St. 69, 144
Mindestpreis 123, 129
mittelfristiges Angebot 134
Modell 25
Monopol 84

Nachfrage 82, 99 f, 152 f
Nachfragekurve 110, 152
Nationales Produktionskonto 217 f
Nationalökonomie 16, 20, 22
Natur 37
Nettoinvestition 214 f
Netto-Volkseinkommen zu Faktorkosten 223
— — Marktpreisen 225
new-economics 228
Nutzen 145
Nutzentheorie 146

objektivistische Wertlehre 80
öffentliche Abgaben 243
öffentlicher Haushalt 50
öffentliche Verwaltung 219, 248
ökonomische Gesetze 27
ökonomisches Prinzip 40 f
offene Wirtschaft 256
Oligopol 95
ordre naturel 20

310

originäre Produktionsfaktoren 39

Pareto, Vilfredo 152
Parität 262, 266
Paritätsänderungen 267
Passivität der Zahlungsbilanz 265
Paul, L. 21
Peter der Große 19
Petty, Sir William 19
Physiokraten 20
Planck, Max 31
Polypol 95
Preis 79 f, 83, 99 f, 144
Preisgarantie 127, 129
Preismechanismus 66, 99 f
Preisniveau 266
Preisstop 126
Preisuntergrenze auf lange Sicht 187 f, 192
— — kurze Sicht 192 f
Prioritätssystem 126
privater Haushalt 50
Produktion 36
Produktionselement 39
Produktionsfaktoren 37, 57
Produktionsgüter 36
Produktionsmittel 36
Produktivität 45 f
Pythagoras 191

quasi-freie Güter 69, 241
Quesnay, François 19 ff, 206, 210

Rathenau, Walter 40
Rationierung 127
Realkapital 37
Re-Investition 215
Rentabilität 45 ff, 78
Ricardo, David 80 f, 162
Röpke, Wilhelm 150
ruinöser Wettbewerb 93

Sachkapital 37
Samuelson, P. A. 30
Say, J. B. 69, 234
Saysches Theorem 234
Schenkungsbilanz 264
Schlange 267
Schwarzmarktpreise 129 ff
Smith, A. 21, 38, 54 f, 65, 69, 80 f, 99, 144
Sozialprodukt 211 ff
Sozialversicherung 222, 248
Staat 239
staatlicher Verbrauch 218 f, 225
Staatskredit 247
Staatswirtschaft 69, 249
stationäre Wirtschaft 213 f
statistische Differenz 264
Steuern 224, 244 ff
subjektivistische Wertlehre 80 f, 152

Substitutionsgüter 155
Subventionen 224

Tableau Economique 19
Theorie, wirtschaftswissenschaftliche 24 f
Thünen, J. H. von 24, 162, 168
Turgot, A. R. J. 161

Überangebot 113
Übernachfrage 113
Überschuß der Zahlungsbilanz 265
Untergrenze des Angebots 187 f
Unternehmung 49
unvollkommene Konkurrenz 87
unvollständige Konkurrenz 87

variable Kosten 176
Verbrauchsgüter 36
Verkauf 73, 75 f
Verkehrswirtschaft 52, 64 f
Verlust 183, 189 f
Verlustminimierung 189 f
Vermögensänderungskonto 220, 225
Vertragsfreiheit 66
Volkseinkommen 211, 213, 218 ff
Volkswirtschaft 34, 57
Volkswirtschaftliche Bilanz 227
— Gesamtrechnung 217 f
vollkommene Konkurrenz 86 f
vollkommener Wettbewerb 87

Währung 262
Währungsschlange 267
Walras, Léon 20, 145
Watt, J. 21
Wechselkurse 262
— feste 267,
— flexible 266
— flottierende 266
Wert 78 f, 81, 144
Wertparadoxon 146
Wertschöpfung 211, 224
Wettbewerb 66, 86, 94
Wirtschaft 33
wirtschaften 34, 36
wirtschaftliche Güter 34 f
wirtschaftliches Prinzip 40 f
Wirtschaftseinheit 34, 57
Wirtschaftsordnung 58 f
Wirtschaftssubjekte 34, 48 f
Wirtschaftssystem 58 f
Wirtschaftstheorie 26
Wirtschaftsverfassung 58
Wirtschaftswissenschaften 16, 27
Wyatt, J. 21

Zahlungsbilanz 263, 265
Zentralverwaltungswirtschaft 59 f, 62 249
Zölle 244

Gesellschaft und Politik in der Bundesrepublik

Karl Heinz Balon/
Joseph Dehler/
Bernhard Schön (Hg.)
Arbeitslose: Abgeschoben, diffamiert, verwaltet
Arbeitsbuch für eine alternative Praxis. Originalausgabe
Band 4204 (Dezember '78)

Brauns/Jaeggi/Kisker/
Zerdick/Zimmermann
Die SPD in der Krise
Die deutsche Sozialdemokratie seit 1945
Originalausgabe Band 6518

Hendrik Bussiek
Bericht zur Lage der Jugend
Originalausgabe Band 2019

Bernt Engelmann
Wir Untertanen
Ein deutsches Anti-Geschichtsbuch Band 1680
Einig gegen Recht und Freiheit
Deutsches Anti-Geschichtsbuch 2. Teil
Band 1838

O wie oben
Wie man es schafft, ganz O zu sein. Band 1454

Jürgen Roth
Armut in der Bundesrepublik
Über psychische und materielle Verelendung
Band 1427

Wolf Wagner
Verelendungstheorie – die hilflose Kapitalismuskritik
Band 6531

Ernst Klee
Gefahrenzone Betrieb
Verschleiß und Erkrankung am Arbeitsplatz
Originalausgabe Band 1933

Psychiatrie-Report
Originalausgabe Band 2026

Tilmann Moser
Jugendkriminalität und Gesellschaftsstruktur
Zum Verhältnis von soziologischen, psychologischen und psychoanalytischen Theorien des Verbrechens
Band 6158

Hermann Giesecke/
Arno Klönne/Dieter Otten (Hg.)
Gesellschaft und Politik in der Bundesrepublik
Eine Sozialkunde
Originalausgabe
Band 6271

Urs Jaeggi
Kapital und Arbeit in der Bundesrepublik
Elemente einer gesamtgesellschaftlichen Analyse
Band 6510

Fischer
Taschenbücher

Soziologie/ Sozialwissenschaften

Wilhelm Bernsdorf
Wörterbuch der Soziologie
3 Bände. Band 6131/2/3

Hans-Ulrich Deppe
Medizinische Soziologie
Aspekte einer neuen
Wissenschaft
Band 6620

**Peter Furth /
Mathias Greffrath**
Soziologische Positionen
Interviews und Kommentare.
Eine Einführung in die
Soziologie und ihre
Kontroversen
Originalausgabe
Band 1976

Kurt Jürgen Huch
**Einübung in die
Klassengesellschaft**
Über den Zusammenhang
von Sozialstruktur und
Sozialisation
Band 6276

Erna M. Johansen
Betrogene Kinder
Eine Sozialgeschichte
der Kindheit
Band 6622

David Mark Mantell
Familie und Aggression
Zur Einübung von Gewalt
und Gewaltlosigkeit
Eine empirische
Untersuchung
Band 6391

Petra Milhoffer
Familie und Klasse
Ein Beitrag zu den
politischen Konsequenzen
familialer Sozialisation
Originalausgabe
Band 6515

Tilmann Moser
**Jugendkriminalität und
Gesellschaftsstruktur**
Zum Verhältnis von
soziologischen, psycho-
logischen und psycho-
analytischen Theorien des
Verbrechens
Band 6158

Helmut Ostermeyer
Die Revolution der Vernunft
Die Rettung der Zukunft
durch die Sanierung der
Vergangenheit
Band 6368

Laurence Wylie
Dorf in der Vaucluse
Der Alltag einer
französischen Gemeinde
Band 6621

**Fischer
Taschenbücher**

Informationen zur Zeit

Gunnar Adler-Karlsson
Der Kampf gegen die absolute Armut
Die Kluft zwischen Nord und Süd wird immer größer
Deutsche Erstausgabe
Band 4201

Balon / Dehler / Schön (Hrsg.)
Arbeitslose: Abgeschoben, diffamiert, verwaltet
Arbeitsbuch für eine alternative Praxis
Originalausgabe. Band 4204

Borchert / Derichs-Kunstmann (Hrsg.)
Schulen, die ganz anders sind
Erfahrungsbericht aus der Praxis für die Praxis
Originalausgabe. Band 4206

Brauns / Jaeggi / Kisker / Zerdick / Zimmermann
Die SPD in der Krise
Die deutsche Sozialdemokratie seit 1945
Originalausgabe. Band 6518

Hendrik Bussiek
Bericht zur Lage der Jugend
Originalausgabe. Band 2019

Furth / Greffrath
Soziologische Positionen
Interviews und Kommentare. Eine Einführung in die Soziologie und ihre Kontroversen. Band 1976

Anton-Andreas Guha
Sexualität und Pornographie
Die organisierte Entmündigung
Originalausgabe. Band 6153

Die Neutronenbombe
oder Die Perversion menschlichen Denkens
Originalausgabe. Band 2042

Ernst Klee
Gefahrenzone Betrieb
Verschleiß und Erkrankungen am Arbeitsplatz
Originalausgabe. Band 1933

Pennbrüder und Stadtstreicher
Nichtseßhaften-Report
Originalausgabe. Band 4205

Psychiatrie-Report
Originalausgabe. Band 2026

Jürgen Roth
Armut in der Bundesrepublik
Über psychische und materielle Verelendung
Band 1427

Heinz Timmermann (Hrsg.)
Eurokommunismus
Fakten, Analysen, Interviews
Originalausgabe. Band 2004

Fischer Taschenbücher

FISCHER WELTGESCHICHTE

1. **Vorgeschichte**
2. **Die Altorientalischen Reiche I**
   Vom Paläolithikum bis zur Mitte des 2. Jahrtausends
3. **Die Altorientalischen Reiche II**
   Das Ende des 2. Jahrtausends
4. **Die Altorientalischen Reiche III**
   Die erste Hälfte des 1. Jahrtausends
5. **Griechen und Perser**
   Die Mittelmeerwelt im Altertum I
6. **Der Hellenismus und der Aufstieg Roms**
   Die Mittelmeerwelt im Altertum II
7. **Der Aufbau des Römischen Reiches**
   Die Mittelmeerwelt im Altertum III
8. **Das Römische Reich und seine Nachbarn**
   Die Mittelmeerwelt im Altertum IV
9. **Die Verwandlung der Mittelmeerwelt**
10. **Das frühe Mittelalter**
11. **Das Hochmittelalter**
12. **Die Grundlegung der modernen Welt**
    Spätmittelalter, Renaissance, Reformation
13. **Byzanz**
14. **Der Islam I**
    Vom Ursprung bis zu den Anfängen des Osmanenreiches
15. **Der Islam II**
    Die islamischen Reiche nach dem Fall von Konstantinopel
16. **Zentralasien**

Fischer Taschenbuch Verlag

FISCHER WELTGESCHICHTE

17 Indien
Geschichte des Subkontinents von der Induskultur bis zum Beginn der englischen Herrschaft
18 Südostasien vor der Kolonialzeit
19 Das Chinesische Kaiserreich
20 Das Japanische Kaiserreich
21 Altamerikanische Kulturen
22 Süd- und Mittelamerika I
Die Indianerkulturen Altamerikas und die spanisch-portugiesische Kolonialherrschaft
23 Süd- und Mittelamerika II
Von der Unabhängigkeit bis zur Krise der Gegenwart
*24 Das Zeitalter der Glaubenskämpfe
1550—1648
*25 Das Zeitalter der Aufklärung und des Absolutismus
1648—1770
26 Das Zeitalter der europäischen Revolution 1780—1848
27 Das bürgerliche Zeitalter
28 Das Zeitalter des Imperialismus
29 Die Kolonialreiche seit dem 18. Jahrhundert
30 Die Vereinigten Staaten von Amerika
31 Rußland
32 Afrika
Von der Vorgeschichte bis zu den Staaten der Gegenwart
33 Das moderne Asien
34 Das Zwanzigste Jahrhundert I
1918—1945

* in Vorbereitung

Fischer Taschenbuch Verlag

Fischer Länderkunde

Herausgegeben von Dr. Willi Walter Puls (Orig.-Ausg.)
Die »Fischer Länderkunde« vermittelt in neun Bänden ein umfassendes Bild der Erde, nicht allein der Landschaft und der natürlichen Lebensgrundlagen, sondern vor allem der auf ihnen gewachsenen kulturellen, wirtschaftlichen, gesellschaftlichen und politischen Formen.

Band 1
Ostasien
Hg.: P. Schöller, H. Dürr, E. Dege
Band 6120

Band 2
Südasien
Hg.: J. Blenck, D. Bronger, H. Uhlig
Band 6121

Band 3
Südostasien — Australpazifischer Raum
Hg.: H. Uhlig
Band 6122

Band 4
Nordafrika und Vorderasien
Hg.: H. Mensching, E. Wirth
Band 6123

Band 5
Afrika — südlich der Sahara
Hg.: W. Manshard
Band 6124

Band 6
Nordamerika
Hg.: B. Hofmeister
Band 6125

Band 7
Lateinamerika
Hg.: G. Sandner, H.-A. Steger
Band 6126

Band 8
Europa
Hg.: W. Sperling, A. Karger
Band 6127
(erscheint 1978)

Band 9
Sowjetunion
Hg.: A. Karger,
Band 6128

FISCHER
TASCHENBÜCHER

Funk-Kolleg

Funk-Kolleg Beratung in der Erziehung Bd. 1 und 2
Hg.: R. Bastine/W. Hornstein/ H. Junker/Ch. Wulf
Originalausgaben
Bd. 6346/6347

Funk-Kolleg Erziehungswissenschaft
Eine Einführung in 3 Bänden
Autoren: W. Klafki/G. M. Rückriem/ W. Wolf/R. Freudenstein/H.-K. Beckmann/K.-Ch. Lingelbach/ G. Iben/J. Diederich
Originalausgaben
Bd. 6106/6107/6108

Funk-Kolleg Literatur Reader 1 und 2
Hg.: Helmut Brackert/Eberhard Lämmert/Jörn Stückrath
Originalausgaben
Bd. 6324/6325

Funk-Kolleg Literatur Bd. 1 und 2
Hg.: Helmut Brackert/ Eberhard Lämmert
Originalausgaben
Bd. 6326
Bd. 6327

Funk-Kolleg Mathematik 1 und 2
Hg.: H. Heuser/ H. G. Tillmann
Originalausgaben
Bd. 6109/6110

Funk-Kolleg Pädagogische Psychologie Bd. 1 und 2
Autoren: F. E. Weinert/ C. F. Graumann/H. Heckhausen/ M. Hofer u. a.
Originalausgaben
Bd. 6115/Bd. 6116

Reader zum Funk-Kolleg Pädagogoische Psychologie
Bd. 1: Entwicklung und Sozialisation
Hg.: C. F. Graumann und H. Heckhausen
Originalausg. Bd. 6113
Bd. 2: Lernen und Instruktion
Hg.: M. Hofer und F. E. Weinert
Originalausg. Bd. 6114

Funk-Kolleg Biologie
Systeme des Lebendigen
Hg.: Dietmar Todt u. a., 2 Bände
Originalausgaben
Bd. BdW 6291/2

Funk-Kolleg Rechtswissenschaft
Hg.: Rudolf Wiethölter (Neuausg.)
Originalausg. Bd. 6103

Funk-Kolleg Sozialer Wandel
Hg.: Theodor Hanf, Manfred Hättich, Wolfgang Hilligen, Rolf E. Vente, Hans Zwiefelhofer
Originalausgaben
Bd. 6117/6118

Funk-Kolleg Soziologie
Hg.: Walter Rüegg
Originalausg. Bd. 6105

Funk-Kolleg Sprache 1 und 2
Eine Einführung in die moderne Linguistik. Wissenschaftliche Koordination: Klaus Baumgärtner/ Hugo Steger
Originalausgaben
Bd. 6111/Bd. 6112

Funk-Kolleg Volkswirtschaftslehre
Hg.: Karl Häuser
Deutsche Erstausgabe
Bd. 6101

Funk-Kolleg Wissenschaft und Gesellschaft
Einführung in das Studium von Politikwissenschaft/Neuere Geschichte/Volkswirtschaft/Recht/ Soziologie
Hg.: Gerd Kadelbach
Originalausg. Bd. 6100

Fischer Taschenbücher

Das erste 20bändige Taschenbuch-Lexikon in Farbe!

7.000 Seiten, 120.000 Stichwörter, 10.000 Abbildungen, davon mehr als 5.000 Farbabbildungen!

 **Das große Fischer Lexikon:
Das farbige Groß-Lexikon zum
Taschenbuchpreis! DM 196,–**